新媒体运营与管理

王中晓 张浩淼 崔 凯 编著

机械工业出版社

本书以新媒体九种运营方式为体系展开，首先提出了研究与学习新媒体运营与管理的核心方法——变化、稳定、增量的规律及其相互关系。其次为每种运营方式配套了掌握新媒体运营与管理规律的方法，并指明了每种运营操作行为对新媒体运营与管理表现出的客观规律产生的影响。最后以逐项推敲新媒体运营与管理中所需的数据监测与分析的方式，实现新媒体运营与管理不断追求增量、达成运营预期的实操目标。

本书是为本科及高职院校"新媒体运营与管理课程"量身定制的、紧贴教学需求的、能达成教学及课程人才培养目标的新媒体类实操教材，也可作为企业及社会相关从业人员学习新媒体营销技能的培训指导用书和参考用书。

图书在版编目（CIP）数据

新媒体运营与管理 / 王中晓，张浩淼，崔凯编著 . —北京：机械工业出版社，2022.7

ISBN 978-7-111-71404-0

Ⅰ.①新… Ⅱ.①王… ②张… ③崔… Ⅲ.①传播媒介－运营管理－职业教育－教材 Ⅳ.① G206.2

中国版本图书馆 CIP 数据核字（2022）第 149896 号

机械工业出版社（北京市百万庄大街22号　邮政编码 100037）
策划编辑：陈玉芝　王　博　　责任编辑：陈玉芝　王　博
责任校对：张亚楠　王　延　　封面设计：马若濛
责任印制：常天培
天津嘉恒印务有限公司印刷
2022年10月第1版第1次印刷
184mm×260mm・11.25印张・271千字
标准书号：ISBN 978-7-111-71404-0
定价：49.80元

电话服务　　　　　　　　　网络服务
客服电话：010-88361066　　机　工　官　网：www.cmpbook.com
　　　　　010-88379833　　机　工　官　博：weibo.com/cmp1952
　　　　　010-68326294　　金　书　网：www.golden-book.com
封底无防伪标均为盗版　机工教育服务网：www.cmpedu.com

前 言

时间总是在不经意间跑得飞快,一转眼,我站上莆田学院文传学院的新媒体课程讲台已有3年,平日与一些学校老师们就新媒体问题的交流,算起来也不下数百次。常言说熟能生巧,可就我的亲身经历而言,课讲得越多、探讨沟通得越频密,反而越心怀惴惴,陷入造因得果的循环中无法自拔。

在编写《新媒体运营与管理》之前,我将学习、实践、讲授新媒体中存在的问题进行了细致的总结。

首先,新媒体是一直处于急速变化状态的新兴行业,行业相关政策、法规不断出台,新媒体账号快生快灭,一场直播能创造上亿元的销售神话,也能在一夜之间消失不见。这些在新媒体用户眼里的"新闻",对于从业者而言,都可能成为弥足珍贵的经验或教训,只是获取"养分"前,必须对这些热点事件进行纵向和横向的规律性总结。而从实际教学情况看,这一点恰恰是目前新媒体相关专业学生普遍欠缺的。

当我们意图从行业热点事件的分析,为自主新媒体的运营与管理指明方向时,固化的、独立的分析视角,必然会导致行业背景、各类型账号发展趋势、相似账号比较等分析考量必选项的缺失,那么得出的结论也必然会缺少动态性和维度。

因此,《新媒体运营与管理》这本教材,在我原有的新媒体运营方法论体系(标签记忆法、新媒体账号策划方法、新媒体内容策划方法三个核心方法,以及原创内容运营、多平台联合运营、问答运营等九种运营方式)基础上,总结出了新媒体运营与管理所遵循的核心规律——"变化、稳定、增量",并力求通过核心规律与运营方法论体系相互融合的方式,帮助学生掌握有背景考量的、有结果导向意识的、动态的新媒体运营与管理方法。

其次,到底什么是学生迫切需要的新媒体课程实践,也是困扰我的主要问题之一。在实践周或实践月,引导学生开账号、发内容,甚至组织几场直播,学生可以轻松上手,没必要为此浪费宝贵的实践课程学时。制作内容也许能保证几期的精彩,可选题策划的枯竭期会很快到来;面对目前炙手可热的直播,坐在镜头前不停输出有营养、吸引用户的语言,同样很难持续。

其实,上述现象指向的均是积累问题。比如,选题枯竭、内容没流量,指向的是热点和场景的积累不足;内容无趣,打开率尚可,完播率很低,指向的是趣味性不足;直播中不能持续语言输出,指向的是产品、竞品直播间、头部直播间包装的调研积累不足。

本着发现问题便尽快解决问题的原则,在莆田学院文传学院王中晓老师的配合下,我开设的第一个新媒体实训室应问题和需求而生。实训室成员李悦、唐莹、陈淑滨、杨雲斌、吴一澜、陈杨燕、谭江铃、吴诗月、潘思雨、董萍等同学,经过一年的账号调研、热点分析、场景拟定、案例编创等新媒体积累训练,目前达到了个人累计调研账号至少400

个，多视角分析热点并运用于内容上千个，实用案例上百个的水平，运营新媒体账号时基本可以满足选题不枯竭、内容有趣味、用户画像清晰、价值观积极正向等使账号迈向成功的必备条件。正是上述同学的成长，让我编写本书时，在各运营分项的章节和习题部分，重点突出了加强新媒体积累训练。

  面对当前局面，我所在的云知新媒体团队将出版实务型教材当成了一种责任，力图将过往运营的200余个新媒体账号、直播间的经验教训，以新媒体细分课程为类目，涵盖于本书中，希望成为专业课程使用的运营实操手册和"避坑"指南。

  新媒体运营与管理水平需要不断提升，实现数据突破的动力。只有在足够了解新媒体行业现状与趋势，通过调研积累头部账号经验和运营素材的基础上，并不断复盘，才能让新媒体学习者逐步成长为从业者，直至成长为行业佼佼者。

  由于编者水平有限，书中不妥之处在所难免，恳请广大读者不吝赐教。

张浩淼

目　录

前　言

第一章　新媒体运营与管理释义 ... 1
第一节　新媒体运营与管理学科释义 ... 1
第二节　新媒体运营与管理学习流程 ... 4
第三节　学习新媒体运营与管理的意义 ... 8
第四节　新媒体运营与管理匹配岗位 ... 10
课后习题 ... 12

第二章　新媒体运营与管理核心方法 ... 13
第一节　有关"变化"的发现与研究 ... 13
第二节　有关"稳定"的发现与研究 ... 22
第三节　有关"增量"的发现与研究 ... 27
课后习题 ... 34

第三章　原创内容的运营与管理 ... 35
第一节　原创内容运营定义 ... 35
第二节　原创内容运营事项 ... 39
第三节　原创内容管理事项 ... 46
第四节　原创内容运营与管理的意义 ... 49
课后习题 ... 50

第四章　多平台联合发布的运营与管理 ... 51
第一节　多平台联合发布定义 ... 51
第二节　多平台联合发布运营事项 ... 56
第三节　多平台联合发布管理事项 ... 68
第四节　多平台联合发布运营与管理的意义 ... 70
课后习题 ... 71

第五章　新媒体问答内容的运营与管理 ... 72
第一节　问答类新媒体平台溯源 ... 73
第二节　问答类新媒体平台选择 ... 74

第三节　新媒体问答内容运营事项 ··················· 77
　　第四节　新媒体问答内容管理事项 ··················· 83
　　第五节　新媒体问答内容运营与管理的意义 ············· 84
　　课后习题 ··································· 85

第六章　新媒体活动的运营与管理 ······················· 86
　　第一节　新媒体活动运营与管理概述 ··················· 87
　　第二节　新媒体活动策划方法 ······················· 92
　　第三节　新媒体活动执行流程 ······················· 97
　　第四节　新媒体活动重点管理事项 ··················· 101
　　第五节　新媒体活动运营与管理的意义 ················ 104
　　课后习题 ·································· 106

第七章　新媒体用户运营与管理 ························ 107
　　第一节　新媒体用户运营与管理概述 ·················· 107
　　第二节　新媒体用户运营操作事项 ··················· 110
　　第三节　新媒体用户运营管理事项 ··················· 119
　　第四节　新媒体用户运营与管理的意义 ················ 122
　　课后习题 ·································· 124

第八章　新零售的运营与管理 ·························· 125
　　第一节　新零售的基础概念 ······················· 126
　　第二节　新零售运营事项 ························ 128
　　第三节　新零售管理事项 ························ 139
　　第四节　新零售运营与管理的意义 ··················· 142
　　课后习题 ·································· 144

第九章　新媒体全数据链的运营与管理 ···················· 145
　　第一节　全数据链运营与管理的概念解析 ··············· 146
　　第二节　不同运营场景下的数据值概述 ················ 147
　　第三节　数据关联比率及分析利用 ··················· 155
　　第四节　新媒体全数据链的运营与管理展望 ·············· 172
　　课后习题 ·································· 173

参考文献 ···································· 174

第一章

新媒体运营与管理释义

 【本章知识体系】

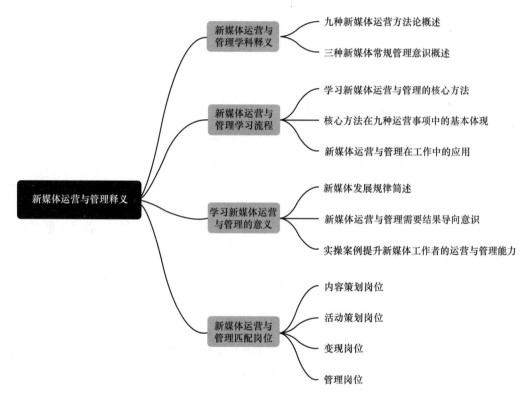

新媒体运营与管理,是新媒体行业的一种工作范畴,包含运营实务操作、操作结果的分析与判断。由于关联的人、事、物关系复杂,因此,要求新媒体工作者既要掌握每个新媒体运营事项的运营方法以及运营事项之间的相互关系,又要对单个运营事项可能给新媒体矩阵整体带来的后果,有清晰的判断和认知。如此,才能对新媒体矩阵运营的当前操作方法和方向进行调整,以及规划矩阵整体的远期运营目标。

第一节 新媒体运营与管理学科释义

在现代汉语中,运营的释义是运行和营业,进入互联网时代,运营又被赋予了"一切围绕着网站产品进行的人工干预"的意义。而在新媒体中,运营专指在不同新媒体工作领域、事项中实施工作行为所使用的方法。新媒体的运营工作方法主要指九种运营方式——原创内容运营、多平台联合运营、问答运营、活动运营、用户运营、新零售商品运营、新零售渠道运营、新零售店铺运营和数据运营,新媒体工作者可通过对运营方法的学习,提升新媒体运营实操能力。

管理,在现代汉语中被释义为负责某项工作使之顺利进行。结合现代管理学理念,管理又被释义为一定组织中的管理者,通过实施计划、组织、领导、协调和控制等职能来协调他人的活动,使别人同自己一起实现既定目标的活动过程。在新媒体行业中,管理是一种意识,其意义更凸显在对新媒体运营所产生的结果和数据的计划、组织、协调和控制上。总体来说,新媒体管理主要包含运营健康状态管理、舆情管理和商业管理,帮助新媒体工作者塑造科学、健康的运营意识,养成良好的运营习惯,从而获得更值得期待的运营结果。

一、九种新媒体运营方法论概述

1. 原创内容运营

原创内容运营,即有节奏、高质量地输出原创内容,以达成用户增长、用户活跃,甚至变现⊖等目的。所有新媒体号都需要输出内容,不过内容形式各不相同。目前,新媒体的内容形式有且仅有五种:图文、视频、音频、长图、HTML5。当下炙手可热的直播,以及新媒体内容展现形式的未来——交互视频,均属于视频内容分类。

2. 多平台联合运营

多平台联合运营,即通过在多个不同属性与风格的新媒体平台发布原创内容,扩大内容触达用户的可能性。早在2018年,就有广告公司提出了"两微一抖"(微信、微博和抖音)的新媒体运营方式,虽然这一方式并不全面,但这说明自那时起多数企业新媒体初步具备了多平台联合运营的意识。以知名直播带货主播李××为例,最初他在淘宝起步,后涉足微信、抖音、小红书等平台。

3. 问答运营

问答运营,属于多平台联合运营的拓展运营事项。新媒体工作者通过在问答平台上回答问题、提出问题,塑造账号的专业化垂直领域人格化运营形象。以××医生为例,该账号会在知乎挑选医学健康类问题,给出专业解答。

4. 活动运营

活动运营,即通过举办线上活动或线上线下打通的活动,达成用户增长、用户活跃、销售变现等目的。活动运营的典范,是专门以年轻用户群体为用户画像的,以发布话题和组织活动为主要内容方向的新媒体号,此类账号的头部号举办的活动大多数在短时间内会成为热点,如图1-1所示。

5. 用户运营

用户运营,即通过建设群组、回复评论、回复私信等方式,增加用户活跃度,并实现用户粘合。一切与用户相关的运营手段,均可算作用户运营。最典型的用户运营方式是回

⊖ 变现:原义指把非现金的资产和有价证券等换成现金,此处引申为将互联网访问量通过某些方式转化为现金收益。——编者注

复评论,以微信公众号为例,运营者会在评论区与用户进行与内容相关的互动,如图 1-2 所示。

图 1-1 某头部公众号举办的晚安活动

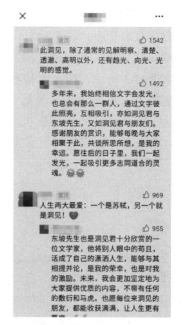

图 1-2 在微信公众号评论区,运营者与用户进行互动

6. 新零售商品运营

新零售商品运营,即通过选择非自主商品,或将自主商品新媒体化,达成商品销售。大部分直播带货的主播团队,都没有自主商品,此时就需要在众多供货商中选择优质、符合自身属性与风格的商品,这便是新零售商品运营的典型案例。

7. 新零售渠道运营

新零售渠道运营,即通过优质渠道的筛选并达成合作的方式,使多方从销售行为中获益。以拥有自主商品的企业开展直播带货为例,企业因流量受限,需要在众多的直播间中筛选优质渠道,让自身商品借用优质直播间的流量尽可能多地触达用户。在销售的过程中,企业(获得更多销量)、作为销售渠道的直播团队(收取坑位费及销售利润分成)、用户(享受更低廉的价格)都可以从中获益。

8. 新零售店铺运营

新零售店铺运营,即通过对店铺的包装,吸引进店用户,以便更好地达成销售目标。这一点无须举例,自淘宝出现以来,店铺装修一直是入驻商家持续的工作之一。因季节、时机不同及可被销售利用的热点不断涌现,店铺风格需常换常新。

9. 数据运营

数据运营,即通过新媒体运营过程中所有数据的反馈总结经验,调整运营过程中的细节,以达成更好的运营效果。比如,所有直播带货的主播都会在直播结束后进行复盘分析,其中包含该场次直播中,每件商品的点赞量、领券量、销售页面展示数据、针对性用户评论量、实际销量和销售转化率等数据的分析。

二、三种新媒体常规管理意识概述

新媒体涉及三种常规管理意识，包括运营健康状态管理、舆情管理、商业管理。

1. 运营健康状态管理

运营健康状态管理，即对新媒体号运营中所获得数据反映出的账号健康状况开展的管理。以新媒体工作者和用户最关注的粉丝量为例，新媒体号的粉丝变化通常会呈现以下四种趋势，如图 1-3 所示。在这四种粉丝量变化趋势中，图 1-3a 所示是新媒体号处于健康、良性的增长状态，图 1-3b 所示是基于内容、活动等方式，实现的爆发式增长，而图 1-3c 和图 1-3d 所示则是典型的不健康症状：粉丝缓慢下降、粉丝断崖式下降。发现后两种状况后，新媒体工作者必须激发健康管理意识，调整原创内容选题方向，或直接修改运营方向。

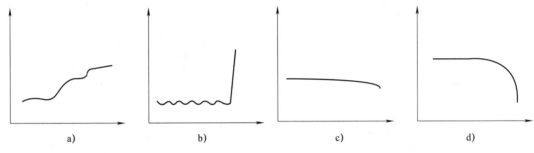

图 1-3　新媒体号的粉丝变化情况

a）健康、良性增长　b）爆发式增长　c）缓慢下降　d）断崖式下降

2. 舆情管理

舆情管理，即对新媒体运营行为给新媒体号，甚至是新媒体号主体造成的舆论状况的管理。舆论来自用户，所以在与用户关联紧密的运营方式中，新媒体工作者应时刻葆有舆情管理意识。最简单的例子是用户评论回复。评论源自用户对原创内容的理解，当新媒体工作者发现部分用户对原创内容价值观、新媒体号价值观，甚至账号主体价值观产生怀疑时，就须立即思考出现问题的原因以及解决方法。

3. 商业管理

商业管理，即对新媒体号及新媒体号主体开展的商务建设方面的管理。商业管理意识，是让新媒体号成为账号主体创造价值的源泉，主要体现在不同运营方法中涉及的变现方式。当然，新媒体号带来的价值不仅是变现，通过新媒体账号间的合作，达成账号主体间的深度合作（例如企业与企业）也是行业中较常见的情况。新媒体工作者具有商业管理意识，可以挖掘新媒体号更多的商业及发展可能性。

至此，新媒体运营与管理学科涉猎的学习内容已具雏形，下一节将对本学科的学习流程做详细讲解。

第二节　新媒体运营与管理学习流程

由于新媒体运营涉及的运营工作事项相对繁杂，各运营事项又存在不同指向性的管理侧重点，如果没有系统学习的方法，新媒体工作者很容易遗漏运营方法或忽略管理意识，这便是优先明确学习流程的意义所在。

新媒体运营与管理的学习流程分为三部分，一是明确学习过程中的核心方法；二是重点发现核心方法与新媒体运营九种方法论之间的关系，达到融会贯通的程度；三是掌握将学习成果应用到运营工作中的方法。

一、学习新媒体运营与管理的核心方法

变化、稳定、增量，是新媒体发展过程中的普遍规律。新媒体运营实施过程中需要关注的现象及想要达成的结果，都可以通过研究这三点来获取。

1. 变化

截至 2022 年 3 月，新媒体依旧是新兴行业，这一点从各院校陆续开设新媒体相关专业课程便可见一斑。正因为新媒体还处在快速发展、逐步规范化的过程中，所以它每时每刻都可能发生新变化，新媒体工作者须掌握新媒体的变化规律，甚至抓住变化的契机，以达成更好的运营效果。

从新媒体的运营生态看，新媒体工作者相对更容易把握住的变化契机，是政府相关部门针对新媒体行业发布的新规，以及各新媒体平台或为了稳定现金收入，或为了获取新用户，或为了"抢夺"类似平台的用户资源，而发布的新运营条款或运营活动。

2. 稳定

对新媒体号主体而言，新媒体运营与管理追求的结果，通常是用户增量或销售变现达成。以关注用户的增量为例，欲实现增量，需新媒体工作者做两方面努力，一是保证原有关注用户不取消关注；二是拓展新用户。在这一需求目标达成的过程中，变化是新媒体工作者强有力的"武器"，能够实现新用户拓展；稳定则是新媒体工作者的基本保障，在运营团队、价值观、人格化运营形象相对稳定的前提下，关注用户才不会轻易取消关注。

这也解释了一种行业现象：大主播与新媒体平台、真人饰演的人格化运营形象（人设）与企业，在解约时往往闹得很不愉快，正是因为解约行为使新媒体平台、企业新媒体矩阵变得不稳定，可能造成超预期损失。

3. 增量

增量，狭义讲是新媒体工作者需追求的结果。但在新媒体运营中，增量作为对比项，也可作为修正运营方向的重要数据参考。例如，新媒体工作者在实操中使用了两种方法，均是为达成增量，增量的结果不同，就会引导新媒体工作者下一次实操时选择更容易带来增量的方法。

同时，除数值上的增量外，范围的增量、能力的增量等都是增量的重要组成部分。这一点将在第二章"新媒体运营与管理核心方法"中详细讲解。

变化、稳定、增量是学习本学科的核心方法，新媒体九种运营方法论的学习，便是对每种运营方法的变化、稳定、增量进行分别研究。在研究与学习过程中，新媒体工作者可将本章第一节介绍的"管理意识"与变化、稳定、增量的核心方法做关联。管理意识是上层建筑，需要新媒体工作者时刻牢记并应用；核心方法则是管理意识的执行方式，在反复运用中，新媒体工作者的管理意识也将得到提升。

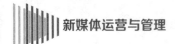

二、核心方法在九种运营事项中的基本体现

新媒体九种运营事项中的每项均有不同的变化、稳定和增量，具体内容将在第三章～第九章详细讲解。本部分将列举九种运营事项与典型核心方法的关联案例，以帮助新媒体工作者在学习运营初期培养关联思维的习惯。

1. 原创内容运营与核心方法的关联

新媒体原创内容运营的变化点相对较多，也更容易理解。比如，热点的变化。几乎所有新媒体工作者编创内容时，都会加入热点事件，这是新媒体内容的显著特色之一，所以新媒体工作者需不断研究每日热点、用户对热点事件的关注点，以根据用户需求编创更优质原创内容。

2. 多平台联合运营与核心方法的关联

多平台联合运营的基础，是新媒体工作者对不同新媒体平台属性与风格的掌握，这原本便是一种针对变化的研究（不同平台的调性）。同时，多平台联合运营过程中，因平台主体发展而产生的变化，会对新媒体的运营方式产生引领作用。例如，字节跳动欲深耕视频内容，不仅推出了抖音、西瓜、火山等独立运营视频平台，而且不断提升视频内容在今日头条平台的推荐权重，新媒体工作者了解到字节跳动的类似平台策略后，便可将原创内容视频化，以适配平台的变化，达成更好的运营效果。

3. 问答内容运营与核心方法的关联

问答内容运营是由用户主动发起的，其发起问题的前提是有知识获取需求，所以用户知识获取需求的变化，是问答运营需研究的变化焦点。以新媒体领域的用户知识获取需求为例，早在2018年，用户的新媒体问题多聚焦于如何做、达成什么样的结果，而到了2021年，更多新媒体问题则聚焦于如何找到一份好的新媒体运营工作。研究用户知识获取需求的变化，便能让新媒体工作者更有针对性地拟定问答运营计划。

4. 新媒体活动运营与核心方法的关联

多数新媒体工作者组办活动，均是为获得一定增量，所以新媒体活动运营与核心方法的关联以增量举例为宜。活动需达成的增量目标较多，其中新媒体工作者更需关注的是用户增量和销售增量，即活动期间的销售量。通过增量的结果与活动策划时的预期比较，能在一定程度上得出活动成功与否的结论，以帮助新媒体工作者后续活动策划的顺利实施。

5. 新媒体用户运营与核心方法的关联

新媒体用户运营追求的，是通过不断创新的运营方法实施，达到KOL（用户群组中的意见领袖）持续配合运营、账号及群组用户规模稳中有增、用户持续提出服务需求等稳定的运营状态。

用户运营中，新媒体工作者要保持运营时间稳定，以达成和用户的协同。此外，更值得关注的是价值观稳定，无论用户需求如何变化、用户增量如何释放，新媒体工作者展现出的自身价值观、新媒体号价值观、新媒体号主体价值观均应保持稳定，这是舆论管理的基础，即不让新媒体号在用户眼中呈现割裂状态。

6. 新零售商品、渠道运营与核心方法的关联

新零售运营中的商品运营与渠道运营，重点在于浏览更多商品、调研更多渠道，所以对增量的研究更易理解。其中，商品运营的增量可以体现为商品品类的增量、商品属性与

风格的增量等；渠道运营的增量可以体现在渠道数量的增量、匹配渠道数量的增量上。

7. 新零售店铺运营与核心方法的关联

新零售店铺运营的重点，在于设计不同主题的店铺风格，所以对变化的研究尤为重要。而与店铺运营相关的变化，不仅是根据热点变化设计主题，还包括根据商品运营、渠道运营带来的上下游属性与风格变化，店铺运营需做出的适配性改变。例如，一段时间内，商品运营引入的优质商品多以化妆品、女性服饰为主，店铺主题就需根据与商品匹配的用户画像群体需求，进行策划和风格再设计。

8. 数据运营与核心方法的关联

变化、稳定、增量的直接表现形式为数据，所以数据运营即新媒体运营与管理核心方法的执行方式。

三、新媒体运营与管理在工作中的应用

不同新媒体工作者负责的岗位不同，日常运营工作也有所不同。在探讨新媒体岗位工作内容及流程时，下文主要以工作内容相对基础、与其他运营事项联系更紧密的原创内容运营岗位举例。

新媒体运营一般需保持随时"在线"状态，甚至可以定义为一种"7×24"小时的工作，按正常作息规律，一名原创内容运营者一天的"十二时辰"安排如下。

8 点前，对前一晚未完结的事项进行收尾、梳理（如监控前日数据变化，发现运营行为制造的增量，以及矩阵整体运营数据是否稳定）。

8 点至 9 点，通勤（去公司的路上），打开微博等平台获取当日热点资讯（关注热点的变化）。

9 点至 12 点，寻找选题、编辑原创内容、审核原创内容、对接客户需求（关注热点的应用及变化）。

12 点至 13 点，午饭间刷抖音和 B 站（哔哩哔哩，视频弹幕网站），寻找素材并将素材随手记录下来（关注热点的变化，积累知识储备）。

13 点至 17 点，原创内容的创作和修改，审核稿件，前一天的多平台内容发布，制订后一天选题计划（关注多平台政策的变化，以及保持内容选题方向的稳定）。

17 点至 19 点，下班，等待领导、客户修改意见。

19 点至 20 点，发布当日内容（关注更新运营节奏的稳定）。

20 点至 24 点，朋友圈转发当日更新内容，每半小时看一次数据，回复用户留言、评论（研究用户需求的变化、监控数据变化、关注评论区用户舆情管理）。

0 点至次日 8 点，应对突发事件。

以活动为主要工作的运营者，要每日构思活动策划、对接活动落地执行、采购活动所需福利及道具、处理活动现场突发情况。

以用户运营为主要工作的运营者，要安排 KOL 日常工作，与 KOL 共同编创群组内对话，要每日负责保持群组内用户活跃，即与群成员展开垂直话题、生活话题的沟通交流，要负责群组吸收新用户（也称作拉新）、管理。

以商品运营为主要工作的运营者，要每日浏览上百件商品。

以渠道运营为主要工作的运营者，要每日和不同渠道对接人沟通，协调场景化导购内

容由谁完成，并在商品的销售价格、分销利润上沟通协商。

由此可见，新媒体工作者的大部分工作都具备强延展性，只要想做，就永远做不完。比如，新媒体人可以一天挑选100件商品，也可以挤占生活娱乐时间挑选200件。这是新媒体运营需要一个团队支撑的重要原因。

第三节 学习新媒体运营与管理的意义

本书旨在解决新媒体工作者和"新媒体运营与管理"工作范畴的匹配问题。多数新媒体工作者不能胜任工作的原因主要体现在三方面。第一，对新媒体发展规律没有清晰认知；第二，运营目的不明确，没有把握运营结果的良好意识；第三，学习的新媒体课程仅有理论，没有实际操作案例。

因此，本节将从这三方面出发，提高新媒体工作者对运营与管理的见解和意识，同时以对比的方式，凸显本书所倡导的核心价值。

一、新媒体发展规律简述

每位新媒体工作者，都应明确新媒体的发展规律。一方面，新媒体的发展规律可以让新媒体工作者保持平常心——既不急功近利，又不会因挫折而灰心、放弃；另一方面，了解新媒体的发展规律，可以让新媒体工作者更具远见，提早为自主新媒体矩阵做出规划。

新媒体工作者应从以下三方面认识新媒体的发展规律。

1. 新媒体的发展主线是用户需求

新媒体一直在发展是不争的事实，但鲜有人思考新媒体为何会不断发展。新媒体的发展脉络，可根据新媒体对行业、生活形态的影响倒推思考。截至2021年，新媒体对行业、生活形态的影响主要有三方面。

（1）对各种传统行业的影响，甚至重塑　例如，新媒体直接冲击了传统销售行业，因为新零售已是用户认可的购物方式，甚至成为部分用户的购物习惯。

（2）对传统媒体的影响　新媒体的出现逼迫传统媒体"新媒体化"。例如，新京报的用户已几乎全部流连于其新媒体矩阵，而纸质出版的报纸在21世纪第二个十年已大幅缩版。

（3）对用户生活方式的引领　用户是传统行业与传统媒体的终端，新媒体优先完成了对用户的引领，继而才完成对传统行业、传统媒体的改变。这一引领过程，是用户出现需求→新媒体满足用户需求→新媒体引导用户出现新需求，如此循环往复的过程。

由此可见，新媒体的源发点是用户需求，即新媒体是为解决用户需求而生。例如，今日头条这一新媒体平台，是为了满足用户的信息资讯获取需求。当用户需求被新媒体满足后，就会再度产生新需求，且需求变得越来越精确，甚至个性化，而后，新媒体就又需要继续发展，以满足用户逐渐精确、个性化的需求。因此，用户需求，才是新媒体发展的主脉络。

2. 新媒体运营是长期积累的过程

自新媒体问世，就有人将其理解为"营销推广工具"，但经过多年发展，初创即做营销和推广的新媒体号几乎可以说是全军覆没。相反，能够持续产出优质内容的新媒体号更容易获得用户关注,甚至完成变现。个中原因在于,用户对新媒体的第一需求是内容,而用户接受新媒体的内容需要时间,新媒体内容触达更多用户也需要时间,这就注定新媒体行业需要长时间积累,很难速成。

其实,快速让大量陌生用户关注新媒体号有很多方法,但"关注"并不是新媒体号运营的最终目标,变现才是。而变现,或者说持续变现,需要用户对新媒体号足够信任,信任的培养是需要时间的。因此,新媒体运营必然需要长时间积累。那些忽略新媒体运营规律,通过各种手段快速变现的账号,要么涉嫌违法违规,要么是夸大其词恶意引导,无论哪种,都会对自身或新媒体行业造成伤害。

3. 企业新媒体运营如何紧跟新媒体的发展

企业新媒体,必然担纲未来新媒体行业的主角,且大部分新媒体工作者的运营与管理对象,都是企业新媒体。因此,新媒体工作者必须了解企业新媒体如何紧跟新媒体的发展。截至2021年,直播在新媒体领域的发展可谓如火如荼,此时新媒体工作者应该首先梳理企业与直播的关系。

多数新媒体工作者,甚至企业领导,对企业与直播关系的认知并不准确。他们或认为企业需要依赖大主播直播带货,或认为企业需要每天直播商品,以积累直播间用户,但这都有些偏颇。首先,依赖大主播带货,很容易让企业失去对自主商品线上价格的把控。其次,如果每天在自主直播间直播商品,即便有用户观看,企业带给用户的刺激也会越来越少,最终这些用户都将流失。

因此,无论是在大主播的直播间,还是在自主直播间,企业应将直播视作给用户提供的"盛筵",即每次企业通过直播介绍商品、销售商品,都是能满足用户需求,甚至给用户带来惊喜与刺激的狂欢。用户在直播间的基本需求是购物,基于购物,存在两种衍生需求,一是商品有用;二是商品价格够低。新媒体工作者从这两点用户需求出发实施直播运营,才能调动用户积极性,企业也就真正实现了紧跟新媒体发展的当下潮流——直播。

二、新媒体运营与管理需要结果导向意识

结果导向意识,并非是在发布内容后简单复盘,而是新媒体工作者在做任何新媒体实操项目前后都需具备的运营意识。

例如,新媒体号组办某次活动,目的是吸引陌生用户、活跃关注用户,以及销售商品。带着结果导向意识看活动需求,新媒体工作者就应想到下列问题:第一,如何留住活动吸引到的陌生用户,才能避免用户关注后短期内取消关注;第二,对于活动激发的关注用户,下一步的引领计划是什么;第三,活动期间商品售出后,该如何获取用户对商品的意见或建议。

结果导向意识,可以让新媒体工作者在思考、执行新媒体实务操作时,关注更多过程中可能出现的问题、操作后可能出现的结果,对外便表现为新媒体工作者运营与管理的能力。

三、实操案例提升新媒体工作者的运营与管理能力

截至2021年,各类新媒体教育培训机构推出的线上、线下课程层出不穷。一般而言,

市场上的新媒体课程普遍存在两点缺陷。一是课程传授了新媒体运营的理论方式，但没有讲解具体方法；二是传授了新媒体运营需要学习的基本方法，但没有方法的每步操作的细节。

本节将通过对原创内容运营、活动运营两个运营事项的实操及理念阐述，帮助新媒体工作者发现执行方法过程中的操作细节，使运营工作变得顺利。

1. 原创内容运营实操

所有新媒体工作者都清楚内容的重要性，但如何编创新媒体原创内容，是市场中新媒体课程普遍欠缺的内容。本书在新媒体原创内容中重点关注的实操方法，是新媒体工作者如何关注热点的变化、用户画像的变化，通过对热点、用户画像的研究，完成通感、转合设计。此外，对新媒体原创内容的策划方法，以及具体制作流程的介绍可参考本书编者编写的《新媒体运营实务》，帮助新媒体工作者根据策划方法制作符合新媒体行业标准的原创内容。

2. 活动运营实操

多数新媒体工作者在策划、执行活动过程中都有这样一种感受，即每次举办活动，通常会出现活动策划阶段没有考虑到的状况。造成这一现象的原因有两点，一是未掌握活动策划的方法，甚至没有策划，仅在脑海中初步构思，就组办活动；二是了解活动策划的方法，但没有活动实操经验，所以策划中未能关注尽可能多的活动细节。

本书在活动运营章节，将采用策划方法详解匹配实操案例分析的方式，帮助新媒体工作者在学习策划方法的基础上，通过案例解读，强化对活动策划细节的把握，以满足新媒体运营与管理工作的能力要求。

第四节　新媒体运营与管理匹配岗位

新媒体运营岗位可分为四类，内容策划岗位、活动策划岗位、变现岗位、管理岗位，每种岗位都有主要对应的运营事项。例如，内容策划岗位主要对应原创内容运营。新媒体工作者欲胜任这些岗位，至少要达到一专多能的程度，甚至多专多能，即熟练掌控与岗位主要对应的运营事项，同时也基本掌控其他运营事项。本节将简单介绍四种工作岗位涉及的工作范畴，以及所需能力。

一、内容策划岗位

内容策划岗位（含图文内容策划、视频内容策划、直播策划）的主要工作，是稳定、高质量、高效地策划、输出原创内容，但内容策划岗位并不只是对应原创内容运营这一工作事项。内容贯穿新媒体运营的始终，多平台联合运营、问答运营，需要新媒体工作者基于平台、用户需求制作不同样式的内容；活动运营、用户运营、新零售运营，需要新媒体工作者根据运营团队需求制作不同方向和侧重点的内容。

内容策划这一岗位的需求，主要体现在面向用户制作内容的能力，在掌握策划方法的基础上，新媒体工作者需至少满足三点要求。

（1）有一定的知识储备　虽然新媒体工作者在策划完成后可以通过百度等搜索引擎，获取制作内容需要的素材，但知识储备量可以缩短这一过程，提升工作效率。

（2）习惯于研究用户画像　内容永远是面向用户的，内容制作过程中需要反复考虑内容面向的用户画像，因此，新媒体工作者必须养成随时分析用户画像的习惯。

（3）能够明确他人需求　原创内容运营与其他八种运营事项关联紧密，所以新媒体工作者必须学会团队协作，而团队协作的基础是明确他人需求，在此基础上，新媒体工作者才能与团队其他工作者实现更良性、高效的沟通。

根据新媒体运营与管理的核心方法，初步总结新媒体内容策划岗位的能力需求，即提高自身知识储备增量的意识，研究热点、用户画像变化的意识，研究用户需求的意识（运营团队其他成员的需求），以及具备所有新媒体岗位都需要的结果导向意识。

二、活动策划岗位

活动策划岗位的主要工作，是根据新媒体号主体的需求组办活动，对应的主要运营事项即是活动运营，要求新媒体工作者掌握活动策划方法，并在多次组办活动的实操过程中不断精进。

在掌握活动策划方法、活动执行流程的基础上，新媒体工作者还需至少熟悉两部分运营方式，一是原创内容运营，因活动需要原创内容做推广，很多情况下是由活动运营岗位的工作者完成活动原创内容的制作；二是新零售运营，当新媒体号主体对活动提出销售需求时，活动运营工作者需要协同新零售运营工作者，共同挑选适合在活动中销售的新零售商品。

因此，活动运营岗位的新媒体工作者应至少满足四点要求。

（1）有沟通协调能力　不同于原创内容策划岗位，活动策划岗位不仅要明确团队内其他新媒体工作者的需求，而且要达成与运营团队其他新媒体工作者良性的双向沟通。也就是说，在明确对方需求的同时，活动运营岗位也要将自身需求与问题明确表达给对方，如此才能减少团队内耗，提高整体运营效率。

（2）有执行力　活动运营岗位需要负责活动执行的全流程，最好能做到亲力亲为，以了解各类活动中执行方法的细节。因此，需要新媒体工作者具备出色的执行力，以保证活动顺利进行。

（3）有对比总结分析的能力　活动策划阶段，新媒体工作者应制订活动的期望值，活动结束后，新媒体工作者须将活动数据结果、活动状况结果与策划阶段的期望做对比分析，总结活动经验，以求在下次活动运营实操中，对本次活动的不足加以改善。

（4）有成本控制能力　众所周知，组办活动需要经费，但活动并不是花费越多效果越好，且各新媒体号每次组办活动的经费一定是有限的，所以成本控制可以被定义为活动运营岗位工作者需具备的重要能力之一。成本控制能力，是新媒体工作者在经费框架内，组办与经费预算和新媒体号运营现状匹配的规模活动的能力。成本控制能力和活动效率成正比关系。

根据新媒体运营与管理的核心方法，初步总结新媒体活动策划岗位的能力需求，即提高沟通协调能力、执行力、总结分析能力的增量意识，研究热点、用户需求变化，期望值对比出现的变化，活动目标变化的意识，以及具备所有新媒体岗位都需要的结果导向意识。

三、变现岗位

变现岗位的工作,是根据新媒体矩阵运营现状,尽可能为新媒体号主体挖掘良性变现方式,即以不伤害用户为前提的变现方式。以企业新媒体为例,变现岗位对应的主要运营事项是新零售运营(截至 2022 年 3 月,内容变现账号并非主流,因此以企业新媒体为例),要求新媒体工作者明确用户对新媒体领域商品的普遍需求,同时通过商品包装、渠道推送等手段让商品能够触达更多与之匹配的用户。

与此同时,变现岗位的新媒体工作者还需熟练掌握新媒体原创内容运营方法,因新媒体领域内,商品触达用户的途径均是内容,无论是图文原创内容,还是火热的直播带货,都需做内容策划。

因此,变现岗位的新媒体工作者应至少满足三点要求。

(1)有发现新媒体化商品的能力 无论新媒体号主体是否拥有自主商品,企业都可以通过新零售运营完成销售变现。想要更好达成销售变现,需要新媒体工作者善于发现市场上具备强烈新媒体特质的商品,或将自主商品根据热点、用户喜好做新媒体化包装改造。

(2)有沟通协调能力 对于拥有自主商品,却没有大流量渠道的企业,新媒体工作者需要借助渠道(如大主播直播间)完成销售变现,这需要新媒体工作者在尽可能短的沟通中,将自主商品优势充分展现,同时在深入沟通中获取更多权益。对于坐拥大流量渠道的新媒体号,变现岗位则需要通过沟通,获得更多销售分成,甚至达成与优质商品商家的独家合作。

(3)有挖掘用户潜在需求的能力 通过挖掘用户潜在需求,新媒体工作者可以扩充用户画像对新零售商品的接受范围,更好地达成销售;通过挖掘商家、渠道的潜在需求,新媒体工作者可以促成企业间的深度合作。

根据新媒体运营与管理的核心方法,初步总结新媒体变现岗位的能力需求,即提高浏览商品的增量意识、沟通协调能力的增量意识,研究用户需求变化、热点变化的意识,以及具备所有新媒体岗位都需要的结果导向意识。

四、管理岗位

管理岗位,是统筹管理所有新媒体工作者完成工作的岗位,即实现自身在新媒体运营九种方法论上的多专多能。除上述内容策划岗位、活动策划岗位、变现岗位都需具备的能力外,管理岗位还需具备统筹管理能力,即基于新媒体号发展现状,统筹安排新媒体矩阵运营的近期目标及远期愿景,同时布置与协调各岗位间的协同合作。

【课后习题】

1. 在新媒体行业中,管理是种意识,其意义凸显在 _____ ?
2. 新媒体对行业、生活形态的影响主要体现在哪三个方面?
3. 简单解释为什么要回复用户评论?用户评论的意义是什么?

第二章 新媒体运营与管理核心方法

【本章知识体系】

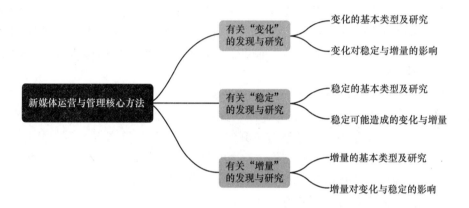

第一章已明确了学习新媒体运营与管理的核心方法,即研究变化、稳定、增量。对于正在运营的新媒体账号、矩阵或直播间而言,前述三种方法的研究与发现,反映了过往运营的客观状态,以及当前运营方法的水平,能帮助新媒体工作者冷静客观地检讨某一历史阶段或当前账号、矩阵、直播间运营的健康程度。而坚持研究变化、稳定、增量,会使新媒体工作者逐渐洞悉新媒体业态、同类新媒体矩阵、同业竞争的直播间等行业发展趋势和规律。

虽然变化、稳定、增量是学习新媒体运营与管理的统一研究方法,但三者间也存在相互影响,甚至相悖的关系格局。变化与稳定本身便存在相悖关系,新媒体工作者须明确关注的变化是什么,而坚持稳定的又有哪些;增量的提出,是第一章所述新媒体工作者需要具有结果导向意识使然,没有增量的"舵手"作用,变化的研究就不存在出发点,稳定也不清楚为何而坚守。

本章内容将变化、稳定、增量分为三节做细致讲解,每节的学习都分成两个阶段,一是对三者的细节领会,二是学习三者对彼此的影响。

第一节 有关"变化"的发现与研究

变化对于新媒体运营与管理,主要表现在客观环境,即基本不受新媒体工作者主观控制的事项。新媒体工作者需主要关注的变化有三方面,一是用户需求的变化,二是热点的变化,三是平台的变化。

一、变化的基本类型及研究

（一）用户需求的变化

用户需求分为用户的普遍需求和个性化需求两种。其中，用户的普遍需求是导致新媒体发展、新媒体热点变化、新媒体环境变化的源头，用户的个性化需求是不同新媒体环境下新媒体工作者需研究的重点。

1. 用户普遍需求的演变与觉醒

用户普遍需求分为用户对于自身的需求、用户对于社交的需求、用户对于世界的需求。

（1）自身需求，生活方式、生活美学的升级 每个人都有对美好生活的追求，以及对生活中美的向往。在我国经济发展过程中，有许多个体、家庭跟上了时代步伐，渐渐实现富裕的生活状态。在这一过程中，用户自身生活方式升级、生活美学升级的需求逐渐显现。用户消费的商品逐渐从刚需商品，向刚需且美观的，刚需且有高品位的，甚至非刚需且有高品位的商品转变。

时间回到2019年以前，便出现了两个典型案例。

1）方便面。起初，方便面作为方便的，解决用户温饱的商品出现，同时它也代表着不健康、低质量的生活。但用户生活方式升级后，"拉面说"等高端煮面品牌出现。区别于传统方便面，类似品牌注重面条制作过程中的仪式感，违背了传统方便面简单、易食用的初衷，做一次面要花费数倍的时间成本。但从拉面说的市场反馈看，这种带有强仪式感的生活方式升级，恰恰是用户需要的。

2）外送鲜花服务。这项服务于2015年前后兴起，用户在微信公众号上下单后，由商家在每周固定时间将花送到用户的指定地点。显然这是一项非用户刚需的服务，但满足了用户对生活美感、仪式感的追求。

（2）社交需求，随着移动化网络的发展逐渐演变 用户移动化网络社交需求的出现应从2003年说起。2003年部分城市受疫情影响，用户出行受到了很大阻碍，因此线上教育、线上社交等用户的普遍需求开始涌现，蛰伏了许久的QQ（即时通信软件）借此机遇实现了用户的爆发式增长。

QQ带来的线上社交解决了阶段性的用户需求，而用户移动化网络社交需求的进一步发展，即用户想随时随地完成线上社交，又对技术提出了新需求。这一需求，则被智能手机与3G网络的普及适时解决。智能手机与3G网络的普及，给了各类软件App（应用程序）化的环境，其中社交软件（如QQ）的App化便解决了用户的即时社交需求。

即时社交需求被满足后，用户的移动化网络社交需求又进一步发展，即时获取信息资讯的需求悄然而生，而各新媒体平台也随之陆续出现。并且，在用户需求不断衍生、技术不断发展的背景下，平台的功能也在适配用户需求的前提下进一步完善。例如，短视频类内容便是许多平台以用户碎片化阅读需求为背景，4G网络普及为条件开拓出的阶段性方向。

由此可见，新媒体的出现与发展，甚至科技的发展，都是为了匹配用户需求的发展。而用户的移动化网络社交需求，往往体现在更优质的社交体验上。掌握用户移动化网络社交需求的发展脉络，同时结合当下科学技术与用户需求的匹配关系，新媒体工作者将更有

第二章 新媒体运营与管理核心方法

可能预知满足用户未来移动化网络社交需求的新媒体运营方法。

【运营提示】

> 交互视频引领新媒体未来内容形式

截至 2022 年 3 月，因"某主播偷税、漏税事件"，直播行业受到了很大冲击，但不能否认，直播依旧是时下最火热的内容形态。但根据用户自身、社交的需求演变，交互视频很有可能是未来新媒体内容的主流表现形式。

交互视频，即用户观看视频时可以与视频产生交互，继而得到不同的结果分支与交互体验。自新媒体出现以来，用户多是与新媒体工作者或其他新媒体用户产生交互，而通过视频进行人机交互，以达成娱乐、获取信息的需求则是用户从未体验过的，它能满足用户的猎奇心。同时，由于用户置身其中，交互视频更容易成为用户生活社交中的谈资。由此可见，交互视频能够在未来成为用户的一种生活方式。

虽然交互视频自 2019 年起就已经在 B 站上崭露头角，但视频的时长、支线的设置都相对简单。想要成为用户的生活方式，交互视频一定是愈发精致、个性化的，这就至少对网络速度提出了更高要求：承载多种元素，复杂的交互视频，减少加载时长，以满足用户收看和交互的完美体验。因此，5G 可担纲为交互视频保驾护航的技术基础，就好比 4G 对于直播。

此外，硬件技术的发展将给交互视频带来更多可能性。例如，某硬件可以直接承载新媒体平台的交互视频内容，用户通过该硬件可以在实际场景中完成与视频的交互（类似增强现实、全息投影技术）。

（3）世界需求，民族自尊心、自豪感的爆发　随着中国国际地位的提升，用户的民族自尊心、自豪感在逐步提高。民族品牌的崛起，国内抗击疫情的成功，无不让用户感受到作为中国人的骄傲。无论是审美还是文化，用户逐渐从接受定义，向拒绝定义，甚至自主定义转变，这都是民族自尊心、自豪感的展现。

从用户日趋增强的民族自尊心、民族自豪感来看，未来带有中国元素的产品和内容将是新媒体工作者可以抓住的显著契机。

2. 用户个性化需求的变化

用户的个性化需求，即在用户的普遍需求层面下，不同用户因个体差异产生的需求差异。对用户个性化需求的研究分为两个层次，一是根据用户画像，找到新媒体号能够满足用户的个性化需求的方法；二是根据用户普遍需求的变化规律，结合用户的个性化需求，定义新媒体号与用户个性化需求匹配的运营模式。

（1）用户画像与用户需求的关系　用户画像的研究，是使用标签法对用户群体做尽可能准确的描述。新媒体用户画像一般分为三级：一是基础信息，如姓名、手机号等；二是客观信息，如年龄、学历、收入和客单价接受范围（消费单个订单的金额）等；三是行为信息，如阅读偏好、行为偏好、消费偏好和社交偏好等。

用户需求通常在用户的客观信息及行为信息上有所展现，最简单的例子是，如果用户经常买化妆品、护肤品，那么她很可能是个爱美的女性，需求就是变美、保持年轻。以运动健身类的新媒体号为例，它本身与女性样貌无关，但健身与女性身体健康状况、身材相关，一定程度上也能满足女性变美的需求，这便是通过用户行为信息，找到新媒体号能够满足用户个性化需求的方式。

（2）用户个性化需求的研究　发现用户个性化需求，只是研究用户个性化需求的一部分，更重要的是，通过用户个性化需求，与用户普遍需求的变化趋势，梳理总结出某一用户群体个性化需求的变化趋势，以此确定运营方向及目标。

以喜好喝啤酒的用户为例，他们的需求是购买啤酒（消费偏好），与朋友喝酒聊天（社交偏好），但仅就这两点而言，用户需求是不够个性化的。并且，所有新媒体号都可以利用这两点需求做文章，新媒体工作者很难彰显差异化亮点。

但如果结合用户普遍需求的变化规律，就能挖掘出用户在该领域具备的潜在需求，或可以调动其尚未完全觉醒的需求。比如，结合用户生活方式升级的需求，传统工业啤酒已经不能满足所有用户对啤酒的需求，因很多用户想避开传统酒局，享受纯粹的、有好口感、好故事的优质啤酒。以此推断，小众、低产量的精酿啤酒，很有可能是未来能够适配用户个性化需求变化的商品。如此，不仅啤酒类新媒体号可以明确匹配自身受众的运营方向，啤酒相关企业也可以根据对用户个性化需求的研究，开拓新的业务领域。

【小结】
用户需求变化的研究对新媒体运营与管理的帮助

研究用户需求的变化，对新媒体运营与管理的工作而言，最直观的帮助是让新媒体工作者了解用户喜好，为新媒体九种运营方式提供开展工作的方向。例如，新媒体工作者可以在原创内容中制作易于用户接受的场景、通感，或是在群组运营中制造用户喜欢的话题。

除此之外，用户需求的变化趋势是整个国内市场的风向标，而企业，包括企业新媒体想要行于人先，就必须提前捕捉用户需求的变化。这便是学习用户个性化需求的研究方法，掌握用户普遍需求变化规律的意义所在。

（二）热点的变化

热点本身是不存在变化这一概念的，因热点的出现属于随机事件，但新媒体工作者需要掌握的热点变化是指与传统媒体时代热点的不同特点，指的是出现在各新媒体平台、引发用户关注的热点的新特点。

1. 热点的变化趋势

热点的变化主要受两方面影响，一是政策，二是用户需求变化。

（1）政策层面　传统媒体时代对热点的要求是实事求是，且热点内容须符合传统媒体报道热点的价值观，并不纠结于热点类型。

新媒体时代初期（2013年前后），热点的基本要求是弘扬正能量，多属于社会型热点，即社会中的好人好事，这类热点事件对用户而言可接受程度高，更易于构建和谐社会。

时间推移到2019年前后，主流媒体的热点则更多聚焦于对传统文化的弘扬，对民族英雄的歌颂，这类热点故事性强，更易帮助用户建立文化自信，从而带动民族自豪感。

（2）用户需求层面　传统媒体时代，用户对热点内容的接收几乎是没有需求的，因为传统媒体的报道是用户接收热点的唯一渠道，且用户接收这些热点信息大多是为了满足基本的生活需求。

新媒体时代初期，用户的生活水平有所提高，对精神娱乐的需求开始显现，伴随新浪微博的出现，追星一族逐渐占领娱乐热点市场。当时用户对热点的需求是猎奇，无论是否与用户自身相关。

时间推移到 2022 年，互联网用户对热点的需求日趋明确，曾经的"新鲜事"对多数用户而言见怪不怪，用户更关心与自身个性化需求相关的热点。这是给所有新媒体工作者提供的机会，因新媒体工作者此时无须再执着于跟踪热点的速度、热度，而需着力研究热点与用户匹配的精度，以及挖掘热点的深度。

【运营提示】

政策是底线，用户需求是亮点

政策与用户需求，对热点变化的影响同样重要。不同点在于，通过把握用户需求，发掘可利用的热点，更容易为新媒体工作者直接创造价值。而政策是热点的底线，无论用户需求对热点的变化影响有多大，在政策面前一切都须归于理性。例如，新浪微博的热点以娱乐内容为主，但在政策监管下，微博置顶的热搜便焕然一新了，如图 2-1 所示。

2. 热点的研究方法

新媒体工作者如果想掌握热点变化的大趋势，必须做到勤于看热点。同理，新媒体工作者想将热点研究透彻，也需要勤于看热点、勤于分析热点，将热点所关联的人、事、物以关键词的形式记忆储存，每次遇到新的热点事件时，都与过往热点事件做关键词关联，分析研究相同点及变化，如此就可得出更多看待热点事件的角度。由此可见，新媒体工作者研究热点的方法分为三步，一是寻找热点，二是拆分关键词分析热点，三是关联其他事件得出看待热点事件的独到角度。

图 2-1 冬奥会前期微博热搜

（1）寻找热点的方法　由于各新媒体平台属性与风格不同，每个平台热搜榜的热点侧重也有所不同。所以，新媒体工作者需要做到广涉猎，浏览尽可能多的平台，以扩大对不同类型热点的覆盖程度，具体方式有五种。

1）浏览微博、百度，以及各种新媒体平台的热搜，如图 2-2 所示。

2）浏览自己已关注的公众号。

3）浏览今日头条等信息资讯类平台的推荐页，如图 2-3 所示。

4）如果新媒体工作者确知自己的微信朋友圈人群类型丰富，或是新媒体人较多，又或是有垂直行业翘楚，也可以从朋友圈里捕获热点。

5）查找垂直行业 App 或新媒体号。如财经类账号，要看"财新"；创业故事类账号，要看"36 氪"；影视娱乐类账号，要看"B 站"。

通过这五种方式的热点检索，新媒体工作者几乎可以覆盖全部所需热点。在此基础上，新媒体工作者在寻找热点时还需注意两点。

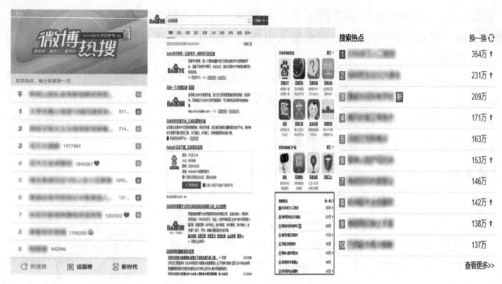

图 2-2　微博热搜与百度搜索热点页面

1）须不断扩充、更新关注的新媒体号、垂直行业 App，以进一步扩大接触热点的可能性。

2）须有意识地抵抗各平台的推荐算法。众所周知，以抖音为代表的字节跳动系平台，习惯于根据用户喜好向用户推荐内容，这就让没有自主获取信息意识的用户逐渐被信息茧房封锁，成为被机器投喂内容的"病人"。新媒体工作者想从平台上获取更多类型的热点，就需要有意识地搜索、点击不同类型内容。

（2）热点拆分　对新媒体工作者而言，记住一个个完整的热点事件难度较高，而将热点事件做标签化拆分后理解、记忆会容易得多。同时，将热点做标签化拆分后，新媒体工作者也更易将热点与其他热点事件相关联，有利于发现热点之间的联系与不同，从而找到独到视角。

图 2-3　今日头条推荐页

热点拆分的维度有很多，如热点类型、所属行业、重点人物和热点细节等。

（3）热点事件关联　当新媒体工作者想要切实利用某热点事件做内容时，首先要做的是热点事件关联，即通过热点事件拆分后得到的标签，与具有相同标签的其他热点事件关联。

截至 2022 年 3 月，每天都有无数新媒体工作者在手机前，期待各种各样的热点事件满足他们的内容制作需求，但这些新媒体工作者往往仅通过热点事件本身做分析、判断、观点输出，于是他们的内容多会与其他账号内容相似。而想要拿出与其他新媒体工作者不同的思考角度，热点事件关联则是最好的方法。

【工作经验】
热点分析会，帮助新媒体工作者培养习惯

新媒体工作者离不开热点，分析热点、使用热点是新媒体工作者的必备技能，热点利用能力的强弱会很大程度上影响运营结果。因此，新媒体工作者须勤于积累热点、分析热点，以提高自身能力。可通过"热点分析会"的锻炼方式，帮助新媒体工作者高效率寻找热点，多维度拆分热点。

新媒体工作者团队每天都会搜集各领域热点，可选取固定时间集中展开讨论，讨论的内容包括热点标签的拆分、热点事件的关联、关联后可操作的原创内容选题方向。所有成员在听完其他人的热点事件后，还需根据自身思考对热点事件做补充，以此来穷尽团队对同一热点事件的思考及利用方向。达成一致后，由寻找热点的成员完成热点文档的归纳整理，热点文档包含热点指数判断（确定热点是否值得做）、热点案例分析、热点拆分后的可执行内容选题方向，如图2-4所示。

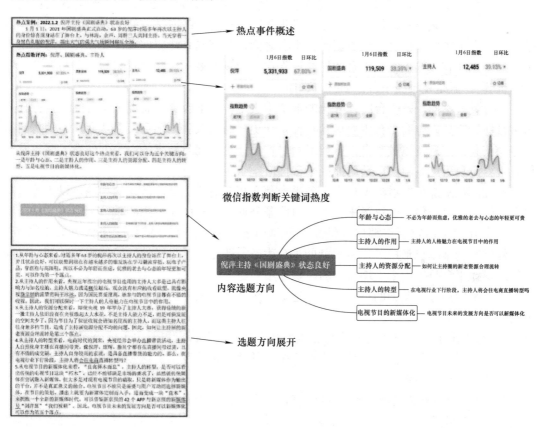

图2-4　热点分析文档详解

> 【小结】
> 热点变化的研究对新媒体运营与管理的帮助

宏观层面上，热点的变化能够反映不同行业的发展趋势，掌握热点的变化趋势，更易抓住行业中变革的契机点。而回归到新媒体运营与管理的工作层面，热点则是新媒体工作者制作原创内容，举办活动，甚至做新零售运营时必须应用的手段，给予用户阅读内容、参与活动、选择商品的理由，是整个新媒体行业的流量保证。因此，掌握了热点的变化、

研究方法，也就掌握了新媒体的流量密码。

（三）平台的变化

平台的变化指平台在两个层次上存在的变化，一是不同新媒体平台间存在的属性与风格差异；二是各新媒体平台自身的主动、被动变化。

1. 不同平台存在的差异

不同新媒体平台间的差异被称为变化，主要是从新媒体工作的角度出发。九种运营事项中包含多平台联合运营，这就要求新媒体工作者在不同的新媒体平台上发布内容，而新媒体平台的差异，对新媒体工作者即表现为环境（平台）的变化。了解不同新媒体平台间的差异须明确两点，一是平台类型；二是平台间存在差异的根本原因。

（1）平台类型　新媒体平台大致分为五种类型，一是微信公众号，属于熟人社交平台；二是信息资讯类新媒体平台，如今日头条、一点资讯；三是电商平台，如小红书；四是微博，介于微信与信息资讯类新媒体平台之间，既有熟人社交性质，又存在信息资讯类平台的特点（有关熟人社交平台的概念，将在第四章"多平台联合发布的运营与管理"中详细讲解）；五是视频类平台，如抖音、B站。

平台类型不同，是平台间差异化的最基本表现，因平台类型展现了平台的运营方式及运营目标。比如，电商平台主要运营目标是让更多商家入驻，平台最终从商家与销售商品两方面获利；信息资讯类平台，主要运营目标是让更多优质新媒体内容创作者入驻，发布优质内容，吸引更多用户，继而提升平台价值。

不过，在新媒体发展的过程中，各平台都在相互借鉴，学习彼此的功能，以完善自身平台。例如，属于信息资讯类平台的今日头条开通了头条商城，想要做自主电商体系；京东、淘宝开通了内容创作端口，供商家分享内容，更好地实现销售。截至2022年3月，各新媒体平台基本已形成了一专多能的平台生态，即稳定自身优势，扩展平台功能，以同其他新媒体平台争抢尚未尘埃落定的新媒体用户。

（2）平台间存在差异的根本原因　造成新媒体平台差异的根本原因，可分为两个层级讨论。

1）对于由主体公司孵化出的新媒体平台而言，平台特点主要由主体公司决定。例如，今日头条与抖音，他们的差异化特点在于强大的算法推荐逻辑，这是由其主体字节跳动在算法上的先进优势决定的。

2）对于全新开创的新媒体平台而言，平台特点完全由公司决策层讨论决定。例如，小红书的社区电商模式。此类新媒体平台的差异化特点，主要是由公司决策层通过把握近些年用户需求变化、政策变化等变化趋势讨论出的结果。

此外，截至2022年3月，平台差异化正表现出向极端发展的态势，即平台之间几乎不考虑覆盖、取代其他平台的优势，而是专注于将自身差异化做到极致。这是平台在发展过程中，不断试错的结果。许多平台都曾想把触角伸到自己未曾到达的领域，开创新天地，但几乎都失败了。例如，今日头条开通头条商城，但结果并不尽如人意。因用户驻留平台的原因，大多是平台的差异化特点，即在用户眼中，每个新媒体平台都有其独特的功能，正是这一用户习惯让众多新媒体平台屡屡碰壁，只能守土一方加固城防。

2. 平台变化的原因

平台变化的原因分为三类,即主体需求、用户需求、政策变化。

(1)主体需求导致的平台变化　主体需求是新媒体平台产生变化的最主要原因,因新媒体平台最终目标是为主体公司创造价值,所以当主体公司有了某方面需求需要新媒体平台配合时,平台就需要做出改变,此处以西瓜视频、小红书两个平台举例。

西瓜视频是字节跳动旗下的视频新媒体平台,在2019—2021年,西瓜视频曾做出了一次180度转变,将推荐内容创作者上传竖屏视频,改为仅横屏视频可获得推荐。原因在于,短视频平台在2018年开始出现爆发式数据增长,而短视频平台发布的内容多是竖屏视频,所以西瓜视频便鼓励内容创作者发布竖屏视频,以满足用户的观看习惯。但在抖音日趋火爆的过程中,字节跳动开始担心抖音的分流问题,于是将旗下的视频平台重新梳理,推荐内容创作者在西瓜视频发布横屏视频(非横屏视频将不享受创作收益),在抖音发布竖屏视频。这便是由公司主体发展规划导致的平台变化。

小红书最初定位做社区购物分享,在2014年12月上线自主电商平台福利社,渐渐形成了后来的社区电商形态。但小红书基础用户对它的主要需求是"种草"(分享推荐某商品,以激发他人购买欲),而非"种草＋消费",所以即便挂着"社区＋电商"的招牌,小红书由销售获得的利润却不足以支撑平台良性发展。在此形势下,小红书调整了平台内容推荐比例,平台广告变多,以期在一定程度上赚取短期价值。不过,小红书在这个阶段也面临了部分老用户流失的窘境,很快便又收紧对内容的把控。即便如此,在小红书属性与风格突变的那个短暂时期,不少新媒体工作者还是通过发布低质量、高流量内容(如拜金类内容)获得了大量的平台流量。

(2)用户需求导致的平台变化　对平台而言,用户分为两种类型,一是入驻平台的新媒体工作者;二是平台的使用用户。一般情况下,导致平台变化的用户需求通常是新媒体工作者的需求,因多数平台吸引用户均是靠新媒体工作者制作的原创内容。此处以各平台的原创内容保护、平台收益主张为例。

原创内容保护机制是各平台都在建设、发展、完善的机制,因为新媒体领域伪原创、搬运等不良现象严重侵害了新媒体原创内容创作者的权益。为保证优质内容创作者对平台的信任粘合度,各平台都在打击伪原创、搬运内容的账号。

新媒体运营的收益,一直是多数个人(非企业新媒体)原创内容创作者的痛。由于新媒体运营是长期积累的过程,短期内变现很困难,于是"养活自己"成了这些个人新媒体工作者急待解决的难题。为满足优质新媒体内容创作者的生存需求,各平台争相推出创作者扶持计划,以今日头条的青云计划为代表,原创内容创作者可通过优质的原创内容赚取收入,实现内容变现。这便是典型的因新媒体工作者的需求,引发的平台变化。

除此之外,确有平台因平台使用用户的需求做出改变,但这些改变大多因无意义而潦草收尾。其失败的原因通常为平台运营者所获知的用户需求其实是假想需求。例如,各新媒体平台都曾尝试从用户的社交需求出发,建设熟人社交体系。但因用户对不同平台的需求不同,无论抖音如何建设熟人社交体系,都抵不过用户最终会相互加微信的结果。因此,用户的熟人社交需求在抖音上便属于假想需求。

(3)政策变化导致的平台变化　政策是热点的底线,同样也是平台变化的底线。此处以各平台账号申请条件和"吃播"(吃饭直播)举例。

许多新媒体平台都曾出现过内容管理上的漏洞。例如，无行医资质的内容创作者发布医疗相关内容，间接导致用户身体健康出现问题。这些平台大多被监管部门约谈，要求收紧对内容的把控。于是，截至2022年3月，几乎所有新媒体平台对医疗类账号的申请审核都变得十分严苛。

"吃播"首先兴起于韩国，后在中国直播圈盛行，但"吃播"的野蛮生长造成了许多方面的问题。例如，"吃播"引导了铺张浪费、过度消费的行径，且"吃播"常常带有呕吐等引人不适的状况发生，因此央视点名批评"吃播"，监管部门启动整治，各平台也陆续加强了对"吃播"内容的监管，这便是政策变化导致的平台变化。

【小结】
平台变化的研究对新媒体运营与管理的帮助

新媒体平台是新媒体运营的大环境，如果不熟悉环境情况，无论新媒体工作者能力有多强，也很难取得良好效果。新媒体平台众多，新媒体工作者把握平台的变化，对运营工作有两方面帮助。

1）当新媒体工作者发现平台开始出现违背政策、用户需求的趋势时，就该着手挑选其他平台，作为备用的运营平台。

2）当新媒体平台突破自己的舒适圈，推出与以往不同的扶持计划时，新媒体工作者应意识到这是难得的契机。例如，今日头条在2017年推出问答体系的创作者招募，投入了大量资金以吸引内容创作者制作优质问答内容，新媒体工作者如果抓住了这一契机，即便不能为自主账号吸引大量优质用户，也可以在平台政策的大潮中赚取丰厚的奖金。

二、变化对稳定与增量的影响

（一）变化对于稳定的影响

从传统概念看，事物发生变化意味着不稳定，但在新媒体运营过程中，变化是稳定的重要考量指标。面对各种各样的热点事件，新媒体号的价值观都应保持稳定，否则价值观的拟定便是有问题的必须进行调整确保其稳定。同理，新媒体工作者应该因用户需求的变化调整运营方向，但价值观的稳定，是不能因用户需求变化而改变的。

（二）变化对于增量的影响

变化是产生增量的决定性因素，不同种类的变化可以达成不同种类的增量。例如，用户对商品需求的变化，可以引导新媒体号商品品类的增加；热点的变化可以引导新媒体号内容方向的补充、完善；平台政策的变化可以引发平台原创内容的增量，甚至优质原创内容的增量。

第二节 有关"稳定"的发现与研究

稳定对于新媒体运营与管理的影响，主要表现在自身状态，即新媒体工作者主控的，能够和用户保持协同，或引导用户的事项。新媒体工作者需主要关注的稳定有三方面，一是运营团队的稳定；二是人格化运营形象的稳定；三是新媒体号价值观的稳定。

一、稳定的基本类型及研究

1. 运营团队的稳定

作为新媒体号的操盘手,运营团队的稳定是人格化运营形象稳定、价值观稳定的前提。新媒体工作者需明确运营团队不稳定的危害及保持运营团队稳定的方法。

(1)运营团队不稳定的危害　每个新媒体运营团队都有其独特的工作方式,包含团队成员的协同配合关系、沟通方式、工作节奏等。一旦运营团队成员(尤其是团队核心成员)发生变动,很可能导致团队运转出现各类问题。轻则影响更新内容、组办活动的节奏,重则更新中断(简称断更),甚至大面积用户取消关注的状况。

典型案例更容易出现在群组运营中。对新媒体号而言,每个群组都有专门的运营人员支撑,负责解决用户问题、陪用户聊天、分享新媒体号内容等工作,久而久之,运营人员将不仅担任新媒体号运营团队成员这一身份,同时也是群组内用户的朋友角色。一旦群组负责人员更换,给用户最直观的感受就是"陌生感",即经常陪伴自己的朋友换成了陌生人。此时,新运营人员如果出现与用户沟通上的问题,在用户眼中将会被无限放大,最终导致取消关注的结果。

(2)保持运营团队稳定的方法　明确团队不稳定可能造成的危害后,新媒体工作者就需要想方设法保证团队的稳定。保持团队稳定有三种基本方法:通过权益留住核心成员;为有潜力的团队成员提供发展方向;培养一致的团队价值观。

1)通过权益留住核心成员。运营团队成员对团队的诉求基本有三,即薪资、地位、未来,且不同类型的新媒体工作者对这三点的期望有所不同。运营团队的管理者需明确核心成员的主要需求,以此留住团队的核心成员。例如,员工对公司做出突出贡献,公司可为员工发放股份。

2)人才进阶培养方法。除权益外,许多新媒体工作者对自身的发展方向较迷茫,想通过工作培养能力并找到自身进步的方向。此时运营团队管理者需要根据不同团队成员的特点为其提供明确的发展方向。

对新媒体工作者而言,发展方向一般有二。一是在垂直领域深研,比如,让原创内容创作者专心于精品内容的创作,或是让活动运营工作者专注于活动策划及执行细节;二是向多专多能的方向发展,熟练掌握所有新媒体运营事项,能够洞悉新媒体行业的发展趋势并为团队作出规划,最终胜任管理岗位。

3)价值观统一。上述两种方法从本质上讲,都是以利益稳定团队成员,但这种稳定应是运营团队稳定的阶段性成果,而非稳定的终点,因所有团队的终极稳定应是团队整体的价值观统一。价值观的统一并非所有团队成员对待任何事都持类似的看法和观点,而是在运营团队发展过程中,面对抉择时能保持相对统一的态度或主张。

培养团队统一的价值观,最基本的方法是多讨论市场、行业发生的变化,或是其他运营团队新建、解散的动态,以及大型热点事件。当运营团队成员在这些事件上的看法保持相对统一后,团队整体价值观的统一也就基本达成了。

【小结】

运营团队稳定对新媒体运营与管理的帮助

运营团队的稳定，对新媒体运营与管理的最大帮助在于减少团队内耗、提高工作效率。同时，运营团队整体价值观的稳定，也为人格化运营形象价值观、新媒体号价值观提供参考依据。

2．人格化运营形象的稳定

人格化运营形象，即新媒体号打造的"人物设定"（简称人设），是新媒体号对外接触用户的出口。伴随着新媒体的发展，无论是企业新媒体或个人新媒体，都开始有意识地打造账号的人格化运营形象。通过人格化运营形象与用户交朋友，达成用户对人格化运营形象的粘合，最终实现对新媒体号的粘合。新媒体工作者须明确人格化运营形象保持稳定的重要性，以及培养稳定人格化运营形象的方法。

（1）人格化运营形象保持稳定的重要性　人格化运营形象，在用户与新媒体号间起到关键的枢纽作用，即新媒体号通过人格化运营形象向用户输出和表达，用户通过人格化运营形象了解新媒体号。对用户而言，与人交朋友的意愿远大于关注新媒体号的意愿，新媒体工作者很难让用户跳过人格化运营形象，直接粘合于新媒体号。这就导致了一个现象——人格化运营形象才是许多用户关注新媒体号的根本原因。

因此，如果新媒体号的人格化运营形象发生变动，很可能对新媒体号造成毁灭性影响。以新媒体号"朱××的枯燥生活为例"，在人格化运营形象朱××离开团队后，该账号再没有获得曾经频繁"破圈"（指某种文化形式或文化内容在不同网络群体之间流动分享的现象）的积极反响，与此同时，朱××本人参与脱口秀大会第四季，也没有像他在视频中那样获得很高呼声。由此可见，人格化运营形象不稳定，对该形象本身也是有害无益的，双方合则两利，分则两伤。

（2）如何培养稳定的人格化运营形象　人格化运营形象的稳定分为两个层次，一是人格化运营形象本人稳定在团队中工作；二是人格化运营形象在用户面前，保持相对稳定的性格特点和个人状态。第一层次已在上述"保持运营团队稳定的方法"中讲解，本部分内容将对如何塑造性格特点和个人状态稳定的人格化运营形象做详细说明。

塑造性格特点和个人状态稳定的人格化运营形象，须让人格化运营形象本人在面对用户时保持三方面的稳定，即性格标签稳定、价值观稳定、朋友圈稳定。

1）性格标签稳定。当运营团队为人格化运营形象赋予了某些性格标签后，形象本人就必须按照标签展现性格，不能因个人情绪波动（过于高兴或沮丧）将真人标签带入人格化运营形象标签。例如，人格化运营形象的标签是沉稳，但在面对其喜欢的明星时情绪激动，此时人格化运营形象在用户的心中就会出现动摇甚至崩塌的局面。

为避免这类现象发生，最好的方法是找到与运营团队规划性格标签极相似的个人，做本色出演。但如此"选角"难度较高，对新媒体团队而言，找到团队中有镜头感，且性格标签与人格化运营形象相似的团队成员培养，是更直接、有效的方式。

2）价值观稳定。价值观稳定的关键，不在于人格化运营形象对每件事、每个人的看法，而在于其秉持的为人处世的基本原则。比如，"不在一知半解的情况下评论人或事"就是为人处世的价值观。

新媒体工作者须明确，人格化运营形象绝不能是圣人，即面对任何事都没有情绪波动，理性看待所有问题。当人格化运营形象能够在保持为人处世的基本原则下，结合自身性格对不同事件发表观点、看法时，就已经在用户心中做到价值观稳定了。

同时，人格化运营形象对不同事件的价值观取向需要有两个底线。一是用户底线，即该价值观不能击碎用户对人格化运营形象的过往认知；二是政策底线，即该价值观不能违背社会主义核心价值观。

3）朋友圈稳定。当人格化运营形象被多数用户认可后，运营团队便可以着手建设人格化运营形象的朋友圈。朋友圈的意义在于，能通过"我有一个朋友"把人格化运营形象自身很难触及领域的内容表达出来。在建设人格化运营朋友圈的过程中，一定会有用户对某一朋友圈角色感兴趣，如此保证朋友圈的稳定也就给了用户更多关注人格化运营形象，甚至关注新媒体号的理由。

保持朋友圈稳定的方法，是让所有出现过的朋友圈角色不失联，定期出现在各种形态的内容中。

【小结】

人格化运营形象稳定对新媒体运营与管理的帮助

人格化运营形象的稳定，对新媒体运营与管理的最大帮助，在于能不断加强新媒体号与人格化运营形象的关系。在用户与人格化运营形象交好的前提下，能快速将人格化运营形象粉丝转换为新媒体号粉丝。同时，新媒体号具有稳定的人格化运营形象，在用户眼中就代表着有稳定的运营团队，以及有一以贯之的内容标准、商品标准。这将为新媒体号未来推出新的商品，或是运营团队推出新的新媒体号做有力背书。

3. 新媒体号价值观的稳定

新媒体号价值观，区别于运营团队价值观以及人格化运营形象价值观。相较运营团队价值观，新媒体号价值观服务性更强，更贴近用户；相较人格化运营形象价值观，新媒体号价值观更系统，具备更强的使命感。新媒体工作者须明确新媒体号价值观稳定的重要性，以及保持新媒体号价值观稳定的原则。

（1）新媒体号价值观稳定的重要性　新媒体运营的终极目标是变现，而变现需要用户粘合于新媒体号，用户粘合于新媒体号的判断标准便是价值观粘合。想要用户粘合于新媒体号价值观，首先要保证新媒体号价值观的稳定。因此，稳定的新媒体号价值观，是达成新媒体运营最终目标的前提条件。

在保持新媒体号价值观稳定的前提下，用户普遍会经历三个阶段，实现对新媒体号的粘合。

1）用户带着自身价值观，在新媒体号内容中寻找相似价值观。这一阶段的用户普遍是陌生用户或新关注用户，对新媒体号价值观不关注。

2）用户开始接受自身价值观外的部分新媒体号价值观。这一阶段的用户普遍表现为活跃用户，他们会主动关注新媒体号的价值观输出，并接受不违背自身价值观的新媒体号价值观。

3）用户被新媒体号价值观引领。这一阶段的用户普遍表现为粘合用户，他们会高度认同新媒体号价值观，并认真思考自身价值观与新媒体号价值观的差异，继而修正自身价值观，与新媒体号逐渐趋同。

因此，如果新媒体号价值观不稳定，上述将陌生用户变为粘合用户的过程便无法实现。更严重者，可能会出现用户直接取消关注的结果。

（2）保持新媒体号价值观稳定的原则　保持新媒体号价值观稳定的原则有三点，一是多实操，将价值观判断作为看待任何事物的首要方法；二是多观察，不断验证、淬炼新媒体号价值观；三是多思考，根据新媒体发展的规律保持价值观的先进性。

1）将价值观作为判断事物的首要方法。这一点主要针对新媒体工作者，从价值观角度出发判断事物，才能尽可能将事物分析得透彻，才不会被具有煽动性的内容带偏。并且，凡事以价值观的角度切入，本身便是一种价值观，保持这种思考问题的方式，便是价值观的稳定。

2）淬炼新媒体号价值观。任何价值观在不经历考验之前都是脆弱的，所以新媒体工作者需要用行业内其他同类账号价值观与自主新媒体号价值观对比，尤其要接受差异较大的价值观的冲击。如果新媒体工作者对比了大量其他新媒体号价值观后，仍然能保持新媒体号最初的价值观，不仅证明新媒体号价值观是稳定的，也证实该价值观是值得坚守的。

3）保持价值观的先进性。价值观稳定并不代表一成不变。对新媒体号而言，价值观稳步保持先进性，也是一种价值观的稳定。例如，3G时代，视频内容已然出现，但新媒体工作者根据对用户移动化网络社交需求发展的分析，判断即时更新的视频内容（直播）才是未来，这是新媒体工作者对于新媒体行业的价值观判断。到了4G时代，直播带货发展如火如荼，但新媒体工作者根据5G网络的出现，判断交互视频才是未来，这种行业价值观推翻了新媒体工作者的过往价值观，但这并非不稳定，恰恰是新媒体工作者价值观稳步保持先进性的表现。

价值观稳步保持先进性，是新媒体工作者研究新媒体领域的变化、稳定、增量，并从中获得新媒体发展规律后得到的结果。它对新媒体号价值观有两点帮助，一是能更容易完成对用户价值观的引领；二是能够更好地稳固新媒体号价值观，因在保持先进性的前提下，其他价值观很难撼动新媒体号的该价值观。

【小结】
新媒体号价值观稳定对新媒体运营与管理的帮助

新媒体号价值观稳定对新媒体运营与管理的最大帮助，在于能够更快速地让价值观趋同的用户粘合于新媒体号。同时，在保持新媒体号价值观稳定的过程中，运营团队新媒体工作者的能力也将得到提升，即学会以价值观为出发点看待问题、努力保持价值观的先进性。

二、稳定可能造成的变化与增量

1. 稳定造成的变化

通常，稳定的情况下不会发生变化。但在新媒体领域，稳定都是相对的，并且在某些场景下，稳定可以为变化提供空间。例如，起初关注用户对新媒体号的需求仅是信息获取，但在新媒体号价值观稳定的前提下，用户逐步粘合于新媒体号，此时用户更深层次的需求被激发，如基于信任产生的消费需求（用户希望新媒体号为自己推荐优质商品）。如此，价值观的稳定激发了用户需求的变化。

2. 稳定造成的增量

不仅变化可以带来增量，稳定同样也可以带来增量。例如，价值观的稳定可以带来活跃用户、粘合用户的增量。但稳定对于增量的最大意义，在于坚守底线。比如，新媒体工作者想达成关注用户的增量，新增关注用户数固然重要，但已关注用户不取消关注同样重要。而运营团队、人格化运营形象、新媒体号价值观的稳定，正是保证原有用户不取消关注的关键。

第三节　有关"增量"的发现与研究

增量对于新媒体运营与管理的影响，主要表现在阶段性结果，即新媒体工作者制定的不同阶段目标。新媒体工作者需关注的增量有四方面，即用户的增量、用户画像的增量、转化率的增量、运营团队能力的增量。

一、增量的基本类型及研究

1. 用户的增量

新媒体运营与管理关注的用户增量包含四类，关注用户增量、活跃用户增量、粘合用户增量和KOL用户增量，本部分内容将详细介绍四类用户增量的概念及意义。

（1）关注用户增量　关注用户增量，即新媒体号新增的关注用户数量。一般而言，新媒体矩阵统计关注用户数量有两种方式，一是统计全网关注用户数，即新媒体号运营的所有平台的粉丝量总和；二是统计主粉丝池关注用户数。建议将微信公众号定义为新媒体矩阵运营的主粉丝池（具体原因将在第四章"多平台联合发布的运营与管理"中详细讲解），即统计微信公众号的关注用户总量。

对新媒体工作者而言，上述两种数据统计结果的使用场景有所不同。全网关注用户数应用于对外的展示场景。例如，新媒体工作者在洽谈一条内容发布的推广费时，应首先向合作方展示全网关注用户数，以提高对方对新媒体矩阵的价值认知。而主粉丝池关注用户数则主要应用于对内的运营状况分析场景。例如，主粉丝池关注用户量在短期内快速增加，新媒体工作者便需要分析用户来源，以及导致数据异动的运营行为。

（2）活跃用户增量　活跃用户增量，即在一定时间内，新媒体账号内表现活跃的用户的增量。活跃用户的定义，是在一定时间内与新媒体矩阵产生过交互的用户，包含阅读、点赞、评论、留言和转发等。活跃用户增量的统计，需要借助新媒体平台的数据系统。

以微信公众号为例，新媒体工作者想统计一个月内活跃用户的增量，首先要统计每个月的活跃用户量，而活跃用户量可以查看后台单月用户阅读人数统计，如图2-5所示。

因此，以当前30天内的阅读人数总量减去上一个30天内（即前60～前30天）的阅读人数总量，即可以得到活跃用户的增量。新媒体工作者须明确，之所以将阅读、观看内容作为评价活跃的标准，是因为阅读、观看是活跃用户的底线。想让用户达成点赞、评论、留言和转发等更高级的交互将更为困难。

随着不同行业人群在新媒体领域的意识提升，关注用户量已不再是评价新媒体号运营状况的全部。自2018年开始，活跃用户概念逐渐成为业界考察新媒体号的主要指标。例如，商家找新媒体号做内容带货，更注重的是新媒体号各平台平均阅读量，而非关注用户总数。

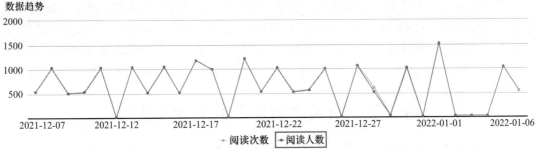

图 2-5 微信公众号后台"阅读人数"数据

对新媒体工作者而言,活跃用户数的意义则更多聚焦于一段时间内运营工作结果的评判。例如,在新媒体工作者组办活动完成后的一周内,新媒体号的阅读、点赞、转发和留言等数据明显增多,则说明活动起到了良好的激活用户效果。

(3)粘合用户增量 粘合用户增量,即表现出与新媒体号趋同价值观的用户增量。区别于活跃用户,粘合用户未必展现出比活跃用户更高的活跃度,但粘合用户一定会展现出在某些方面对新媒体号的强烈需求。以明星的新媒体号为例,黑粉(恶意抹黑明星的粉丝)往往表现出高活跃度,经常在评论区留言,但并无粘合度;真正的粉丝却包括默默欣赏新媒体号内容,但并不表达的用户群体。

粘合用户主要体现在价值观的粘合,因此新媒体工作者并不能统计粘合用户的具体数量及增量,只能粗略计算新媒体号活跃用户中的粘合用户占比(若用户不活跃,则不可能粘合)。由于无法通过用户的阅读情况判断用户的粘合状况,对粘合用户的统计往往聚焦于新媒体号原创内容的评论区。评论区用户所持观点与新媒体号价值观相近的,则可被定义为粘合用户。新媒体工作者须注意统计粘合用户评论的比例,而不是绝对值。同时,统计数据时须挑选新媒体号具备稀缺性价值观的内容,而非与用户普遍价值观大幅相似的内容。

由于粘合用户量的统计方式是占比,对粘合用户增量的统计也应聚焦于比例的增长。新媒体工作者可以挑选不同时间节点的两篇高数据内容(这里指综合数据,包含阅读、评论、点赞等),对比评论区粘合用户评论的比例,推断粘合用户的增量。

粘合用户增量对新媒体号的最大意义,在于变现能力的提升。新媒体领域的销售,是基于信任的销售模式,用户初见即购买的情况鲜有发生,而只有粘合用户才与新媒体号保持着信任关系。同时,粘合用户的增量,是考量新媒体号价值观的重要标准,新媒体号的价值观是否稳定,需要一定时间内粘合用户的增量来证明。

若新媒体号粘合用户在一定时间内没有增量,新媒体工作者首先要判断新媒体号的价值观是否保持着稳定,若在稳定的前提下依旧没有增量,则新媒体号价值观很可能并没有被坚守的价值,需要重新拟定。

(4)KOL 用户增量 KOL 意为社会型意见领袖。在新媒体号的用户体系中,KOL 用户指能够主动输出观点看法,对其他关注用户产生引领作用的个人,是新媒体号粘合用户中,高度粘合的精英用户。KOL 的发现场所是用户群组,每个 KOL 都须新媒体工作者从粘合用户中精心挑选并培养。一般而言,新媒体号 KOL 用户数与新媒体号的群组数对应匹配，即每个群组中有四五名KOL用户。

KOL用户的增量，实则是新媒体号用户运营成果，乃至新媒体号整体运营效果的缩影。新媒体号的KOL用户越多，用户运营的操作空间就越大，因新媒体号的KOL首先可以自主推广新媒体号，达成关注用户的增量，同时KOL还能协助新媒体工作者将新媒体号的关注用户、活跃用户逐步转变为粘合用户。

【小结】

新媒体用户增量对新媒体运营与管理的帮助

由上述四种用户增量的形成过程可以看出，从关注用户至KOL用户，是新媒体用户对新媒体号粘合度不断提高的过程，关注用户为活跃用户提供基础，活跃用户为粘合用户提供基础，粘合用户为KOL用户提供基础，KOL用户则带动所有其他类型的用户增量。

因此，用户增量对新媒体运营与管理的帮助，重点在于形成良性的用户增量循环，最终以用户增量的结果，提高新媒体号价值。

2. 用户画像的增量

用户画像的增量，指关注新媒体号用户类型的丰富，表现为关注新媒体号的用户标签的增量。例如，某校园新媒体号起初定义的用户画像是该学校内的大学生用户，其中用户标签包含爱美、热爱运动、热爱看书等。新媒体工作者在运营过程中，根据用户"热爱运动"的标签，推荐了相应的运动护理商品后，由于商品质量优秀，该商品成为爆款。除学校内热爱运动的同学购买外，校园外热爱运动的上班族也慕名前来购买，继而成为该新媒体号的关注用户。以上过程，便实现了该新媒体号用户画像的增量（上班族标签）。

其实，新媒体工作者很难在运营过程中完全把握用户画像，因新媒体号策划阶段定义的用户画像，未必与新媒体号吸引的用户画像一致。正因如此，新媒体工作者对用户画像的把握应分为两个层次，一是根据新媒体号及新媒体号主体的需求，定义一部分用户画像，并努力通过新媒体九种运营方式吸引该画像的用户；二是根据新媒体运营过程中，关注用户展现出的，与新媒体号策划阶段定义的不同用户画像，研究用户画像的额外增量。如果新媒体工作者发现，新媒体号提供的内容、商品，或新媒体号主体（企业）能够提供的服务与新增用户画像的需求匹配，则可以根据新增用户画像制订新的运营计划。

【运营经验】

用户画像的增量，能够扩充新媒体号用户量的天花板

任何行业的新媒体号，都有关注用户的上限，即行业内的新媒体用户总数。例如，某微信公众号定义的用户画像是"跑酷"爱好者，而全中国"跑酷"用户总数不超过2000万，这就决定了该新媒体号关注用户量的"天花板"。但如果该新媒体号在运营过程中，发现了热爱其他极限运动的用户画像增量，如跳伞，同时新媒体号的内容、商品又能满足这部分用户的需求，用户画像的增量便可就此实现。此时，新媒体号关注用户的"天花板"得到了提升，对新媒体号而言，带来的最直观结果便是关注用户数的增加。

【小结】

用户画像增量对新媒体运营与管理的帮助

回到新媒体运营与管理的实务工作层面，用户画像增量能帮助新媒体工作者扩充新媒体号原创内容及活动的场景、通感，提供更大的热点选择空间、多平台选择空间。同时，还能扩充新媒体号的内容方向、商品方向。

3. 转化率的增量

任何新媒体需要达成的数据结果，都存在对转化率的考量，详细的转化率指标将在第九章"全数据链运营与管理"中详细讲解，本部分内容仅对企业较为关注的有关销售的转化率做分类分析。

有关销售的转化率主要分为三种，即阅读转化率、销售转化率、商品复购率。

（1）阅读转化率　阅读转化率，是通过内容点击进入商品详情页的用户数量，除以内容阅读量（人数）得到的比值。对图文内容、视频内容而言，即为图文内容阅读量、视频播放量，对直播带货而言，即直播过程中商品展示时间段的平均用户量。

阅读转化率的提取，核心点在于获得因内容打开商品详情页的数量，获得该数据的方式有三种，一是通过专业的数据网站，详细区分商品详情页打开的入口；二是通过二维码制作，为该内容的商品详情页制作单独的二维码，统计扫码打开数量；三是在内容发布后的一段时间内，直接统计商品详情页打开量的增量。

就数据的准确性而言，前两种方法是准确的，但相对费时费力。第三种方法所获数据虽然不保证精确，但较容易统计。建议各位新媒体工作者使用第三种统计方法，以提升工作效率。

【运营经验】
阅读转化率是过程而非结果

推荐各位新媒体工作者使用第三种方法的原因，在于阅读转化率仅是统计获得阅读转化率增量的过程。例如，新媒体工作者在周一晚8点发布了一篇内容，统计出了内容的阅读转化率，在第二周周一晚8点发布了一篇同样商品的不同内容，以同样的方法统计出内容阅读转化率。如此，阅读转化率是否达成增量肉眼可见，在控制变量的前提下，阅读转化率的增量不会有太大误差。

对阅读转化率增量的研究，应分为同一商品对比的阅读转化率增量、不同商品对比的阅读转化率增量两种。对同一商品的不同内容而言，阅读转化率直接反映原创内容细节的质量，因此阅读转化率的增量反映了新媒体工作者内容质量的增量；对不同商品的内容而言，阅读转化率主要反映的是不同商品与浏览内容用户的匹配程度，因此阅读转化率的增量反映了新媒体工作者根据用户画像挑选商品的能力增量。

（2）销售转化率　销售转化率，指通过内容达成的商品销量除以内容阅读量（人数）得到的比值。相较阅读转化率，对销售转化率的数据提取更容易完成，新媒体工作者只需要为内容单独制作一个商品销售页面，统计该页面的商品销售量即可。

销售转化率这一数值，覆盖了用户从观看销售类内容，到研究内容商品，再到下单的全流程，所以该数据能为新媒体工作者反馈的结果较繁杂，包含以下四点。

1）销售转化率与阅读转化率一样，都可以反映内容质量。

2）销售转化率反映了商品质量。

第二章 新媒体运营与管理核心方法

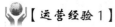
【运营经验1】
根据销售转化率判断商品是否具有爆款潜质

新媒体领域图文内容、视频的销售转化率,一般在 0.1%～0.3%,超过 1% 即代表该商品具备爆款潜质。

【运营经验2】
直播内容通常不以销售转化率作为销售考量指标

截至 2022 年 3 月,多数直播带货仍属于"电视购物"模式,即不以内容带货,仅由主播讲解商品、上商品链接两部分组成。因此,考量直播带货整体效果的数据值并非销售转化率,而是 ROI(投资回报率)。ROI 是商品销售方支付给带货主播的坑位费与当次直播带货实现的销售额之间的比值,ROI 展现的是直播间销售商品的渠道价值。一般而言,ROI 达到 1∶2 即合格。

3)销售转化率反映了商品与观看内容用户的匹配程度。因多数情况下,新媒体内容的观看用户基本是该新媒体号的关注用户,所以销售转化率可以反映商品与新媒体号用户画像的匹配程度。

4)销售转化率反映了新媒体号的用户粘合度。

因此,新媒体工作者在研究销售转化率增量时,应采用控制变量法,尽可能在保证其他三个要素不变的前提下,获得销售转化率的增量。例如,同一款商品,以同样的图文内容,在同一新媒体号的不同时间发布,如果销售转化率出现了增量,便可以证明新媒体号的用户粘合度有所提升,以此结果推断,很有可能是价值观稳定带来的运营结果。

(3)商品复购率 新媒体领域的商品复购率,是以带货内容发布的第三天后,商品有效使用周期内,商品的销售量除以内容发布三天内的商品销售量获得的比值。于直播带货而言,商品复购率则是直播结束后,商品销售量除以直播过程中商品销售量的比值。

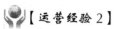
【运营经验1】
新媒体内容的阅读衰减周期是三天

新媒体内容发布后,一般会在当天达到内容最高阅读量的 70%,第二天达到最高阅读量的 95%,第三天达到最高阅读量,之后便几乎不再有阅读数据的增长,出现的增长往往是反复阅读用户提供的阅读量。

【运营经验2】
新媒体商品复购率的研究对象主要针对快消品

明确商品复购率的概念后不难发现,对于使用周期较长的商品而言,新媒体工作者提取商品复购率的时间成本非常高(这也是规定对商品复购量的提取需要在商品使用周期内的原因)。因此,新媒体工作者应尽可能选择使用周期短的商品(如快消品),研究商品复购率。对于使用周期较长的商品,商品复购率没有太大的参考价值,即便商品复购率很高,能够为新媒体号带来的销售额也不高。

新媒体工作者很难提取到商品复购率的精确值,主要由于商城存在自然流量,导致商品复购数量增多。因此，新媒体工作者在提取商品复购率时，应保证商品购买入口的单一，以尽可能规避商城流量对商品复购率的影响。一般而言，商品复购率应达到5%，达到30%则说明商品品质优秀。

由于商品复购率主要反映的是商品品质，因此商品复购率的增量反映的便是新媒体工作者选品能力的增量。

【小结】
转化率增量对新媒体运营与管理的帮助

转化率是新媒体运营结果的终极考量指标，转化率的增量是新媒体工作者永无止境的追求。在追逐高转化率的过程中，新媒体工作者首先将获得各种新媒体运营能力的增量，如销售类内容创作能力、选品能力。回归新媒体运营与管理的工作实务，转化率的增量可以让新媒体工作者更了解新媒体号的用户标签和用户需求。

4. 团队运营能力增量

团队运营能力表现为两个层次，一是新媒体运营事项的操作能力；二是总结新媒体运营与管理规律的能力。

（1）新媒体运营事项操作能力的增量　新媒体运营事项的操作能力；体现为新媒体工作者对新媒体九种运营方式的掌握和应用能力。能力的增量没有数值，均表现为新媒体工作者的工作成果。例如，原创内容能力的增量，体现为新媒体原创内容的策划成熟度提高、速度加快、质量提升，其中质量提升表现为原创内容阅读量的增加；又例如，活动运营能力的增量，体现在活动策划的完整性，活动的可执行性，活动结果与预期的差距，活动执行过后，对比之前活动的策划、执行效果，则可明确活动运营能力是否存在增量。

（2）总结新媒体运营与管理规律的能力增量　总结新媒体运营与管理规律的能力，即应用研究变化、稳定、增量的方法，总结新媒体发展趋势，并根据新媒体发展趋势制订新媒体号运营规划的能力。该能力的增量，能够提升新媒体运营团队的大局观，让运营团队在面临新媒体发展的契机时先人一步。

总结新媒体运营与管理规律的能力增量，表现为运营团队对新媒体环境、现象、变化契机的预测准确性。如果准确性高，则表示运营团队的该能力存在增量。

【运营经验】
提升运营团队的能力增量的方法

提升运营团队能力的增量，可通过将提升能力的增量变为运营团队的意识与追求，可展开为以下四种意识。

1）一专多能的意识。新媒体的九种运营方法间存在相互关联，新媒体工作者在任何一种运营方法上的能力提升，都将实现新媒体运营方法的整体能力增量。因此，带着一专多能的意识，尽可能涉猎、精进九种新媒体运营方法，是提升能力增量的有效手段。

2）规律意识。规律意识，即为所有新媒体发生的现象、出现的结果总结规律。规律意识可以让运营团队脱离事件本身，拥有更高维度的视角思考问题，形成看待新媒体发展的方法论，继而提升总结规律能力的增量。

3）调研意识。有关新媒体发展趋势的判断，不会一蹴而就，运营团队需要以人为鉴、以史为鉴，多调研其他新媒体号，多研究过往新媒体的发展趋势，以及形成趋势的根本原因，在此基础上做总结、试错，才能提升运营团队总结规律能力的增量。

4）颠覆自身的意识。运营团队如果满足于当下获得的成就，就无法超越现在，获得增量。因此，运营团队应时刻准备接受新方法、新理念对已成型的运营思维和方法的颠覆，忘记过往的成就，如此才能为能力增量的提升开拓空间。

二、增量对变化与稳定的影响

1. 增量对变化的影响

增量对变化的影响，主要存在于新媒体平台与新媒体号。

于新媒体平台而言，用户的增量，可能引起新媒体平台主体需求的变化，因用户量较少时，平台主体的主要需求应是获取用户，当用户大量增加后，平台主体的主要需求则可能是粘合用户和变现。

于新媒体号而言，用户画像的增量，会引起新媒体号关注用户需求的变化。例如，新媒体号从零开始运营，逐渐成为拥有千万粉丝的大号，用户对新媒体号的需求可能会从收看内容向社交、获取福利转变。

2. 增量对稳定的影响

增量对稳定的影响，在于增量将重新定义稳定的区间。以新媒体号的粉丝良性增长趋势为例，新媒体号的粉丝数应一直保持稳定与增量的交替。而每一次增量的完成，都将形成新的稳定区间，如图2-6所示。

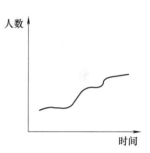

图 2-6 新媒体号粉丝良性增长的趋势

【小结】

变化、稳定、增量的关系示意

新媒体工作者须有强烈的结果导向意识，而增量便是新媒体运营与管理追求的结果之一。因此，变化、稳定、增量这三种学习新媒体运营与管理的核心方法间存在着如图2-7的关系。

增量是评判新媒体工作者利用变化、保持稳定的标准。无论新媒体工作者如何利用变化，只要未达成增量，便没有意义；同理，如果没有达成增量，新媒体工作者所保持的稳定也没有意义。

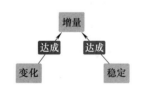

图 2-7 变化、稳定、增量的关系

【总结】

新媒体工作者的进阶之路

每位新媒体工作者在学习新媒体运营与管理时，都应先掌握研究变化、稳定、增量的方法，以此方法学习新媒体的九种运营事项。但新媒体工作者如果想在新媒体领域获得更高成就，需要在此基础上，将变化、稳定、增量视作新媒体发展的规律，以此对新媒体未来的发展做出趋势性判断。

当把变化、稳定作为研究方法时，增量是新媒体工作者追求的结果；但如果新媒体工作者越来越了解新媒体变化、稳定的规律，增量便不再是需要追求的结果，而将成为新媒体工作者对未来的结果性预判。当对变化、稳定、增量的规律判断越发准确，新媒体工作者便可逐步成为高阶的新媒体运营师。

【课后习题】

1. 简要概述变化、稳定、增量之间的关系。
2. 研究平台的变化对新媒体运营与管理有什么帮助？
3. 简单陈述新媒体号价值观保持稳定的原则。

第三章 原创内容的运营与管理

【本章知识体系】

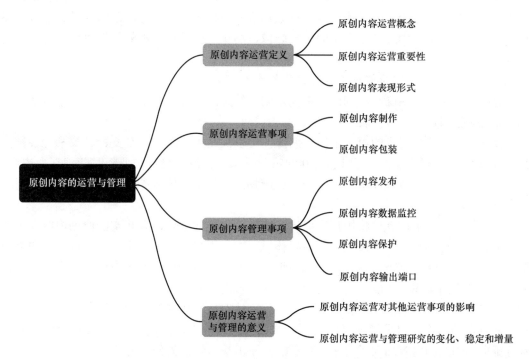

自本章内容起，本书后续部分将详细讲解新媒体运营中需要进行运营与管理的各事项，引导新媒体工作者学会以掌控现状与发展趋势为宗旨的新媒体各运营事项管理——即具备结果导向意识，通过对变化、稳定的研究，实现结果的增量。

本章作为对新媒体各运营事项管理展开讲解的开端部分，分为原创内容运营定义、原创内容运营事项、原创内容管理事项、原创内容运营与管理的意义四部分。

第一节 原创内容运营定义

本节分为原创内容运营概念、原创内容运营重要性、原创内容表现形式三部分内容。

一、原创内容运营概念

原创内容运营，是通过制作并发布新媒体原创内容，以满足用户的阅读需求，继而达成用户增长、用户活跃、用户粘合的新媒体运营手段。本部分内容主要解决两个问题：其一，新媒体领域原创内容的界定；其二，新媒体原创内容为何属于运营而非创作。

1. 新媒体领域原创内容的界定

由于新媒体工作者大多没有新闻采编资格，日常工作以追热点、剖析热点、结合自身需求寻找落点为主，所以新媒体内容很难做到100%原创。因此，对新媒体内容而言，原创内容的界定标准与传统内容存在不同。

客观上，多数新媒体平台界定原创的标准，是机器自动识别或编辑人工识别的，内容不与全网其他内容高度相似，且价值观或中心思想不存在雷同现象。达到这一标准，内容才有可能使用"原创"标识。

事实上，是否能产出原创内容，主要取决于新媒体工作者对待热点和其他内容素材的态度。新媒体工作者应按照寻找热点、拆分热点，再将热点与自主拟定的选题、落点标签进行匹配，进而采取为之设定自主的用户画像、场景，以及价值观的策划思路，完成原创内容编创。

2. 新媒体原创内容为何属于运营而非创作

新媒体工作者应明确，原创内容不仅是创作结果，更是一种运营手段。以下将从四个层面说明原创内容的运营性质。

（1）因其是接触用户的第一手段　新媒体可以满足用户购物、社交、领福利等各种需求，但回到新媒体刚诞生时，用户对其的第一诉求是获取信息，想要随时随地获取内容，而原创内容正是满足新媒体用户阅读需求的产物，它是新媒体号和新媒体工作者触碰用户的第一方式。

同时，新媒体工作者想将用户变成忠实粉丝，单凭文笔好，有扎实的原创内容和优秀的写作能力远远不够。因为在庞大的新媒体世界中，用户与原创内容"一见钟情"的概率非常低。所以需通过有节奏地、持之以恒地输出原创内容，增加与用户触碰的可能性，设定与用户触碰的频率，才能让用户逐渐养成阅读习惯。

新媒体工作者为原创内容设定频率、寻找阅读对象、增加触碰陌生用户的机会，与传统原创内容的创作者自发性、好内容不用推广自会有人来读的创作心态，有了明显不同，因而新媒体的原创内容加入了更多运营手法，不再是单纯的创作行为。

（2）因其颠覆了创作者位置　新媒体原创内容之所以不完全属于创作产物，而是一种运营产物，还因为传统意义上的创作者在创作时置身自我的内心世界，创作即内心世界的描述、表达、宣泄；而新媒体工作者在创作内容时，必须增加用户画像、用户通感、场景、选题、落点、与用户属性与风格匹配的价值观思考，从根本上说是一种去掉创作者本位意识的行为。

【运营知识】

什么是本位意识？

本位意识，即本位主义意识，原指在处理单位与部门、整体与部分之间的关系时，只顾自己，而不顾整体利益，对别部、别地、别人漠不关心的思想作风、行为态度和心理状态。

在新媒体中，本位意识指在运营过程中，只从自身思想、需求角度出发，而不考虑用户、时间、热点、价值观方面的匹配。新媒体世界中的每个角色，都会有本位意识。在运营过程中，大到企业领袖、团队领导，小到内容编辑，都应尝试降低自身的本位意识，从用户及运营全局角度思考，以达到更好的运营效果。

（3）因其具备目的性、功能性　传统原创内容创作的目的一般比较简单，只是输出创作者想表达的内容。而新媒体原创内容之所以被称为运营，是因为它具有更强的目的性。

新媒体领域，几乎没有哪个新媒体号单纯是为了输出内容（除去部分只为了记录生活、拍摄视频博客的新媒体），有些新媒体号为了吸引流量、有些新媒体号为了卖商品。当新媒体工作者有了这些目的后，原创内容就成了一种为目的服务的手段，包括配合活动制作原创内容，将原创内容转发至粉丝群组，甚至发送给自己的微信好友。

当新媒体工作者创作内容的目的不再"单纯"，内容的选题、落点、标题等都是为了满足用户的某种需求（如阅读需求、消费需求）时，原创内容制作也就远远超出了创作范畴，而变成了一种运营手段。

（4）因其需要监控数据　新媒体工作者在原创内容发布后，要进行一系列操作，包括回复用户评论、留言，更重要的是对已发布内容进行数据监控。需日常监控的运营数据包括：原创内容发布后的2小时阅读量、4小时阅读量、24小时阅读量、公众号内粉丝阅读量、点赞量、在看量、转发量、多平台推荐量及转发量等，可在新媒体平台后台数据展示分析页面查看，如图3-1所示。

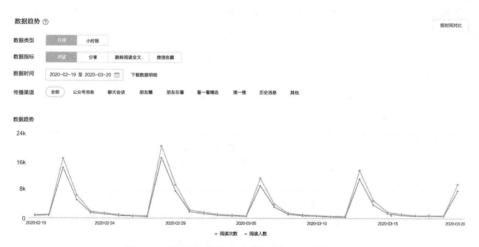

图3-1　微信公众号内容数据展示、分析页面

二、原创内容运营重要性

截至2022年3月，在新媒体发展的近10年间，各新媒体平台都在强调内容原创，施行扶持原创内容、打击抄袭和伪原创的平台政策。在平台鼓励原创的背后，新媒体工作者也需对原创内容的重要性有深刻认知，即无原创不传播。

之所以要求新媒体工作者努力追求原创，是因为新媒体领域存在一个定律：无原创不传播。

传播，即传送与散播，新媒体工作者创造内容是为了让更多需要该内容的用户看到，此目标需要依靠传播来实现，而传播则需通过用户转发内容来实现。

【运营知识】
新媒体用户的三种类型

根据新媒体领域用户对内容的转发意愿，用户可被分为三种类型，如图3-2所示。

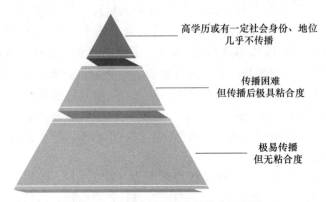

图3-2 新媒体领域用户转发意愿类型

第一种是图3-2所示底部的用户，他们喜欢转发高阅读量、高评论量，或是有惊悚标题的内容。此类用户极易实施传播行为，但传播价值较低。

第二种是图3-2所示中部的用户，对于传播内容，他们有着非常严格的标准，只会转发认同的内容。对于内容的认同，一般分为三种。

（1）干货认同　干货认同，即用户认为内容对自己有用，此时用户一般会收藏并转发内容到朋友圈，并且写一段转发语。

（2）情感认同　情感认同，即用户认同内容创作者表达的情感，如悲伤、快乐、愤怒。此时用户会带着与新媒体工作者同样的情绪转发内容，且在转发语中表达看法。

（3）态度认同　态度认同，即用户与内容创作者对某件事持有相同观点。

第三种是图3-2所示上部的用户，他们往往是高学历或企业领导等有一定社会身份、地位的用户。此类用户几乎不会在新媒体领域转发原创内容，因转发的内容会代表他们的观点，一旦该观点与人际圈里其他人相悖，就容易使该用户在人际圈中遇到困扰。

明确上述三种新媒体传播人群类型后，可以明显看出，要想让内容高效传播，就必须依靠中部用户。而要想让这部分用户自觉转发，新媒体工作者需要做两方面努力：第一，让此类用户认为，这篇内容是作者原创，而非抄袭；第二，在用户关心的地方保持原创，即干货原创、情感原创、态度观点原创。

保证以上两点，才能获得新媒体领域中最具传播价值的用户青睐，因此说：无原创不传播。

通过原创内容吸引粉丝、形成传播的方式，虽然难度高、增长缓慢、周期较长，但吸引到的粉丝粘合度高，且传播更具价值。

与此相反，有一种类型的账号不做原创内容，专门吸引底部用户，因用户群基数最大、增长更快，且不用费时原创。新媒体行业一般将这类账号称为"营销号"。

营销号，是以聚集流量为目的，通过各种手段实现流量快速增长的新媒体号。营销号的增长手段包括"洗稿"（对他人的原创内容进行篡改、删减，但抄袭核心有价值的部分），发布"标题党"（用夸张的标题吸引用户点击查看，但内容多为不实信息）内容和"擦边球"（浅度涉政治、色情、重大负面事件）内容，在大流量消息下进行价值观扭曲的评论（多在微博），以内容或评论方式对事实进行扭曲解读等。这类营销号及其行为，是需要新媒体平台、新媒体工作者，以及新媒体用户共同抵制的。

三、原创内容表现形式

原创内容的表现形式有且仅有 5 种：图文、音频、视频、长图和 HTML5。针对不同的运营团队、账号类型，新媒体工作者应选择自己能力范围内、与内容类型匹配最佳的表现形式进行输出。同时，这五种表现形式在策划时要注意的点有所不同，在使用时也各有优劣。

1. 图文

图文内容优势在于用户接受度高，制作成本相对较低；劣势在于图文表现形式过于常见，吸引用户点击浏览的难度相对较高。

2. 音频

音频内容优势在于能强化听觉感官效果，以完成"讲故事"工作；劣势在于表现形式过于单一，视觉冲击力相对较弱，用户收听意愿较低。

3. 视频

视频内容优势在于结合了画面、文字、声音，对用户的冲击力更强，更受用户喜爱；劣势在于视频制作流程相对复杂，制作周期长，用户对视频质量的要求相对较高。

【运营知识】

直播属于视频内容的一种

直播带货属于视频内容的一种，具备动态、可交互的特点。就目前的直播内容而言，虽然经过完整策划的直播内容凤毛麟角，但是电视购物式的低质量直播带货已然让用户津津乐道。由此可见，新媒体视频内容表现形式，在内容的精致程度上还有很大的发展空间。

4. 长图

长图内容优势在于以图片为主，文字为辅的形式更易于用户收看；劣势在于长图的制作程序相对复杂，且需要手绘、设计功底，上手门槛高，制作周期长。

5. HTML5

HTML5 即 H5，译为超文本标记语言，是可以在 Web（万维网）构建内容的语言描述方式。其优势在于帮助新媒体工作者与用户进行更深层次的交流；劣势在于 H5 无法通过微信公众号等多平台直接发布，只能将链接、二维码加入图文内容中，或将链接放置于微信公众号自定义菜单，或直接转发至朋友圈、用户群组。

第二节 原创内容运营事项

原创内容的运营事项包含原创内容制作、原创内容包装两部分。

一、原创内容制作

原创内容制作过程分为两部分,即原创内容策划、原创内容编创。

1. 原创内容策划

对新媒体工作者而言,持续、高质量地输出原创内容,是新媒体号吸引陌生用户,活跃关注用户的有力手段。而原创内容策划方法,便是让新媒体内容生产更加系统的方法。按照原创内容策划方法制作原创内容,不仅可以保证原创内容结构明确、逻辑清晰、利于用户收看,还可以让新媒体工作者的内容创作灵感永不枯竭。

原创内容策划流程如图3-3所示。

图 3-3　原创内容策划流程

(1) 选题　选题,即内容表达的核心,是内容创作的基础。拟定选题后,新媒体工作者才能展开后续的原创内容策划步骤。对内容输出型账号而言,选题多是与账号类型相符的话题;对商品、服务输出型账号,选题多是新媒体号主体的商品,或商品特质。

以心理情感类新媒体号为例,选题可以是"婚姻如何保鲜",该选题属于心理情感类目,夫妻关系话题。

另外,在日常工作中,新媒体工作者的选题不仅来自于制作内容的目的,也会源于社会舆论场中不断涌现的热点,而且更多情况下,挑选热点成为日常更新内容的选题,是新媒体工作者通用的工作方式。由此可见,具备热点的发现判断、分析热点可能存在的操作方向、分析热点可引发的观点性或商品性落点等能力,是新媒体工作者拥有源源不断选题的基本保障。因此,比如热点分析会这种新媒体工作团队的工作方式,对于选题的拟定也显得尤为重要。

(2) 通感　通感,原是一种修辞方法,指将不同感官的感觉沟通起来,借联想引起感觉的转移。新媒体中的通感,指的是新媒体工作者通过内容输出,让收看内容的用户感受到新媒体工作者想要传达的感受。如果用户因内容被新媒体工作者传递了某种通感,就更容易完整收看原创内容。

以听觉刺激的感受为例,当新媒体工作者想要描述某种刺耳的声音时,便可以"用尖锐物体划黑板产生的噪声"为例,基于学生时代的经历,多数用户即刻可以想象到那种刺耳的噪声并将自身带入场景,如此通感便实现了传递。

(3) 热点　热点,即可聚集大流量用户的人、事、物、观点,是新媒体内容与传统媒体内容的主要差异点。因可以触发用户通感,热点是提升新媒体原创内容对用户吸引力的有效方法,能够让新媒体号的观点、商品、服务被因热点而聚集的用户看到。同时,多数热点话题能够引发用户讨论,所以热点也是达成用户交互的有效手段。

新媒体领域,用户对热点的需求主要有二,一是热点的速度,对同一热点而言,越早报道的新媒体号越有优势;二是热点的深度,尤其对于影响力较大的热点事件,新媒体工作者在原创内容中,对热点的挖掘越深,用户就越容易被内容吸引。

热点在原创内容中的应用方式有很多,包含热点关键词置于标题以吸引用户点击,热

第三章 原创内容的运营与管理

点置于内容开头以引发用户通感，多热点在原创内容中对比以用于观点例证，以及直接以热点作为选题制作原创内容。

（4）场景　场景，即通过原创内容在用户脑海中构建场景，使用户身临其境，其目的是触发用户通感。

场景分为两种，一是生活场景。例如，"炎热的夏天，刚到家就脱掉外套打开空调"，如此用户很容易产生"凉爽"的感受；二是数据场景。例如，考研辅导班展示自己的押题命中率、考研成功率、服务好评率，如此可以让准备考研的用户产生对该机构信任的感受。

（5）价值观　价值观是原创内容的核心思想，对新媒体工作者而言，想让用户粘合于新媒体号，必须实现用户价值观与新媒体号价值观的粘合。而原创内容价值观，是新媒体号整体价值观的局部展现，通过长期价值观取向统一的原创内容输出，新媒体号才能够吸引更多陌生用户，并使关注用户逐步走向粘合。

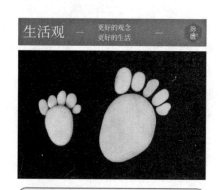

图3-4　微信公众号部分原创内容直接将价值观作为标题

作为内容的核心思想，价值观应从标题开始体现，贯穿内容始终，有些新媒体内容甚至会将价值观作为标题，如图3-4所示的微信公众号，其原创内容《普通人的孩子，要先努力成为普通人》，便是将价值观作为标题。

（6）设计转梗　"梗"是对哏字的误用，在新媒体领域中可被翻译为"段子"，转梗可以直译为段子的转换，是原创内容中承上启下的部分。梗与转梗大多有趣味性，是新媒体用户喜闻乐见的内容元素，能够衔接内容热点及落点，减少用户收看内容时的"突兀感"，同时也能激发用户收看原创内容的兴趣。

新媒体工作者首先要明确梗的类型，并将其应用于适配的原创内容中完成转梗。

生活当中梗的抓取与梗可应用的内容场景，是需要新媒体工作者或新媒体工作团队日常训练和积累的。一方面是提取综艺节目、电视剧等出现的梗，另一方面是留意生活中的趣味场面，并及时整理成梗，记录下来，逐渐形成个人或团队的梗资源库。在此基础上，还需训练搭建梗可应用内容场景的能力，让原创内容编创不再面对梗枯竭的状况。

（7）落点　落点，是新媒体原创内容的最终出口，可以是提出的一种思想主张，也可以是销售一款商品、提供一种服务。对新媒体用户而言，多数用户需要通过落点部分明确新媒体工作者原创内容的最终目的。

以"婚姻如何保鲜"的选题为例，落点可以是为用户提供处理夫妻间感情问题的方法。以推荐商品、服务的内容为例，落点可以是商品、服务的差异化特点，如短期促销活动。

（8）标题　标题，是对内容的高度总结概括和精华的提取，也是新媒体原创内容的流量保证。标题一般包含三部分：本体、通感、热点。

1）本体，即原创内容中的核心要素，可以是价值观，可以是线索人物，也可以是内容推荐的商品，内容中出现本体，可以在一定程度上规避"标题党"的风险。

2）通感，通感出现在标题中的主要目的，是让用户产生认同感，因认同标题传递的感受而点击收看内容。

3）热点，热点作为标题中的辅助部分，可以吸引关注热点事件的用户流量。

以某微信公众号的原创内容《不懂点〈红楼梦〉，高考作文都看不懂！》为例，红楼梦、高考作文均是热点，可在高考后的一段时间内吸引大量用户收看内容，如图3-5所示。

例如，微信公众号"人民日报"曾发表标题为"世界第一幅"的内容，报道了中国科学家团队研制的世界首幅1∶250万月球全月地质图。该标题不含本体、通感、热点，但强调了内文事件重要性及独特性。

（9）大纲　大纲是新媒体原创内容的"草稿纸"，是对新媒体原创内容策划阶段其他八个步骤的结构化总结。大纲的意义在于让新媒体内容结构、逻辑清晰，如此既利于新媒体工作者完成内容编创，也利于新媒体用户收看、理解。

以新媒体图文原创内容为例，大纲的最基本展现是小标题，即内容中以特殊字体处理的，引领内容段落的标题性文字。热点开头——小标题1——小标题2——小标题3——内容落点，是常见的新媒体原创内容大纲模板，小标题形式如图3-6所示。

图3-5　微信公众号以热点事件作为标题的原创内容

图3-6　图中矩形框部分为该原创内容小标题

2. 原创内容编创

完成内容策划的九个步骤后，新媒体工作者须根据内容表现形式，安排后续的内容编创工作。不同内容表现形式的侧重点不同，但也有都须遵循的新媒体原创内容准则。

（1）不同表现形式内容的编创步骤　本部分将分别阐述新媒体五种表现形式内容的制作完成步骤及注意事项。

1）图文内容。图文内容的制作步骤相对简单，拟定大纲后根据大纲行文成稿即可。行文步骤与原创内容策划步骤有所不同，如图 3-7 所示。

图 3-7　图文内容制作流程

2）音频内容。音频内容的制作需在完成原创内容大纲后，首先编写文字稿，然后改写为口播稿，最后完成音频录制，如图 3-8 所示。

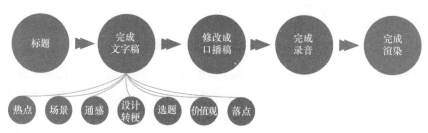

图 3-8　音频内容制作流程

对音频内容而言，检查文字稿是重中之重，因为将文字转换成声音输出，对语言的节奏感要求更高。如果在文字稿阶段还存在语病、形容词过多等影响声音表达效果的问题，就会导致同时兼顾语言节奏和情绪表达的录制过程，出现多次停顿，甚至返工的情况。

除保障文字稿、口播稿的质量外，新媒体工作者在完成音频最终录制的阶段，还需根据需求，完成寻找背景音乐、强化音效，增加后期渲染效果等工作。

3）视频内容。视频内容的制作，需在大纲完成后，编写视频脚本，安排分镜，然后在演员和道具、拍摄团队和设备一应俱全的情况下实施拍摄，最终完成后期剪辑成片，如图 3-9 所示。

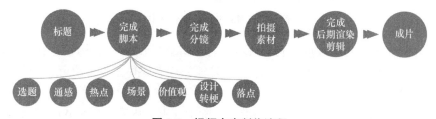

图 3-9　视频内容制作流程

对视频内容而言，编写脚本需要关照许多细节，除要保证逻辑、文字质量和亮点外，还要明确拍摄场景、人物、视频时长和背景音乐等视频内容特有的要素。其中，拍摄场景包含了内容策划阶段热点、通感、场景、价值观、设计转梗和落点等要点，而背景音乐的选定，能更加彰显内容价值观及新媒体工作者想要表达的情感。

分镜，即在视频脚本框架内对每个拍摄镜头极尽细致的描述。相较于脚本，分镜专注于一个拍摄分镜头，将分镜头涉及的所有细节全部用绘画、图表或文字形式确定并描述出来。比如，分镜头中的人物拍摄描述，就需确定人物采用正面、侧面，还是背面的入镜方式，使用的是特写、群像，还是虚化的拍摄方式等。编写分镜实际就是新媒体工作者将镜头画面在自己的想象中预演数遍的过程。

4）长图内容。长图内容的制作，需在完成大纲后，编写脚本，并根据脚本安排单帧场景（在漫画长图中也称分镜），然后为每一帧场景编写对话和旁白稿，最终完成绘画，如图3-10所示。

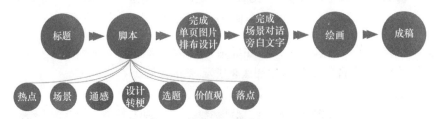

图3-10　长图内容制作流程

对长图内容而言，新媒体工作者须关注的重点有二：一是通感的构建，区别于其他内容表现形式，长图内容需要构建一个贯穿内容始终的通感，以使用户带着某种感受收看完内容，包含极致的幽默、极致的悲伤，或是很大程度地引发用户思考；二是转梗设计的精彩程度，同样由于文字内容有限，长图内容转梗往往比文字转梗更困难，不过，一旦用户理解并认为新媒体工作者的转梗精彩，转梗将成为用户自主传播该内容的理由。

5）H5内容。H5内容的制作，首先要根据大纲完成单页内容设计，其中包括单页内容中的文字、视觉元素和交互功能，而后完成成品封装，如图3-11所示。

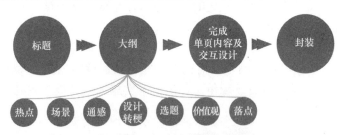

图3-11　H5内容的制作流程

H5内容制作过程的侧重点，在于内容中的互动参与形式。由于H5往往配合活动一同出现，根据活动参与用户的习惯制作不复杂且能完成新媒体工作者交互要求的互动事项，是H5内容的关键。

（2）所有内容表现形式都须遵守的准则　除上述五种内容表现形式制作过程中的各自侧重点外，新媒体工作者还需注意以下两点细节。

1）素材使用。新媒体工作者在制作原创内容过程中可以使用各种网络素材，但不能使用素材中的核心观点，因为如此便成了伪原创。同时，新媒体工作者需有意识地积累原创内容中可能使用到的各种素材，包含热点事件案例、梗、表情包等。

2）原创内容篇幅。新媒体内容的突出特点是碎片化，因现代用户的生活时间往往被各种琐事无限制拆分，导致用户很难有专门的一整段时间留给新媒体内容。因此，新媒体工作者不宜制作过长篇幅的内容，以免降低用户的阅读完成率。

图文内容，以800～1500字为宜；音频、视频内容以5分钟内为宜；长图内容不要超过12个手机屏幕；H5内容交互页数量不宜超过3页，总页数不宜超过6页。

不过，截至 2022 年 3 月，用户的垂直领域知识需求已经愈发明显，需长时间收看的、有深度的内容也逐渐焕发了生机。图文类内容，以微信公众号"卢克文工作室"为代表，具有稀缺性价值观的深度内容引发了用户的广泛关注；视频类内容，长视频的市场比例也在提升。这就提醒新媒体工作者，新媒体仍在不断发展变化的过程中，原创内容篇幅的定义虽是"古有成例"，但也可以在新媒体发展过程中根据用户需求而变化。

二、原创内容包装

原创内容制作完成后，新媒体工作者还需对原创内容做包装优化，以更好地展现在用户面前，使用户获得更佳的观看体验。不同内容的包装优化工作有所不同，本部分内容主要以图文类型原创内容为例，讲解包装优化的四种形式。

1. 图片优化

图文内容是以文字为主，图片为辅的内容形式。新媒体工作者必须在图文原创内容中插入适量图片，以达成三种目的。

1）分割文字，长篇幅的文字内容容易引发用户阅读时的枯燥感受，因此图文内容中常会加入以分割为目的的图片。

2）对文字内容做补充说明，当新媒体工作者引入新的概念或介绍用户知识面盲区的人、事、物时，通常需要图片做补充说明。

3）内容衔接，带有转折寓意的图片通常用于链接上下文。

此外，图片优化不仅适用于图文内容，同样适用于视频内容。例如，许多搞笑类视频经常会在视频内容转换部分增加分割图片以表示衔接，如图 3-12 所示。

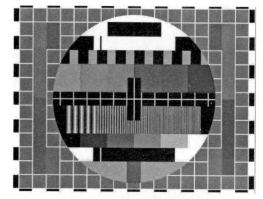

图 3-12 用于衔接视频段落的电视台检修静帧画面

2. 版式优化

排版，是优化图文原创内容的重要工作，它将文字与图片以更易于用户阅读的形式展现出来。截至 2022 年 3 月，新媒体工作者常使用的排版软件包括："秀米""i 排版""365 编辑器"等，同时新媒体工作者也可以在微信后台通过"壹伴"等插件优化版式。

新媒体图文原创内容最基本的排版原则，是保证图文内容的易读性。字号过大过小，文字排布过疏过密、段落过多留白或过于紧凑，都会损害易读性。易读的图文内容，版式均比较疏朗。对于疏朗的理解，是字号大小、文字间距适中，段落不过长，段落间有空行，带有一定页边距，图片文字搭配合理。

此外，新媒体工作者还需让版式尽量美观，标准如下。

1）版式和谐，即图文内容中使用的版式具备平衡感、不突兀，常见版式包含"文本框""分割线""多图模板"。

2）色调和谐，即图文原创内容主色调统一，整体不存在夸张的视觉差异。

3. 外包装优化

外包装优化指原创内容完成版式编排后，为用户提供额外的原创内容或新媒体号印象植入。外包装优化主要包含三方面——内容顶部、底部、中部固定版式设计，账号口号露出，封面图设计。

1）固定版式设计没有严格的标准，只要能够达到向用户植入新媒体号、新媒体人格化运营形象的目的即可。

2）口号设计需要尽可能易读、易记。

3）封面图的设计则相对复杂，因图片是除标题外，用户点击新媒体原创内容的重要因素，需要兼顾用户画像、图片视觉效果、图片中是否包含内容要素等多方面事宜。

4. 交互优化

交互优化，即在原创内容中加入让用户与新媒体内容交互的手段，以此更好地达到吸引、粘合用户的效果。图文内容的交互优化包含四种方式。

1）内容中链接。即在图文内容的文字、图片上增加超链接，跳转至其他新媒体内容，用户可以根据需求点击跳转至其他内容。

2）投票功能。投票功能是微信公众号后台自带的，以需求调研的形式与用户交互的方式。在出现高热度话题时，可以吸引大量用户参与，从而提升新媒体号用户活跃度。

3）交互版式。在排版软件提供的众多模板中，有一类模板属于可交互版式，即通过"滑动""点击"图文内容中某部分查看更多内容。

4）阅读原文。即新媒体工作者在内容底部加入"原文链接"后，用户可以看到跳转按钮，它是内容中链接的"加强版"，可容纳一切跳转链接，一般用于原创内容的补充说明或扩展阅读。

第三节　原创内容管理事项

原创内容的管理事项包含原创内容发布、原创内容数据监控、原创内容保护、原创内容输出端口。

一、原创内容发布

新媒体工作者需要将原创内容发布事项视为管理事项，主要源自用户对新媒体内容的需求及各新媒体平台对新媒体内容的要求。从用户角度出发，他们需要按时按点收看内容，而新媒体号需要适配用户阅读习惯，甚至引领用户阅读习惯，因此新媒体工作者需要对内容发布时间和内容发布频次进行管理。从平台角度出发，平台需要限制带有敏感词汇的原创内容的发布。因此，新媒体工作者需要有意识地在原创内容发布前审核内容中的敏感词汇。

1. 原创内容发布时间

原创内容发布的时间需要保持阶段性稳定，以培养、引领用户阅读内容的时间。新媒体内容的主流发布时间是晚上 8 点与早上 7 点前后，前者是由于新媒体用户在晚上 8 点打开新媒体内容的数量普遍最高，后者则是因为早上 7 点属于用户上班通勤时间，有空闲收看新媒体内容。

不过，新媒体内容没有绝对正确的内容发布时间，只要新媒体工作者能够在保持内容优质的前提下，找到用户能够普遍接受的时间节点，保持长时间稳定在该时间发布即可。

2. 原创内容发布频次

新媒体工作者对原创内容发布频次的管理，最重要的是根据自身能力实现缓释。对新媒体用户来说，他们总是期待自己关注的新媒体号保持每日更新（简称日更），但对新媒体运营团队而言，保持内容优质的前提下实现日更非常困难，而一旦出现断更，就会出现用户取消关注、粘合度下降等恶劣影响。

因此，新媒体工作者应先行确定运营团队可以确保内容更新频次，此外还需在启动更新前，或内容创作者相对空闲的时间为新媒体号准备备用稿，以预防意外发生。

3. 原创内容发布前审核

区别于原创内容创作完成后，内容层面的勘误，原创内容发布前审核聚焦于原创内容是否满足平台对该账号类型内容的要求。

首先，所有新媒体平台都不允许发布涉及血腥、暴力、政治、色情、赌博和毒品等敏感信息，因此新媒体工作者应规避一切与其相关的词汇。其次，不同平台的敏感词汇库不同，新媒体工作者需要通过向平台运营人员询问、自主内容试错等方式整理不同平台敏感词库，以在后期尽可能规避内容发布失败，甚至内容直接被删除等状况。此外，对于给新媒体工作者贴上明确标签的新媒体平台，如今日头条，平台会限制标签领域外词汇过多内容的推荐。

例如，今日头条为新媒体号贴上了"科技"标签，但该新媒体号的某篇内容中加入了过多"财经"标签类的词汇，平台则会限制该篇内容的推荐。

二、原创内容数据监控

所有新媒体运营的结果，都须通过数据指标考量。因此，数据监控是贯穿新媒体各运营事项始终的管理工作。原创内容运营与管理需要监控的数据包括阅读量、点赞量、分享量、收藏量、评论量、一次打开量、一次分享量、分享产生阅读次数、不同渠道阅读量、分时段阅读量、阅读完成数、阅读后关注用户数、场景化导购内容进入商品详情页用户数、场景化导购内容达成销售用户数等。

因不同数据的变化、稳定、增量分别会对新媒体运营与管理整体的变化、稳定、增量产生影响，且关系相对复杂，因此本部分内容将在第九章"新媒体全数据链的运营与管理"中详细讲解。

三、原创内容保护

截至 2022 年 3 月，所有平台都在完善自身的原创内容保护机制，但即便如此，新媒体工作者自身也需提高原创保护意识，维护自身权益。原创内容保护的管理事项包含开通内容原创、内容转载两部分内容。

1. 开通内容原创

不同新媒体平台对开通内容原创的要求不同。截至 2022 年 3 月，微信内容中，所有超过 300 字，且与微信体系内无高度相似的内容，均可开通原创。信息资讯类新媒体平台开通原创的要求，则是通过各平台的原创账号审核要求。新媒体工作者须将开通原创作为重要的运营工作，因仅有在开通原创认证后，原创内容才能获得尽可能多的推荐，继而获得更高数据。

此外，新媒体工作者需注意，长图类内容文字虽不超过 300 字，但属于优质原创内容，新媒体工作者需主动联系平台运营人员，审核长图内容的原创性，尽可能争取原创的权益。

2. 内容转载

在微信体系内，新媒体工作者将单期内容开通原创后，其他新媒体号如想转载该内容，则需联系原创内容作者开通白名单。此时，新媒体工作者应积极配合其他账号开通原创内容白名单，因其他新媒体号转载内容时，内容中会出现原创该内容的新媒体号链接，如此相当于其他新媒体号成为当期内容的传播渠道，协助推广了该篇原创内容。

此外，对其他信息资讯类平台，如果平台主动提出让不同账号帮助转载原创内容，新媒体工作者也可衡量收益后同意转载，如果有陌生新媒体号未经同意直接转载新媒体工作者的原创内容，则可向平台提交投诉申请。

四、原创内容输出端口

因新媒体工作者对原创内容的需求不同，原创内容会被赋予不同的运营使命，比如达成销售转化、增加活动参与人数等。但无论新媒体工作者基于何种需求，都须尽可能让内容触达更多用户，增加内容曝光量，以达成需求目标。因此，新媒体工作者须明确并整合所有原创内容可输出的端口，为原创内容提供出口。除各新媒体平台发布内容的端口外，新媒体原创内容还包括三种内容输出端口。

1. 非主动控制的内容输出端口

非主动控制的内容输出端口，指微信搜索、平台推荐、朋友圈转发曝光等不受新媒体工作者运营行为控制的内容出口。原则上，新媒体工作者无法控制原创内容在这类出口的曝光量，但新媒体工作者可以通过提高内容质量，或在内容中增加平台近期优先推荐的关键词，提升内容在非主动控制的输出端口的曝光量。

2. 原创内容的关联链接输出端口

原创内容的关联链接输出端口，指在一篇原创内容中加入其他原创内容链接，包含两种方式：一是图文内文字链接，即在原创内容的部分文字中加入超链接；二是阅读原文链接，即大多数新媒体平台都具备的，原创内容底部提供的外链。这种内容间相互助力的内容输出端口，是新媒体工作者提升原创内容曝光量的基本方法。

3. 新媒体号首页的内容输出端口

新媒体号首页的内容输出端口，主要指微信公众号首页的内容输出端口，包含"关注公众号后自动回复""关键词回复""自定义菜单"三种类型。

"关注公众号后自动回复"，通常适用于新媒体号开篇内容、新媒体号近期活动、新媒体号主体背景等介绍类内容；"关键词回复"通常适用于带有服务性质、方法落点的内容，知识服务、商品服务类账号使用该出口效果更佳；"自定义菜单"则类似新媒体号的微官网，可根据新媒体工作者需求，容纳一切内容链接，并将内容链接以组合的结构方式展现在用户面前，如图 3-13 所示。

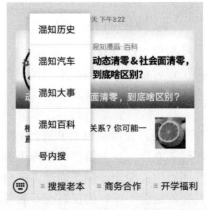

图 3-13 微信公众号中的自定义菜单

第四节 原创内容运营与管理的意义

原创内容运营与管理的意义体现在两方面，一是原创内容运营对其他新媒体运营事项起到促进作用或积极影响；二是通过对变化、稳定的研究，实现原创内容运营所追求的增量结果。

一、原创内容运营对其他运营事项的影响

1）对多平台联合运营而言，原创内容运营提供了多平台发布的内容。

2）对问答运营而言，原创内容运营提供了内容参考，所有原创内容中涉及的核心思想、新媒体号商品都可以作为问答运营内容策划的依据。

3）对活动运营而言，原创内容运营可以定制活动专属内容，为活动的宣传推广、报道、总结助力。

4）对用户运营而言，以方法论为落点的原创内容可以直接解答用户问题，同时原创内容的话题也可以带动用户活跃。

5）对新零售运营而言，原创内容中的场景化导购内容为商品销售提供载体，优质的场景化导购内容是新媒体工作者与渠道谈判的有力武器，场景化导购内容的图文可直接作为店铺商品的详情页。

6）对数据运营而言，原创内容运营产生了可供数据运营参考的数值。

二、原创内容运营与管理研究的变化、稳定和增量

在新媒体原创内容运营与管理的诸多事项中，不同事项的变化、稳定可以带来不同增量，本部分内容将以原创内容运营与管理的事项为分类，讲解原创内容运营与管理中，变化、稳定带来的增量。

1. 原创内容策划的变化与稳定带来的增量

（1）用户需求的变化　用户需求可体现用户画像，用户画像体现了用户可能触发的通感、感兴趣的热点、感同身受的场景、感兴趣的梗。因此，通过对用户需求变化的研究，新媒体工作者可以更好地把握原创内容策划中的通感设计，热点、场景使用，设计转梗，继而达成原创内容策划能力的增量。

（2）热点的变化

1）掌握热点的变化趋势，一方面可帮助新媒体工作者提前预知热点，行于人先，让用户在搜索该热点事件时优先看到自主新媒体号内容，如此可实现原创内容数据的增量。

2）在研究相似热点的变化过程中，新媒体工作者往往可以发现热点事件的关联，从而挖掘热点更深层次的价值，如此可以实现分析、挖掘热点能力的增量。

3）垂直行业的热点变化，往往伴随着数据背景。因此，研究垂直行业热点变化，还可以让新媒体工作者更好地根据用户需求制订数据场景，如此可以实现原创内容策划能力的增量。

4）许多热点在热度消退后都变成了用户脑海中的梗，勤于研究热点的变化，还可以达成新媒体工作者梗的素材增量。

（3）价值观的稳定　价值观的稳定可以让新媒体工作者在策划各类内容时有的放矢，明确输出的核心思想，在价值观稳定的前提下，新媒体工作者更易达成新媒体号用户的增量。

（4）落点的稳定与增量　落点本身以稳定性见长，因每个新媒体号要表达的观点主张、能够提供的方法、销售的商品都是有限的。在落点部分，新媒体工作者首先要做到持续输出稳定落点，以向用户植入新媒体号的核心内容。此外，在保持稳定的前提下，根据用户画像的拓展、用户需求的变化，新媒体工作者还需对落点加以拓展，以适配新增的用户画像、新出现的用户需求，即达成落点的增量。

2. 原创内容编创过程中稳定带来的增量

由于原创内容编创的过程，是将原创内容策划落地的过程，其中不存在需要关注的变化要素。新媒体工作者只需保持稳定训练，便可达成三种增量。

（1）素材的增量　新媒体工作者在持续制作原创内容的过程中，需要将有意义的素材记录，达成自身素材库的增量，让制作原创内容收集素材的时间变得越来越短。

（2）文本能力的增量　即便按照同一原创内容策划制作内容，不同文字水平的新媒体工作者能够达成的结果也不同。新媒体工作者需在每一次制作原创内容的过程中不断精练文本语言，达成文本能力的增量，有扎实的文本做基础，原创内容最终展现结果才会愈发精彩。

（3）优质内容的增量　通过反复实操原创内容制作的过程，伴随各方面能力的增量，新媒体工作者最终应达成优质内容的增量，为新媒体号创造更高的数据结果。

3. 原创内容发布中变化与稳定带来的增量

（1）原创内容发布时间与频次的稳定　原创内容发布时间、发布频次的稳定，是为了培养用户阅读、引领用户习惯。在引领用户习惯的前提下，新媒体号更易实现用户粘合，达成粘合用户的增量。

（2）平台政策的变化　研究平台政策变化，可以让新媒体工作者掌握平台优先推荐内容的种类，甚至优先推荐的关键词。内容发布前，尽可能在不同平台的同一篇原创内容中加入该平台的当日优先推荐关键词，则可让原创内容获得更高流量，最终达成原创内容数据的增量。

【课后习题】

1. 简单说出为什么新媒体原创内容属于运营而非创作？

2. 图文内容相对于其他四种表现形式，其优势和劣势是什么？并简要概括图文内容的编创步骤。

3. 请用自己的话，说说你对"去本位意识"的理解。

第四章

多平台联合发布的运营与管理

【本章知识体系】

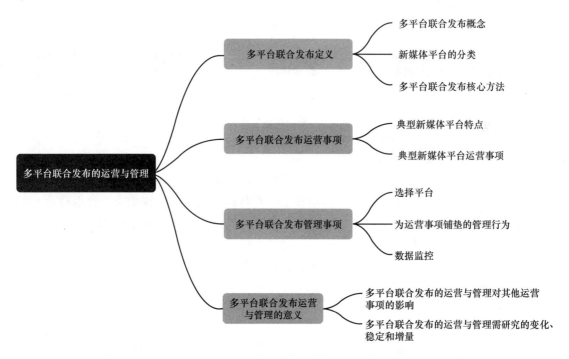

本章内容包含多平台联合发布定义、多平台联合发布运营事项、多平台联合发布管理事项,以及多平台联合发布运营与管理的意义四节内容。

第一节 多平台联合发布定义

本节包含多平台联合发布概念、新媒体平台的分类、多平台联合发布核心方法三部分内容。

一、多平台联合发布概念

多平台联合发布,是以新媒体原创内容运营与管理为基础,将原创内容发布至多个新媒体平台,形成新媒体矩阵效应的运营方式。

在新媒体领域,无论是头部账号还是刚投入运营的新媒体号,都需要在多个新媒体平台发布内容，因不同平台都有按不同属性标签粘合起来的大批用户，多平台联合发布能帮助新媒体号的原创内容，触达更多聚合于不同平台的陌生用户。

2018年初，针对企业新媒体矩阵，有运营机构提出了"两微一抖"（微信、微博、抖音）的新媒体矩阵运营方式，但从新媒体平台种类、数量、用户基础看，新媒体号仅在这三个平台投入运营是远远不够的。

二、新媒体平台的分类

新媒体平台的核心属性有两种——内容和社交。基于内容属性，新媒体平台可分为信息资讯、知识获取、视频和销售四种类型；基于社交属性，新媒体平台可分为熟人社交平台与陌生人社交平台，如图4-1所示。

图4-1　新媒体平台分类

1. 基于内容属性的平台分类

基于内容属性的分类，主要取决于用户对平台的主要需求。信息资讯类平台以今日头条、一点资讯为代表；知识获取类平台以知乎、喜马拉雅为代表；视频类平台以抖音、B站为代表；销售类平台以淘宝、京东为代表。此外，本书要重点强调两个较为特殊的新媒体平台——微博与小红书。

（1）微博的强社交属性　虽然微博原则上属于信息资讯类新媒体平台，但其相较其他信息资讯类平台具有更强的社交属性。微博的内容以娱乐为主，平台聚集的用户多是有相同兴趣爱好的"娱乐圈粉丝"群体，粉丝群体交互的强需求，奠定了微博在信息资讯类新媒体平台中更强的社交属性。

另外，微博与其他信息资讯类新媒体平台的不同，还表现在对营销活动的支持上，只要新媒体工作者肯在微博上投入，就可以通过活动收获可观的粉丝量，甚至达成直接变现（其他信息资讯类新媒体平台一般不支持营销活动）。

（2）小红书的社区电商　小红书打着"社区电商"的旗号出现，所以将其定义为信息资讯或销售类新媒体平台均可。截至2022年3月，用户对小红书的认知仍是以"种草"为核心功能的新媒体平台，所以信息资讯应是小红书的主要内容属性。

2. 基于社交属性的平台分类

（1）熟人社交平台　熟人社交，指的是以熟人关系为基础的互动、交流类社交行为，比较典型的熟人社交平台包括微信和钉钉。

以微信为例，微信用户的互动、交流一般发生在好友聊天、朋友圈评论、群组聊天和公众号评论留言中。除公众号评论留言是与相对陌生的新媒体号、新媒体工作者交互外，其余的交互几乎都发生于熟人关系网络。

（2）陌生人社交平台　陌生人社交，通常指的是发生在陌生用户之间的互动、交流类社交行为，比较典型的陌生人社交新媒体平台包括今日头条、搜狐新媒体、百度百家等，因其满足了用户获取资讯的主要需求，所以用户的互动、交流行为一般都发生在对同一资讯内容感兴趣的陌生用户之间。

（3）熟人社交与陌生人社交的特点　熟人社交与陌生人社交存在三个明显区别。两者间差异化导致的结果，可为新媒体工作者的多平台联合发布工作提供明确的指导方向，如图4-2所示。

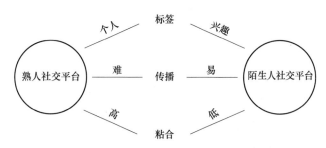

图4-2　熟人社交平台与陌生人社交平台的差异

1）熟人社交限于个人标签，陌生人社交凸显兴趣标签。进入移动互联时代后，几乎所有互联网平台的注册都要求实名制。不过，熟人社交的实名制"写在脸上"，陌生人社交的实名制放在后台。

对熟人社交而言，无论是用户间聊天互动或是转发内容，双方潜意识里首先考虑的都是用户的个人标签（包含熟人可知的个人背景、职业属性等）；对陌生人社交而言，用户的聊天互动，几乎都基于已经发生的事件，双方并不考究对方身份。这种现象导致的结果是：同一新媒体用户，在熟人社交圈的交互行为会有约束感，而在陌生人社交中就能很随意。

因此，在以微信、钉钉为代表的熟人社交新媒体平台中，用户做出的社交行为一般都是与个人标签高度匹配的，如果用户做出与个人既定标签不符的交互行为，便会被认定为"破圈"；以今日头条、搜狐新媒体、百度百家和微博为代表的陌生人社交新媒体平台，用户的社交行为不受标签束缚，而是由其阅读偏好、行为偏好、兴趣偏好和消费偏好决定。

2）在内容传播上，陌生人社交易，熟人社交难。从内容的传播难易度看，由于熟人社交被个人标签束缚，可传播人群有限且门槛较高。在熟人社交新媒体平台，内容需同时满足标签匹配，内容属性与风格匹配，内容价值观正确，无负面影响等条件，才有较大概率被用户转发传播；而对于陌生人社交，平台已通过推荐的方式满足了大量的内容传播需求，同时用户的传播门槛也较低，只要其对内容感兴趣，就有转发的可能。

3）熟人社交粉丝间粘合度高，陌生人社交粉丝间粘合度低。熟人社交圈中实现传播虽然相对困难，但由于熟人间的标签趋同，所持价值观也趋近，如果形成传播，用户对内容的粘合度，甚至对产出该内容的新媒体号的粘合度都会更强。因此，用户更容易与新媒体号带有同样的价值观，或被新媒体号引导至统一价值观，用户之间的认可度与粘合度也会更高（因价值观趋向于高度一致）。

陌生人社交与之相反，用户的聚集几乎都在某一事件上，并非在新媒体号或新媒体号人格化运营形象本身，所以用户间只对事不对人，认同感相对较差，粘合度也相对较低。

(4) 社交类型对新媒体运营与管理的指导意义　对新媒体工作者来说，熟人社交与陌生人社交的特点，决定了不同类型新媒体平台的运营方向。

熟人社交平台的运营方向，应是刺激转发、价值观培养、粉丝粘合和转化。虽然熟人社交平台的内容传播困难，但新媒体工作者需要通过原创内容运营与管理，努力实现粉丝的自觉转发，以突破熟人社交圈，让更多用户的熟人接触账号成为粉丝。在此基础上通过活动运营、用户运营等手段增加用户粘合度，待到粉丝量拥有一定规模、用户表现出逐渐提高的粘合度水平时（可根据内容评论、后台留言、转发量判断），便可实现销售转化（变现）。

陌生人社交平台因其有良好的传播性，运营方向应是宣传、曝光、引流。不过，由于用户很难在陌生人社交平台表现出对账号的高度粘合，于是新媒体工作者需将陌生人社交平台的活跃用户引流至熟人社交平台培养粘合度，最终实现转化。

三、多平台联合发布核心方法

通过对陌生人社交平台及熟人社交平台的特点分析，多平台联合发布的运营方向已然明确——选择一个熟人社交平台作为主运营阵地发布内容，在陌生人社交平台上同步主阵地内容，以获得曝光量，并将吸引到的多平台流量引流至熟人社交平台做深度运营。

本书总结的多平台联合发布的核心方法，即选择微信作为新媒体运营的核心阵地，并选择四个陌生人社交平台同步发布内容，向微信主阵地引流，形成矩阵效应。

1. 将微信作为新媒体主运营阵地的原因

选择微信这一熟人社交平台作为新媒体运营与管理的主阵地，原因有四点。

（1）微信对于用户的刚需性　作为主运营阵地，平台需具备的关键要素是用户对其的使用需求趋近刚性。如果不能确保用户每天主动打开，这个平台也就不具有做主运营阵地的资格。相较而言，在众多新媒体平台中，微信已基本成为大部分用户的社交必需品。

（2）微信更符合用户的社交习惯　使用微信聊天是众多用户的社交习惯，凡是需要深入了解的人或内容，用户一般都会选择加微信，再进一步沟通了解。

基于上述社交习惯场景，用户想与除微信外的其他新媒体平台用户或新媒体工作者"私聊"，深入了解更多信息时，往往先通过新媒体平台的评论、留言、私信功能，添加微信好友，然后切换至微信实现"私聊"场景。即使用户与新媒体工作者已是微信好友关系，在除微信外的新媒体平台看到想深入了解的内容时，也会跨平台操作，跳转至微信实现"私聊"。

而数据显示，增加操作步骤会直接导致用户需求的实现率降低。由此看来，与其让用户为了"私聊"需求跳转 App，不如引导用户关注同样会发布内容的微信公众号，在有"私聊"需求时，直接在微信内实现。

（3）微信天然具备粉丝池效应　粉丝池是指新媒体号粘合忠实用户的阵地，粉丝池中的用户具备一定的集体荣誉感，他们可能性格各异，但对待粉丝池所属新媒体号时，价值观方向基本一致，即认可或赞扬。

微信作为熟人社交平台，其特色之一，就在于新媒体号与粉丝、粉丝间的粘合度都相对较高。这也决定了微信公众号的"粉丝池"特质。

（4）微信公众号有自定义菜单功能　自定义菜单，是微信公众号的主要特色之一，其内容和功能的拓展性强，是微信公众号提供给新媒体工作者依托交互功能捆绑用户、实现转化的"万金油"型工具，新媒体工作者可使用自定义菜单来满足用户的需求，更容易提升用户粘合度。

2. 选择四个陌生人社交平台的原因

虽然不同新媒体平台的用户可能存在交集，但各平台出于自身属性与风格和用户属性的独特性，一般会选择不同的拉新渠道，以至于每个平台都会拥有一部分专属用户群体，这就意味着新媒体工作者每在多一个新媒体平台发布内容，就多一些触达陌生用户的可能性。但是，出于以下两方面考虑，多平台联合发布的运营与管理事项，并非选择的平台越多越好。

（1）触达陌生用户的效率　虽然多平台联合发布内容可以增加内容触达用户的可能性，但随着平台数量的增加，不同平台用户出现交集的可能性也在增加，继而内容触达陌生用户的效率就会随着发布平台数量的增加而降低。因此，新媒体工作者无须执着于以量取胜，选择四个优质的陌生人社交平台即可。

（2）数据的波动性　在新媒体运营与管理的过程中，新媒体工作者需要通过数据反馈验证内容质量，多平台联合发布内容虽然可获得更多数据参考，但由于平台机制引发的数据异动情况也会增多，如此会对新媒体工作者的数据分析工作造成影响。

如果新媒体工作者认为多个陌生人社交新媒体平台均适合自主账号发布内容，可先在其中选择四个，其余平台留作备用。当有平台数据表现不佳时，可尝试放弃并运营备用平台。一般而言，经过三个月时间的运营，如果该平台数据仍无起色，便可果断更换。

【小结】

多平台联合发布的重要性

多平台联合发布的核心意义，在于增加新媒体工作者原创内容触达用户的可能性，在此基础上，可为新媒体工作者、新媒体账号带来四方面利好。

1）新媒体号原创内容更易获得高数据。对新媒体号而言，无论从哪个平台运营，在初期都难以持续获得高数据，尤其是微信这一熟人社交平台，但所有陌生人社交新媒体平台都具备推荐机制，可以将新媒体号的原创内容推荐给标签相符的用户，所以即便是建号初期，获得"10 万 +"的阅读量也并非难事。

2）降低账号风险。截至 2022 年 3 月，虽然新媒体平台呈百家争鸣的态势，但多数新媒体平台都曾收到过监管部门的违规整改提醒，这代表着在新媒体快速发展的当下，新媒体平台仍处于不稳定的阶段。选择多个新媒体平台同时运营，可以规避因平台出现问题而对账号造成影响的风险。

3）增加运营团队收入。通过新媒体矩阵运营变现，获得收益，本身不是一件容易事。截至 2022 年 3 月，各新媒体平台不断推出优质原创内容创作者奖励计划，其中不乏现金奖励的方式，所以运营初期在多个平台发布原创内容，更容易获得多个平台的内容现金奖励，以增加运营团队的收入。

4）提升新媒体工作者监控全局的管理能力。多平台联合发布内容，需新媒体工作者了解所有发布平台的属性与风格、平台规则、平台运营人员工作范围、平台运营侧重点，同时需要监控所有平台数据并进行平台间横向对比、平台同类账号纵向对比。因此，熟练掌握多平台联合发布内容的运营管理方法，能让新媒体工作者的管控能力获得提升。

第二节 多平台联合发布运营事项

多平台联合发布的运营与管理事项，均是在不同的新媒体平台展开，所以了解不同新媒体平台的特点，是开展多平台联合发布工作的基础。本节包含典型新媒体平台特点、典型新媒体平台运营事项两部分内容。

一、典型新媒体平台特点

因微信作为多平台联合发布的主阵地，将涉及所有新媒体运营事项，故本章内容将主要讲解除微信外新媒体平台的特点及运营管理事项。本部分内容将对微博、今日头条、B站、抖音、小红书、微信视频号六个平台的特点做详细讲解。

1. 微博

微博，作为本书定义的相对特殊的信息资讯类新媒体平台，其主要特点包括用户标签极致化、内容极简化，以及微博平台对比其他平台的差异化。

微博对大部分用户的意义在于获取资讯，且有较强针对性。比如，用户使用微博热搜功能，是为了获知实时发生的热点事件；再比如，"刷微博"是为了获取关注领域或个人的动态信息。

微博虽以满足用户资讯获取需求为基础，却火爆于社交。众所周知，微博内容以"娱乐"为主，娱乐明星、行业名人大量入驻，其粉丝也在微博上聚集并建设"粉圈"。这奠定了微博与其他信息资讯类新媒体平台的不同——强社交性。

（1）微博的用户特点 微博用户基数庞大，包含各种类型的用户画像，本书仅讨论典型微博用户的特点，他们整体表现出五个特点：偏爱娱乐、思维跳跃、热衷辩论、善于讽刺、立场明确。

1）偏爱娱乐。偏爱娱乐既是微博用户属性，也是微博平台属性。在微博开设新媒体号的运营方中，有数量可观的娱乐圈明星、行业名人和认证机构。由于不同的人、机构都会发布与自己相关的内容或事件，所以微博成了用户获取感兴趣人群一手信息的平台，而这些用户的目标多是娱乐明星及相关热门事件。

2）思维跳跃。微博平台最热闹的地方永远是热门微博下的评论区，随便点开一条热门微博，都能发现各种各样的令人过目不忘的回复。微博用户喜欢在热点微博下"抖包袱"，以获得更多用户的认可和点赞。

3）热衷辩论。辩论是微博平台的主流风气，凡是看法、解决方式多样的热点事件，微博用户都会迫不及待地发表自己的看法，甚至与看法不同的用户私聊展开辩论。

4）善于讽刺。随着网络语言文化的发展，互联网用户已不屑于直接指责事件或人，会用隐喻案例、反语、聊天终结语（让聊天对象打消将话题继续下去意愿的语言，如"呵呵""就这？"）等方式讽刺，其中微博用户是典型代表。

5）立场明确。立场明确是微博用户热衷辩论的衍生特点。微博平台入驻了大量娱乐圈明星、行业名人，且他们的微博下聚集了大量粉丝，一旦某明星出现了引发讨论的热点事件，就会带动拥护者与指责者之间的讨论，同时引导旁观用户选择自身立场，一同参与到辩论中去。

总结起来，微博用户活力"爆表"，思维跳跃，乐于展示出相对感性，不加修饰的一面。

（2）微博的内容特点　微博内容分为两种产品形态——短微博和微博长文章。短微博能随时随地发布心情、见闻；微博长文章则可以通过深度策划、创作发布分析、思考型内容。

微博内容的首要特点，是短内容占比高。原因有两点：由于短微博是微博最初唯一的内容产品形态，用户更习惯这种内容形态；由于微博聚集了明星、娱乐爱好者，他们的交互方式以个人短微博动态为主。

微博内容的另一特点，是快餐类内容居多，经过策划产出的内容占比小。这一特点与微博用户属性直接相关，用户对内容有一定了解后积极互动，因而多视角、多维度、逻辑严谨、拥有明确价值观、长篇大论的深度内容相对不受微博用户青睐。

（3）微博的平台差异化　微博虽然强于社交，有鲜明的平台及用户属性标签，但从类别划分上仍属于信息资讯类新媒体平台。因此，这一部分讲解的微博平台差异化主要针对与其他信息资讯类新媒体平台的比较。微博的平台差异化主要体现在以下三点：群组功能、"铁粉"功能、营销导向。

1）群组功能。微博群组功能，类似QQ群组，可将有共同兴趣标签的用户在线上聚合组织。比如，组成以某明星为聚合标签的粉丝群组，它是微博构建强社交性的支撑功能之一。

微博群组相较QQ群组、粉丝粘合性更强。比如，明星会不定时"空降"微博粉丝群与群友形成线上强互动（聊天、送礼物）。除了不能真实面对面，其与线下粉丝见面会的效果基本相仿，因此与鲜有这种活动出现的QQ群组相比，粉丝打开微博群组的意愿和动力更强。

2）"铁粉"功能。"铁粉"标识，是微博独一无二的功能，于2019年5月推出。"铁粉"即微博账号（包括个人用户、官方用户）的"铁杆粉丝"，单用户在30天内，有超过5天与某微博账号达成有效互动（有效互动的评价标准是高质量评论），即有可能被打上"铁粉"标识。

拥有"铁粉"的前提如下：第一，30天内，该微博账号有超过5天出现用户有效互动的情况；第二，该微博账号粉丝超过10万；第三，该微博账号不能拉黑（指拉入黑名单，屏蔽其言论）"铁粉"。

对粉丝来说，成为微博账号的"铁粉"，会在该账号的各种界面（粉丝群、评论区）下显示"铁粉"标识，更容易引起运营人员的注意，并且账号"铁粉"的评论会被微博平台默认前置。

新媒体工作者可利用"铁粉"功能将微博平台粉丝引流至微信公众号主运营阵地，也可以在"铁粉"中辨别善于发表观点的用户，并尝试将其培养为有传播效果的KOL。

3）营销导向。通常情况下，新媒体平台都属于内容导向，即通过制作优质内容，吸引用户、提升用户数并粘合粉丝，但微博平台更偏重营销导向。相较内容运营，微博更重要的是通过各种活动玩法、营销话题，吸引用户关注、领取福利或参与讨论。

价值导向不同，导致微博与其他新媒体平台对待内容态度上的不同。内容导向平台，更希望新媒体工作者更新优质内容,而且一般会打压新媒体工作者发布的营销活动,也不允许向其他平台引流。

而秉持营销导向的微博,则不那么介意引流操作,其需要的是新媒体工作者发布有创意、有设计、有稀缺性福利的短平快活动内容。

综上所述,运营大多数新媒体平台都是内容更重要,而运营微博则是想法和资金更重要,因为大量营销玩法都需要买微博推广套餐获得流量支持。

2. 今日头条

今日头条隶属于北京抖音信息服务有限公司,拥有日臻完善的算法推荐逻辑。在发展过程中,今日头条对内容、销售、问答和用户等元素做出过多方面尝试,并在失败、成功、监管部门约谈的经历中不断优化,目前已是信息资讯类新媒体平台中更强大且更稳定的存在。

(1)今日头条的用户特点

1)用户基数庞大。今日头条的用户规模是其他信息资讯类新媒体平台无法媲美的。数据显示,今日头条总用户量超过 7 亿,截至 2019 年 8 月,日活跃用户数达 1.15 亿。换言之,排除当日重复打开次数,每天有 1.15 亿人使用今日头条。

2)年龄覆盖范围广。今日头条的用户年龄分布更为平均,2019 年第一季度今日头条客户端用户年龄分布为:24 岁及以下用户占比 23.3%,25~30 岁用户占比 25.5%,41 岁及以上人群占比最高,达到 26.4%,如图 4-3 所示。

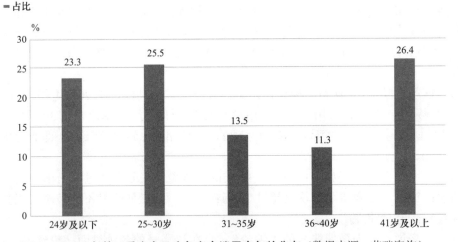

图 4-3　2019 年第一季度今日头条客户端用户年龄分布(数据来源:艾瑞咨询)

3)用户内容获取的兴趣标签清晰。据统计,今日头条男性用户约占 60%,女性约占 40%。内容获取的兴趣点都以"社会""娱乐"两个标签为主,男性用户收看社会类内容比例超 70%,娱乐类内容比例超 50%,女性用户收看娱乐类内容比例超 85%,社会类内容比例超 65%。

4)跟风行为明显。不同于微博用户喜欢特立独行地发表看法,今日头条用户对内容本身的价值观立场一般不太关注,他们受内容点赞数和评论数的影响较明显,对评论数量多、倾向也相对统一的内容,往往均持"认同"态度。

（2）今日头条的内容特点

1）广泛性。今日头条内容以社会、娱乐两大内容标签为头部，集合本地、健康、育儿、时政、财经和世界等内容类型，组成了涉猎广泛的热门内容标签库。因为用户群基数足够大，所以每个热门标签下的内容都不会受冷落，只要言之有物，就会获得平台推荐。

2）具有强引导性。由于今日头条用户有跟风习惯，新媒体工作者发布观点鲜明的内容就会引发更强引导性，如果有部分用户对内容表示认同、赞扬，甚至追捧，便会出现一批跟风追逐内容的用户。

（3）平台差异化

1）算法推荐逻辑。今日头条的最显著特点，是建立了依托于技术算法、机器深度学习的"更聪明"的内容推荐机制。可以说今日头条在用户、内容和平台上呈现出的特点，均是源于这套仍在不断发展完善的推荐机制。

2）创作者奖励计划。创作收益一直是多数新媒体工作者的"痛点"，虽然多数新媒体平台都存在内容变现机制，但今日头条的创作者奖励更丰富，此处以今日头条"青云计划"为例。

青云计划，又称今日头条创作者扶持计划，是今日头条对优质原创内容发放现金奖励的活动。凡是开通今日头条原创认证标识的账号，单篇内容超过 900 字，即视为自动参加青云计划评选，如图4-4所示。

奖励详情：
[年度签约]：多次获得今日头条青云计划奖励的账号，将有机会与平台签约
[月度优质账号]奖励：每月奖励200个账号，每个奖励5000元
[月度优质长文]奖励：每月奖励20篇长文，每篇奖励5000元
[单日优质图文]奖励：每天奖励100~1000篇文章，每篇奖励300元；账号每月首次获奖，奖金为1000元

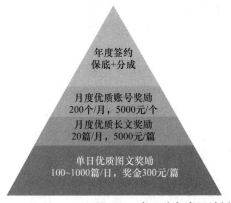

图4-4　今日头条青云计划奖励详情

青云计划的评选分为四种类型：单日优质图文、月度优质长文、月度优质账号和年度签约。新媒体工作者应先从单日优质图文做起，保证每篇内容言之有物、逻辑感强，即有机会获得 300 元或 1000 元的现金奖励。单篇内容特别优质且字数超过 3000 字，则可参与评选月度优质长文，当新媒体工作者可以持续输出优质内容后，即可能成为月度优质账号或平台签约账号。

3．B 站

哔哩哔哩（Bilibili，简称 B 站），现为中国年轻世代高度聚集的文化社区和视频平台，

该网站于2009年6月创建，经十几年的发展，已经成为国内流量最大的单机独立游戏内容集散地和中国最大的游戏视频平台之一。

（1）B站的用户特点

1）宅。指沉迷上网或电子游戏等室内活动，在B站用户中尤为突出。

2）行为的趋同性。这点从B站用户的两种行为习惯便可看出。第一，当B站视频出现精彩片段后，大多数弹幕内容都是相似的；第二，当B站出现了热点事件，用户会立即一起关注，在信息源处发表评论，且观点看法大多类似。这种趋同性并非跟风，而是B站用户受平台影响，养成了相应习惯。这种习惯导致了用户在面对与B站有关的问题时，思维方式、行为习惯趋同。

3）思想的创意性。创意性主要表现在弹幕、评论造梗的能力和每个视频效果的展现上。自2017年起，B站就已担纲了大部分网络梗的制造责任。并且，B站内容生产者大多是B站的狂热粉丝，他们会综合从B站其他用户处获得的梗，融入视频中进行二次内容创作，从而使视频更具创意。

4）优越感。B站用户相比其他新媒体平台的用户更年轻，接受新事物的能力更强。并且，B站的忠实用户都有一定的圈层意识，他们认为自己的圈层文化独特并带有强烈的文化自信，从而外化为优越感。

5）渴望被认同。经常宅在家的人是孤独的，到B站其实是为了找到一批与自己兴趣爱好相同的用户。他们虽然沉浸在自己的世界中，但也渴望被外界理解、认同。

（2）B站的内容特点

1）丰富的创意和天马行空的想象力。创意体现在基于同一视频源素材的二次原创上。比如，同样是《甄嬛传》这部电视剧，有人以观众身份述评，有人则以剧中人物的第一人称视角解说，这便是视频内容新媒体工作者的不同创意。

想象力建立在B站用户丰富的阅片量上。B站中精彩的视频，最不缺的就是行业内同类题材的深度对比，以及与其他行业的横向比较。

2）不受约束。B站"UP主"（指上传视频、音频或其他资源到网络平台的人）丰富的创意和天马行空的想象力，让他们做出五花八门的视频内容，其中难免有内容会触碰到部分用户的敏感神经。例如，某明星在综艺节目中的表情包在视频内容中被反复应用，就可能引起该明星粉丝群体不悦，但即便如此，B站的"UP主"也仍然坚持天马行空地创作，保持了其不喜欢被约束、被他人裹挟的特质。

3）前卫。B站首创了特效弹幕，用户可以将弹幕置顶、下沉、变色。2019年B站又推出互动视频，即在视频中设置互动选项，当视频播放至某时段，用户必须做出选择才能继续观看。

互动视频让视频的功能性更强，用户可以通过制作小游戏、调研其他用户需求等实现互动。2020年初，B站又尝试推出"连麦"（指在麦序模式下，多个用户同时打开麦克风互动）看电影功能，探索新的视频交互形式。可以说，B站的视频一直处于视频领域领先水平。

（3）平台差异化　B站的平台差异化体现在弹幕及圈层文化。弹幕方面，B站虽然不是弹幕的首创平台，但将弹幕形式发扬光大，并首创特效弹幕形式；圈层文化方面，B站在"二次元"（指二维，引申为在纸面或屏幕等平面上呈现的动画、游戏作品中的角色）

的垂直性强,对于与"二次元"相关的账号而言,在 B 站的优先级高于其他所有陌生人社交平台,可持平于微信。

4. 抖音

抖音是短视频平台的代表,于 2016 年上线,2018 年 4 月开始飞速发展。2018 年底,各企业开始花重金发展短视频平台,截至 2020 年,短视频平台呈现以抖音为代表,火山小视频、快手、微视等平台百花齐放的态势。

(1)抖音的用户特点

1)用户群体拓展较快。用户群体拓展应从两方面理解,一是用户年龄层拓展;二是用户地域属性拓展。用户年龄层拓展,指用户的年龄层不断提高。

抖音在 2016—2018 年的短视频快速增长期,用户群相对年轻。2018 年的统计数据显示,当时抖音几乎 80% 的用户都是 30 岁以下的年轻人。不过随着视频内容的普及,抖音的用户年龄层不断拓展,开始向 30 岁以上人群发展。到 2019 年,35 岁以下用户占抖音总用户数的 70% 左右。截至 2022 年 3 月,抖音的大龄化趋势更为显著,"70 后""60 后"乃至"50 后"拿着手机刷抖音的场景屡见不鲜。

用户地域属性拓展,指主要用户群体从一二线城市向三四线,乃至五线城市发展。究其原因是移动互联网的发展与抖音的市场策略使然。用户对移动互联网的需求,首先会出现在一二线城市,而后逐渐下沉普及到三四线城市,抖音也随之被带到了三四线城市的用户手机里。

与此同时,抖音团队清楚地认识到:想要打开更广阔市场,就一定要向三四线城市下沉,因为那里的用户基数更大。因此,抖音的广告开始席卷各种屏幕,并将口号从"让崇拜从这里开始"变为"记录美好生活",明显更贴近大众。

2)以消磨时间为使用目的。用户使用抖音,很少是为了获取资讯等实用信息,大多是为了消磨时间。出于消磨时间的目的,很容易沉浸在抖音的短视频中,除非有重要事情处理,否则用户会深陷其中不能自拔,因为用户看到的每一条视频,都是平台根据算法推荐的用户喜欢看的视频,这也是抖音用户平均使用时长超过 1 小时的原因。

(2)抖音的内容特点

1)同质化内容频现。抖音入驻了大量的 MCN(专业内容创作机构),当 MCN 遇到火爆的背景音乐或情景剧会抢热度模仿,蹭流量红利。慕名而来的个人新媒体号由于内容素材容易枯竭,也会跟风拍摄类似内容。因此抖音内容显示出同质化严重的特点。

这给了新加入抖音的新媒体工作者更多机会——即便账号粉丝少、等级低,通过制作符合潮流的雷同内容,也有爆火的可能。因为只要用户对流行的视频感兴趣,内容就很可能被推荐给用户,即便是刚启动运营的新媒体工作者也有机会"破圈"获得陌生粉丝。

2)强调内容,弱化标题。与一般视频网站不同,抖音的视频呈现方式是信息流,几乎不体现视频标题,封面也被弱化(仅在抖音号主页可见),因此用户基于视频标题、封面的主动选择权被削弱。在这种情况下,用户就好比婴儿,平台就是照顾婴儿的"家长",手里拿着一个个视频"喂"给"孩子们"。

(3)抖音的平台差异化 截至 2022 年 3 月,随着短视频平台的发展,各平台的算法推荐机制已经很难有肉眼可见的差距,因此本部分内容仅详细讲解以抖音为代表的短视频平台的算法推荐逻辑。

短视频平台的算法推荐逻辑分为兴趣爱好推荐、视频热度推荐、粉丝推荐三种。

1）兴趣爱好推荐。兴趣爱好推荐，即根据视频内容标签与用户兴趣标签匹配，将内容推荐给用户的形式。平台抓取视频与用户标签的方式，主要依靠文本信息抓取，如视频背景音乐、视频话题标签、视频账号标签等。比如，发布视频时带有"#搞笑#"话题标签，而用户经常看该话题标签下的内容，平台则会频繁为用户推荐该类型视频。

2）视频热度推荐。根据用户对视频内容的行为反馈，将热度较高的视频推荐给更多用户。抖音内容发布后，平台会先将视频推至某个流量池（视频标签与用户标签匹配的用户群体），平台会提取流量池的用户数据反馈。

在视频播放页面，用户有四种与视频数据相关的操作选择：点赞、评论、转发和翻看下一条视频。而平台判断内容热度的标签也有与之对应的四种：点赞量、评论量、转发量和视频完播率，以上四种指标的综合考量决定了视频热度。如果视频热度较高，抖音则会将该视频推荐给兴趣标签外的其他用户。

3）粉丝推荐。将用户关注的抖音号内容推荐给用户。这种推荐方式往往穿插在上述两种推荐方式中，用户每翻看几条视频，就会收到一条"你的关注"推荐。

5．小红书

小红书开创了社区电商模式，起初以海外购物经验分享为主，聚焦美妆商品，后延伸至旅游、家居等多个领域。作为"内容＋销售"的典型代表平台，小红书以其较为出众的商品品质，树立了高格调新媒体平台的形象。

（1）小红书的用户特点 小红书的用户群体有两种基础属性，第一是女性用户为主，2019年小红书女性用户占比约86%；第二是年龄层较小，截至2019年，小红书35岁以下人群约占平台总用户数的85%。用户的这两种基础属性，结合小红书聚焦社区内容的形式，逐渐培养出了小红书如下的用户特点。

1）追求精致、个性化。小红书用户对商品的品质要求较高，但他们眼中的品质不仅限于高端品牌，还包括看起来精致、符合需求的商品。这是部分冷门商品在小红书平台上成为爆款的原因，因其满足了匹配用户的个性化需求。

2）用户搜索导向性较弱。小红书一直致力于成为用户的生活方式，事实上，用户也一直被平台朝着"小红书成为一种生活方式"的方向牵引，直接导致的结果是小红书用户往往忽视自主搜索商品，更容易受平台推荐影响，对内容推荐商品产生短时间内的兴趣偏好。

3）有强交互性。在用户社区框架内，每个小红书用户都是具有独立思想见解的KOL。用户面对具有优质内容或价值观与自己匹配的小红书账号，会毫不犹豫地关注账号、点赞、评论内容，并探讨商品使用经验。因此，新媒体工作者更易通过分享商品使用感受，聚集高粘合度粉丝。

（2）小红书的内容特点 小红书仅有"笔记"这一种内容形态，其发布方式与短微博类似，可上传图片、视频，拍照和拍摄视频。相较微博，小红书增加了与抖音类似的滤镜、贴纸功能，新媒体工作者可以在图片或视频上进行简单的个性操作，增强表现效果。

相对其他平台，小红书内容的最大特点在于真实，即发布的内容是新媒体工作者的亲身经历（例如测评），这是由于用户对小红书平台的主要需求是"种草"，内容场景越真实，用户的通感就会越强烈，内容达成的吸引用户效果就会越好。

（3）平台差异化 小红书平台的突出特点在于去中心化。大多数新媒体平台都存在能带来顶级流量的账号，作为平台销售转化的担当。而小红书主打用户社区，每个社区都有专属领域的大量 KOL，有助于流量均匀分布。这种去中心化的用户结构，规避了顶级流量与平台"抗衡"的风险。且相较"明星账号"，用户会更关注账号产出的单篇内容的质量。

其次，小红书的另一特点是商品的精致化、高质量，且 SKU（库存量单位，电商行业指单款商品）较低。截至 2022 年 3 月，其他各销售类平台的商品、视频平台的直播带货商品假货频出，而小红书几乎没有此类负面声音。

6. 微信视频号

微信视频号是 2020 年 1 月腾讯公司开启内测的平台。不同于订阅号、服务号，视频号是微信体系内一个全新的内容记录与创作平台，内容以图片和视频为主，可以发布视频，或者不超过 9 张的图片，还能带上文字和公众号文章链接，而且不需要计算机端后台，直接在手机上发布。

（1）用户特点　视频号的用户特点源自微信，表现为两方面，用户基数大、以熟人社交为主。

1）在微信超 12 亿的用户体量下，视频号的用户群几乎覆盖全年龄段与各阶层，这也是视频号作为后起之秀，可以同抖音抗衡的筹码。

2）作为熟人社交平台，视频号优先推荐的用户群体是熟人社交群体。因此，视频号内容面向的主要是以新媒体工作者为核心的社交圈子。

（2）内容特点　相较其他视频平台内容，视频号的内容本身并没有显著特点，其特点体现在面向用户展示阶段。

1）用户看到的视频内容多与微信好友相关，超过 50% 的内容是好友点赞或好友发布的内容。

2）视频号与微信直播体系关联紧密，视频内容中预约看直播、点击进入直播等按钮明显，如图 4-5 所示。

图 4-5　视频号预约直播、进入直播按钮

（3）平台差异化 视频号的平台差异化，主要体现在推荐逻辑上。相较抖音、快手等平台以兴趣为主的算法逻辑，视频号主打社交推荐，即以好友点赞为主要推荐方式，无须好友转发，即可转发给好友的好友，继而完成熟人社交圈的突破。与此同时，熟人社交的推荐方式，还能增强个人视频号新媒体工作者的熟人社交关系。

二、典型新媒体平台运营事项

对应上述六个典型新媒体平台的特点，本部分内容将展开讲解不同平台的运营事项。

1. 微博

（1）内容发布 微博内容发布工作，包含短内容发布及长文章发布。短内容发布通常需要结合热点，以人格化运营形象的心情、观点为主，发布时需加入话题、超级话题、热搜关键词、热点相关人物、梗等要素。

长文章发布则是同步微信公众号发布的文章，发布时需注意三点。

1）调整版式，因微信版式在多数新媒体平台并不兼容。

2）根据微博用户特点修改标题。例如，微博用户喜爱娱乐，新媒体工作者可将内容中的娱乐关键词提取出来应用于标题。

3）设置内容权限，例如，"非粉丝需关注后可阅读全文"权限，可增加内容吸引用户关注的可能性。

（2）评论区发布内容 相较新媒体工作者经策划后完成的微博长文章、短微博，追踪热搜发表评论的吸引粉丝效率更高、可能性更高，在微博体系内是一种更巧妙的运营手段。易吸引关注的评论类型包含四种：立场鲜明内容、引导性内容、"抖包袱"内容、提供与原微博相关的服务内容。

（3）抽奖 微博平台的营销导向，使其成为举办营销活动的首选平台，抽奖则是微博中最常见的活动之一。新媒体工作者可以通过设置奖励、门槛等，吸引用户参与活动、关注账号。抽奖活动设置的门槛方式一般包含关注、转发、留言、点赞、@好友。

（4）引流 在微博平台，发布内容、追踪热搜进行评论、举办抽奖活动等都可以为微信公众号引流。新媒体工作者可以通过在长文章中添加二维码，在私信界面设置自动回复，在个人简介或置顶微博中放置微信公众号信息，在微博评论区回复、发布微信公众号举办活动的信息等多种方式引流。

2. 今日头条

（1）内容发布 今日头条的内容发布工作可类比微博，以微头条、头条文章为主。头条文章发布方式与微博长文章类似，新媒体工作者只需根据今日头条用户特点修改标题即可。

微头条与短微博类似，但由于今日头条与微博风格相差较大，短微博内容与微头条内容呈现出不同特点，见表4-1。

表4-1 短微博与微头条对比

对比项目	短微博	微头条
运营手法	可加入话题、超级话题（简称超话）	仅可加入话题
内容属性	心情、状态为主，内容偏短且主观性较强	经过完整策划、逻辑性强，客观阐述事件概要、事件细节并加入事件点评，内容相对较长

第四章 多平台联合发布的运营与管理

（续）

对比项目	短微博	微头条
运营出发点	以热点事件为出发点，发布即时的观点述评	因内容素材不饱满，无法支撑原创长文章，故做出的以短内容方式呈现的选择
运营助力	无助力，全凭新媒体工作者自身对热点事件的判断	平台专业领域运营人员（新媒体工作者需自行联系）会为新媒体工作者提供每日热点话题，新媒体工作者根据该话题创作微头条会更有可能获得大量推荐及阅读

（2）申请原创认证　申请原创认证，在多平台联合发布中本应属于管理事项，但在以今日头条为代表的信息资讯类新媒体平台中例外，因信息资讯类新媒体平台申请原创的要求需通过运营事项满足。

1）图文内容申请原创规则。图文内容申请原创的基础要求是账号入驻今日头条满30天，30天内发布图文数超过10篇，且无原创标签的审核记录，无发布违法、违规内容记录。在此基础上，新媒体工作者的原创内容还需得到平台青睐（即获得推荐量），头条号才有可能获得原创标识。

今日头条平台青睐的图文内容，首先需逻辑清晰，应按照"是什么""为什么""怎么办"的三段逻辑法完成行文。另外，今日头条平台相较其他平台，对文字能力要求更高。内容中如果出现大量的介词、连词，则会影响内容质量判定，因此新媒体工作者应让文字尽量保持"干净"，才更易得到平台青睐。

2）视频内容申请原创规则。视频内容原创的基本要求是账号在30天内发布3条以上的视频，而今日头条平台青睐的视频内容，首先须符合三个指标：内容不涉及政治、色情、赌博、毒品、伦理道德等问题，上传视频的清晰度应达到720P（指分辨率为1280×720），达到平台判定的视频原创程度。基于以上三点，新媒体工作者想开通视频原创，最好按照账号运营策略，自主拍摄视频内容并剪辑，如果视频中有真人出镜则更容易通过原创认证。

此外，对于视频剪辑、点评类内容，今日头条的原创审核要求更高，新媒体工作者需保证剪辑画面的清晰度、流畅度，并且配合字幕、解说、特效等二次原创内容（如果单纯画面拼接、解说内容有大量抄袭均不算原创）。经平台编辑审核通过后才可认定。

图文、视频内容申请原创后，会进入系统审核阶段，今日头条将在一周内给出结论。如果未通过审核，平台会给出内容优化方向。比如，"建议您增强原创内容占比"，这就说明内容不扎实或引用部分过多。新媒体工作者需注意，申请原创未通过后，需时隔一个月才能再次申请，所以要对内容质量严格把关，做好准备再申请。

（3）引流　今日头条的引流工作较为困难，因平台发布的内容中不允许出现二维码、"关注微信号"等图片、文字信息，但新媒体工作者依然可以通过图文混合的"套娃"方式引流。例如，放置搜索微信公众号的图片，以达成引流效果，如图4-6所示。

图4-6　可尝试放置在今日头条内容中的引流图片

3. B站

（1）内容发布　B站发布内容的形式包含视

频投稿、音频投稿、专栏投稿、贴纸投稿和互动视频投稿，B站发布内容没有技巧，只需将新媒体工作者制作好的视频上传后加标题发布即可。

（2）交互管理　相较其他新媒体视频平台，B站的交互门槛较低，因为大量用户发送弹幕属于常规操作。在B站的用户交互形式中，弹幕、视频评论、动态栏评论可以直接被所有用户看到，所以新媒体工作者需花费一定精力管理B站交互，使其成为新媒体工作者留住粉丝的手段。

新媒体工作者需运营的交互管理事项包含弹幕与视频评论管理、动态栏评论管理。

弹幕与视频评论管理，即监控视频弹幕与评论区。新媒体工作者需注意，管理的原则并非消除负面声音，而是要在绿色健康的基础上，尽可能实现弹幕、评论区的活跃。

B站的动态栏类似微信朋友圈，新媒体工作者可在动态栏发布图片加文字、视频链接加文字的内容，这种形式可用来转发账号内容，更多是用来表达心情。动态栏评论的管理，需要新媒体工作者融入人格化运营形象，让用户感受到人格化运营形象的真情实感，并且尽量回复所有动态栏评论，这是一种快速将路人变"铁粉"的方式。

（3）引流　B站的引流工作并非新媒体工作者的重点运营事项，主要原因在于B站用户普遍对平台具有高粘合度，被引流的意愿较低，新媒体工作者仅需在用户有商务需求时将其引流至微信洽谈即可。

4. 抖音

（1）发布视频内容　在抖音发布视频内容主要有两种方式：一种是直接利用抖音App拍摄发布；另一种是用专业拍摄工具拍摄后，剪辑成视频作品后上传至抖音平台。这种发布方式更适合有明确内容方向，具备策划、写脚本、设计分镜、拍摄、剪辑能力的团队。

新媒体工作者需注意，抖音发布视频内容分为15秒、5分钟、5～15分钟三个长度。5分钟以内的视频可在手机App上直接发布，而5～15分钟视频，自2021年4月30日起需登录抖音网页端发布。

（2）评论视频内容　抖音的粉丝流动性相对较强，如果新媒体工作者在其他抖音视频下留言，一方面自己的粉丝可能会追随到其他账号评论区发表评论；另一方面该抖音账号新媒体工作者也会通过回复评论的方式，引导其粉丝关注新媒体工作者的自主抖音账号。因此，不同抖音账号之间的评论区交互，可以达到共同"涨粉"（使关注者数量增长）的目的。

视频内容评论方式，一般是以抖音账号的视频类型或人格化运营形象为核心，对其他抖音新媒体工作者的视频内容进行评论或内容拓展。

（3）添加群组　抖音群组功能于2019年上线，其形式类似微信群组，用户可将抖音平台好友，以及QQ、微信好友拉进群组。

新媒体工作者应按照自主账号标签，尽可能加入更多与自主账号标签相同的群组，在群组规则允许的情况下，向组内成员推荐自主抖音账号及内容，以此达成涨粉的目的。

（4）引流　虽然抖音的日活量、用户日均使用时长表现出较高水平，但新媒体工作者如果想将抖音用户中匹配的高质量用户培养成粘合用户，并完成后续变现工作，仍需将抖音用户引流至微信公众号，然后邀请用户加入群组或添加私人微信，使之成为私域流量。

由于抖音视频中不能直接加二维码，因此新媒体工作者需参考上述今日头条的引流方式，在视频中加入定帧图片，或私聊用户完成引流工作。

第四章 多平台联合发布的运营与管理

5. 小红书

（1）小红书的内容发布 在小红书发布内容的意义在于，通过输出新媒体工作者心情、商品使用体验、商品使用价值观，树立鲜明的人格化运营形象，使用户关注账号，提升信任度。

在小红书发布"笔记"时，新媒体工作者需注意如下五点。

1）保证"笔记"的原创程度。小红书作为销售类新媒体平台，同样拥有智能算法推荐与原创检测功能，如果新媒体工作者复制其他账号的"笔记"发布，系统将不予推荐，内容的阅读、点赞、收藏等指标均会为 0。新媒体工作者制作原创笔记内容，应注重表达商品使用感受、使用心得，最好附上个人照片、商品实拍图。如此，小红书的平台与用户对"笔记"内容的原创认可程度才会更高。

2）标题、正文中尽可能多地加入与主题相关的关键词。小红书的"笔记"虽是短内容，但同样要添加标题和正文（正文即对图片、视频的具体描述），在标题和正文中多加入与主题相关的关键词，可增加系统推荐量和用户阅读转化率。并且，为了更好地吸引用户，新媒体工作者应尽可能将关键词或用户可能感兴趣的点放在标题的前半句。

3）为"笔记"加入话题。新媒体工作者需注意，因小红书以用户社区形态为主，相较其他平台，话题标签下的用户粘合度更高，所以无论新媒体工作者发布什么类型的"笔记"，都应围绕关键词寻找相关话题加入，而且加入的话题数量可以不唯一。

4）不要在"笔记"中加入联系方式等敏感信息。小红书对引导用户的行为相对敏感，如果新媒体工作者在内容中加入联系方式，或其他平台账号信息，很可能受到不同时长（3 天、30 天或永久）的封禁处理。

5）不能在回复中明确说明某件商品的价格，不能引导用户进行私下交易，这种回复评论会遭删除或封号 3 天处理。

（2）开通官方旗舰店 新媒体工作者如果想在小红书平台上直接达成销售，需要在平台开通官方旗舰店，用户在小红书主页下方即可进入商城综合页面。相较其他销售类新媒体平台，小红书对商家入驻的审核更严格，必须持有所售商品的相关经营资质才可入驻，平台不支持个人申请入驻。所以相对而言，小红书的商品质量更有保证，用户的消费权益更有保障。

（3）引流 小红书因其平台格调较高、商品质量相对较好，用户对平台的信任程度较高，因此通过内容直接变现的门槛更低。但想要持续、高质量地完成变现工作，仍需将用户拉至微信主阵地，逐渐培养成更加粘合的私域流量。

小红书的平台监管严格，内容中不允许出现任何引流相关信息，引流工作只能通过评论回复与私信完成。

6. 微信视频号

（1）内容发布 微信视频号内容发布方式分为三种，一是拍摄视频直接发布；二是发布手机中保存好的视频；三是通过第三方软件"秒剪"制作视频后发布。新媒体工作者在发布微信视频号内容时需注意与微信内其他运营工作的关联，即通过微信视频号的扩展链接功能，实现向微信公众号、有赞商城等平台的跳转，如图 4-7 所示。

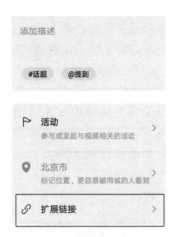

图 4-7 微信视频号的扩展链接功能

（2）私域流量转发　由于微信视频号主要基于熟人社交，新媒体工作者可以不受限制地将其转发至朋友圈、群组，甚至私信转发给自己好友。因此，在熟人社交推荐的机制下，私域流量的点赞、转发，是微信视频号"破圈"的关键。

（3）引流　微信视频号天然为新媒体工作者提供引流方式，包含扩展链接的引流、微信直播的引流、点开视频号后关联微信公众号的引流。

第三节　多平台联合发布管理事项

多平台联合发布的管理事项分为三部分，一是在多平台联合发布前，根据自主账号类型与属性挑选平台；二是在选择好平台后，根据自主账号在平台的运营诉求，实施的管理行为；三是在多平台联合发布后，对数据的监控管理。

一、选择平台

新媒体工作者选择平台，须基于三个基本点思考：类型匹配、人群基数、属性与风格匹配，且这三个基本点的重要性依次递减。

1. 类型匹配

类型匹配指新媒体账号的主打内容形式与平台承载的主力内容类型需匹配。具体方法为：确定账号发布的内容类型，并对类型进行二级标签化处理，然后再与新媒体平台适合发布的内容类型匹配。

图文内容的二级标签化处理方向，是内容输出的价值观立场。如果新媒体工作者确定的主打内容以引领型为输出立场，就应选择匹配信息资讯类平台；如果主打内容是朋友型输出立场，也就是定制话题，引发讨论的模式，那么就应选择匹配微博。

视频内容的二级标签化处理方向，是依据视频长短不同，定义视频内容细分类型。如果主打内容是微视频、短视频，就应选择抖音作为匹配平台；如果是中视频或长视频，那么匹配平台就应为B站、腾讯视频。

2. 人群基数

人群基数指平台的基础用户数（平台用户数、平台App的装机量、平台注册用户数、平台月活跃用户数和平台日活跃用户数均可作为基础用户数的参考指标），平台人群基数越大，新媒体工作者将其加入新媒体矩阵的优先级就应越高。

3. 属性与风格匹配

属性与风格匹配指新媒体账号与新媒体平台两者之间的匹配程度。比如，今日头条的民生话题流量相对更高，说明该平台用户大多关注社会热点；UC大鱼号的网游类内容、互联网新鲜事流量较高，说明该平台用户年轻人居多且爱玩游戏；小红书销售的商品往往属于中高端商品，说明该平台用户生活水平、格调较高。以新媒体平台属性与风格推导平台用户的大致群像，再与自主新媒体号进行匹配，即可挑选出合适的平台。

二、为运营事项铺垫的管理行为

为运营事项铺垫的管理行为，是基于新媒体号对平台的运营诉求。新媒体工作者进行多平台联合发布工作的基本诉求，是获得高曝光量、吸引用户，最终通过引流操作完成主粉丝池关注用户的增加。这一诉求可通过申请原创、联系平台运营人员辅助达成。其次，基于不同平台特点与新媒体号的个性化需求，新媒体工作者在不同平台也存在特殊的管理行为。

1. 申请原创

为扶持优质内容创作者，所有新媒体平台都在加强对原创内容的保护，正因如此，无论在哪个新媒体平台，只有开通了原创功能，新媒体号的内容才能获得更多推荐量。

多数新媒体平台申请原创的要求，均为在一定时间内发布超过一定数量的优质原创内容，提交申请后经平台审核通过，即可获得原创标识。新媒体工作者需悉心研究不同平台的原创申请标准，在账号符合要求后第一时间申请。

此外，对于在其他平台有优质创作背景的账号，部分平台可通过提交证明材料直接为账号开通原创标识。例如，部分新媒体平台可以通过提交微信、微博平台的"10万+"文章凭据，直接为账号开通原创。

2. 联系平台运营人员

联系账号所属领域的平台运营人员，是新媒体工作者决定在该平台投入运营后的第一要务。因平台运营人员熟知平台规则、奖励条件，甚至当日热词，与平台运营人员强互动，更能让新媒体多平台联合发布工作有的放矢。

同时，当账号在多平台联合发布过程中出现突发状况时，平台运营人员可以协助新媒体工作者快速解决。例如，账号的某篇内容被平台下架、账号突然被取消原创标识等，平台运营人员可直接查看后台，向新媒体工作者反馈出现问题的原因，便于解决问题。

3. 特殊的平台管理事项

特殊的平台管理事项，一般源于平台政策，当新媒体工作者存在与平台政策相符的运营需求时，就需实施额外的多平台联合发布管理事项。此处以抖音平台的MCN合作为例。

抖音平台的注册用户分为三类，个人、企业、MCN。由于MCN下辖许多签约内容创作者，能够为抖音平台稳定地产出内容，且有一定的质量保证，因此抖音平台会与许多优质MCN达成签约合作，一方面为MCN产出的内容付费，另一方面还会专门分配日活流量给MCN产出的内容。此外，抖音还会将上游厂商的商品分享给MCN，供其内容创作者通过视频带货。

由此可见，新媒体号（尤其是个人账号）与MCN达成合作，可以获得更多流量。与此同时，新媒体工作者还可通过发布内容，借助MCN与平台间的合作完成变现。

如果新媒体工作者判断自主账号有内容变现、销售变现需求，同时满足MCN对账号及内容创作的要求，则可尝试签约MCN。

三、数据监控

多平台联合发布，需监控不同平台的数据，包含阅读量、转发量、评论量、收藏量、点赞量和阅读完成量等。具体数据监控管理方法，将在第九章"新媒体全数据链的运营与管理"中详细讲解。

第四节 多平台联合发布运营与管理的意义

多平台联合发布运营与管理的意义体现在两方面，一是对其他新媒体运营事项起到促进作用或积极影响；二是通过对变化、稳定的研究，实现多平台联合发布追求的增量结果。

一、多平台联合发布的运营与管理对其他运营事项的影响

1）对原创内容运营而言，多平台联合发布运营丰富了内容发布的途径，能够帮助优质原创内容更好地传播、提高曝光量。

2）对活动运营而言，多平台联合发布能为活动提供更多曝光量，吸引更多用户参与。需特别说明的是，微博平台有成熟的抽奖活动体系，可直接为活动运营提供线上场所。

3）对于用户运营而言，多平台联合运营的引流工作，可为微信主粉丝池提供更多可被运营的用户。

4）对于新零售运营而言，多平台联合发布运营为商品提供了更多销售渠道，新媒体工作者还可根据不同的平台属性与风格、用户属性与风格选择与之相匹配的商品售卖，提高销售转化率。

5）对于数据运营而言，多平台联合发布运营产生了可供数据运营参考的数值。

二、多平台联合发布的运营与管理需研究的变化、稳定和增量

在多平台联合发布运营与管理的诸多事项中，不同事项的变化、稳定可以带来不同增量。

1. 多平台联合发布运营事项中变化与稳定带来的增量

多平台联合发布内容的运营工作，主要体现在内容发布方面，包含两部分：一是同步微信主阵地内容；二是不同平台发布临时策划的短内容，或在评论区发布评论。就同步内容这一工作而言，对变化的研究主要体现在原创内容策划与编创阶段，故本部分内容不予重点讨论，以下将重点研究不同变化对短内容、评论发布产生的影响。

（1）平台属性与风格的变化 研究平台属性与风格的变化，可辅助所有类型的内容发布。

1）对长内容而言，掌握不同平台属性与风格后，新媒体工作者可针对性修改标题、引语，以达成内容推荐量的增量，继而实现阅读量增加，甚至粉丝的增量。

2）对短内容而言，平台属性与风格直接决定新媒体工作者发布短内容的主要方向，如微博可发布蹭话题热度的短微博，今日头条可发布热点信息资讯快报的微头条，根据平台属性与风格确定内容方向，可实现内容数据、关注用户的增量。

3）对评论内容而言，平台属性与风格一定程度上可以展现出内容在平台数据的上限。研究平台属性与风格，可以让新媒体工作者有选择地在可能成为热点的内容下先置留言，若内容最终成为热点，则早期评论可能获得高点赞量，被更多用户关注。当新媒体工作者可以长期出现在热门内容的热评榜，则可以达成关注用户的增量。

（2）用户的变化 用户的变化包含两方面，一是不同平台的用户属性与风格变化；二是用户需求的变化。

1）因不同新媒体平台的用户普遍展现出与平台相符的属性与风格，所以对平台属性与风格变化的研究，也是对平台用户属性与风格变化的研究。

2）对用户需求的研究，则是研究新媒体发展的大环境下，用户表现出的普遍需求，这一普遍需求决定了用户的内容偏好、消费偏好、社交偏好和行为偏好，能够为新媒体工作者的短内容以及评论发布提供参考依据，最终实现内容数据与关注用户的增量。

（3）热点的变化　　对热点变化的研究，主要体现在多平台联合发布的短内容及评论发布中。各平台的短内容发布，包括图文内容与视频内容，均可加入话题标签，或@其他用户，新媒体工作者可在短内容中，加入与账号短内容适配的热点话题，或@与热点话题相关的热点人物，以增加短内容曝光的可能性。

由此可见，通过对热点的变化研究，最终可达成内容数据与关注用户的增量。

（4）发布内容的稳定　　除按照一定频次同步微信主阵地内容外，新媒体工作者需在多平台持续稳定发布短内容及评论。因热点事件、平台政策、爆款内容出现时间不规律，新媒体工作者无需按频次发布短内容，只需每日有所更新，让不同新媒体平台用户能够经常见到账号发布动态即可。如此保证发布内容的稳定，对陌生用户而言，可以让他们对账号产生印象，为实现用户增量、用户画像增量奠定基础；对关注用户而言，则能够带来用户粘性的增量。

2. 多平台联合发布管理事项中变化与稳定带来的增量

多平台联合发布的管理事项，主要包含平台选择、申请原创、联系平台运营人员，以及对应平台政策的特殊平台管理事项。

（1）平台、用户两者属性与风格的变化研究　　对平台、用户两者属性与风格的研究，直接决定新媒体工作者在多平台联合发布工作中选择与之匹配的平台，短期内可实现平台与账号间的内容供需关系。长此以往，账号与平台的匹配关系必然带来更高的内容数据增量及关注用户增量。

（2）不同平台政策的变化　　研究不同平台的政策，首先可帮助新媒体工作者明确不同新媒体平台申请原创的规则，以快速完成申请原创工作，继而实现内容数据、关注用户的增量。

其次，平台的政策变化，可为新媒体工作者的运营方向提供指引。例如，西瓜视频推出了"中视频伙伴计划"，则新媒体工作者可制作符合要求的中视频内容，以获得更高的推荐量，并通过内容数据的增量达成变现。

（3）平台运营人员关系的稳定　　维持与不同新媒体平台运营人员的关系稳定，可为新媒体工作者多平台联合发布的运营与管理工作保驾护航，达成多平台联合发布工作的稳步进行，最终实现关注用户的增量。

【课后习题】

1. 熟人社交平台和陌生人社交平台的差异体现在哪些方面？

2. 请你根据本章所学，说说B站在交互管理上需要注意哪些方面，并对比B站与其他平台的差异性。

3. 假如你是一个新媒体工作者，将为自己的新媒体账号进行多平台联合运营，请问你会选择哪些平台进行运营？

第五章 新媒体问答内容的运营与管理

【本章知识体系】

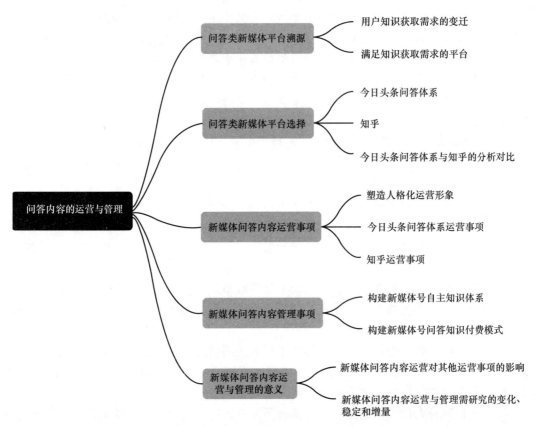

新媒体问答内容的运营与管理，是通过回答用户的刚需性问题，塑造新媒体号人格化运营形象的垂直领域专业口碑，从而让用户信任并粘合于人格化运营形象所代表的新媒体号的运营方式。它是新媒体九种运营方法中，唯一一个完全由用户自觉需求发起的运营事项。

对用户而言，问答形式是一种可随时随地提问，且不需花费成本的知识获取方式，这是问答对于用户的核心价值。

对新媒体平台和新媒体工作者而言，有问答需求，即知识获取需求的用户流量更易获取，问答平台用户习惯于主动发声和提问，具有更高活跃度，因此更具价值。截至2022

年 3 月，从喜马拉雅等知识获取类平台的用户流量看，新媒体用户的知识获取需求表现较强烈，各问答类平台及市场对于知识服务商业模型的成功搭建仍存希冀，所以问答运营有较好的发展潜力。

本章内容分为问答类新媒体平台溯源、问答类新媒体平台选择、新媒体问答内容运营事项、新媒体问答内容管理事项、新媒体问答内容运营与管理的意义五个部分。

第一节 问答类新媒体平台溯源

问答类新媒体平台起源于用户的知识获取需求，而且在发展过程中不断适应着用户知识获取需求的拓展和变化。但平台赖以生存的盈利方式，仍受用户习惯的制约，并未达到完全自给自足的良性运营局面。

一、用户知识获取需求的变迁

在互联网还未普及时，用户最初获取知识的主要途径是学校课堂，如果用户从学校毕业后仍有知识获取需求，可选择继续教育或社会培训课程。此时，用户知识获取的需求仅是专业性，即提供知识的人在该领域足够权威，给出的答案足够准确和专业。

互联网普及后，用户在知识获取上的即时性需求日益增加，问题的即时解答成为用户的另一个重要需求，于是出现了"百度"——这种用户可随时寻找问题答案的搜索引擎。

然而"百度"虽然解决了用户的即时性知识获取需求，却保证不了答案的正确性和专业性，这是因为问题答案的来源过于广泛，经常出现以评论和营销为目的的干扰答案。对用户来说，鉴别答案正确性的成本明显过高，而且虽然"百度"原则上解决了知识获取的即时性问题，但却无法满足从大类问题衍生出的个性化问题，也就是答案与问题的匹配度，以及就某问题进行追问的用户需求。

不过，在知识获取服务发展的过程中，用户的知识获取需求被逐渐明确。

1）用户希望获得准确且权威的答案（答案的专业性）。

2）用户希望有了问题能够第一时间获得答案（答案的即时性）。

3）用户希望获得与问题高度匹配的答案（答案的针对性）。

4）用户希望获得就某问题进行不断追问的权利（答案的完整性和系统性）。

5）用户希望在经常出现问题的领域认识或关注一到两位专业人士，有问题可以随时联系他们（问答的个性化服务）。

6）用户希望获得满意答案时能不花钱，或者尽量少花钱（获得答案的低成本）。

7）伴随着新媒体的发展，用户的阅读习惯在逐渐碎片化的同时，知识获取需求也出现了越来越碎片化的趋势。上述七种问答需求表达如图 5-1 所示。

综合上述用户在知识获取需求上的七种需求表达，可推导出能够胜任的问答平台形态，即以问题为内容发起点，或者说用户的交流方式，以多用户均可用跟帖方式为问题提供答案为内容展开方式，以用户对问题和答案的交互数据为鉴别质量的判断标准，既能让用户结交专业人士，又能让专业人士吸引粉丝的，知识内容供需服务平台。

在实际发展过程中，知识服务领域的平台机构正在不断向问答平台的理想形态努力迈进，并逐渐衍生出了两种类型的知识服务平台，一为主打专业性的知识付费平台；二为以满足用户需求为目标的问答平台。

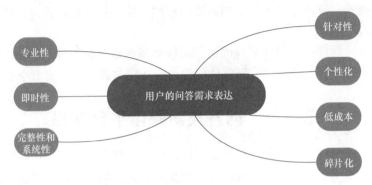

图 5-1　用户的七种问答需求表达

二、满足知识获取需求的平台

知识付费型平台以"得到"为代表。"得到"有大量专业知识课程，用户付费后可订阅查看。平台保证用户获取高质量知识的同时，尽可能覆盖更多课程类型，让用户查找便有所获，从供给层面尝试满足用户知识获取的即时性需求。

问答类新媒体平台以"知乎"为代表。平台会让用户选择"关注领域"，并根据用户回答问题的属性，以及答案所获数据进一步为用户细分领域，继而为用户推送该领域问答内容。此外，平台还设置了"赞同"按钮，获赞多、编辑认同的回答会显示在问题下方靠前位置。由此，用户大多能获取到问题的专业解答。由于知乎日活跃用户超3000万，因此可以说，"知乎"几乎满足了用户知识获取的即时性和专业性需求。

然而，上述两类解决用户知识获取需求的平台都存在不足。知识付费平台的内容主要为系统课程，在即时性、碎片化方面有所欠缺；问答类新媒体平台则因免费提供知识，缺少稳定的盈利模式。截至2022年3月问答平台的收入还主要依靠平台流量变现。

但正是上述两种知识获取类平台各自存在的不足，为新媒体工作者的问答内容运营与管理指明了方向。问答平台有高度活跃，且具有即时知识获取需求的用户，适合新媒体工作者通过回答用户问题，塑造垂直领域专业形象，继而将问答平台的活跃用户，转化为粘合于新媒体号人格化运营形象的用户。知识获取平台的用户表现并不活跃，但用户愿意为成体系的知识付费，新媒体工作者可以此为鉴，构建新媒体号的体系化问答服务，以在一定程度上解决新媒体号的变现需求。

然而，截至2022年3月，由于用户尚未完全具备知识付费意识，通过问答内容运营变现仍存在一定阻力。因此，新媒体工作者应着力于在新媒体问答平台回答用户问题，塑造人格化运营形象的专业性，以吸引用户流量，与此同时有意识地构建新媒体号自主知识体系，为后续提供有偿知识服务打好基础。

第二节　问答类新媒体平台选择

截至2022年3月，新媒体行业中，有问答形式的平台不在少数，如百度问答、知乎、今日头条问答体系、果壳网、360问答、天涯问答、腾讯问问等。

其中，流量最大的平台之一是今日头条问答体系，因其是从今日头条 App 衍生而来，天然拥有今日头条的大用户流量；专业性较强的平台之一是知乎，因其聚集了大量专业人群，使该平台无论是提问水平，还是答案水平都显现了相对更高的质量和专业程度。

其余问答平台均孵化于浏览器，主要目标是提供用户基于知识的交流分享功能，并非专注于知识服务。并且，由于目前浏览器种类繁多，不同浏览器之间存在分流问题，所以由浏览器孵化的问答平台流量规模并不可观。

综上所述，新媒体工作者在运营问答平台的选择上方向较为明确，即今日头条问答体系和知乎。本部分内容将详细讲解今日头条问答体系、知乎现状及发展趋势。

一、今日头条问答体系

1. 今日头条问答体系现状分析

今日头条问答体系天然具有今日头条的大流量、智能算法和资金支持，并且在今日头条站内有独立域名，甚至曾独立运营过悟空问答 App，堪称含着金钥匙出生的新媒体平台。

从今日头条问答体系的背景看，可以定义其四个内容特点。

1）内容具有较强贴近性，以民生、娱乐等大众关注的问答为主。

2）问题与回答问题的内容创作者更加匹配，基于今日头条智能算法，问题大多能推送给擅长该领域的内容创作者，从而获得针对性解答。

3）内容对用户而言有部分是为了消磨时间，而非节省时间。原本用户到问答平台提问，是为了能快速获得准确且专业的答案，是一种以节省时间为目的的行为，而今日头条问答体系内容相对娱乐，用户看问题、看解答，存在一定消磨时间的目的。

4）整体内容专业程度不足。由于今日头条以民生、娱乐话题为主，优质内容生产者少，这也是其问答体系早期邀请垂直行业专家入驻的原因（早在 2017 年，头条问答就曾邀约大量垂直行业专家入驻，签署内容生产协议，使其贡献优质内容）。

从上述四个内容特点不难看出，今日头条问答体系的背景并不适合知识服务，虽拿着很好的起手牌，却与知识服务这场游戏的类型不符。

从结果看，2017 年 10 月—2018 年 7 月间，今日头条问答体系的月活跃用户数从 121 万下降到 67.9 万，这是由一系列连锁反应导致的。首先，新媒体环境下有趣内容相较有用内容仍占主导地位，在今日头条系的流量池内，需求有用内容的用户在减少；其次，抖音信息服务有限公司在用户数据不增反降的状况下，减少了对问答内容生产者的资金支持，导致部分优质问答内容创作者退出平台；最后，由于大部分留在今日头条问答体系的用户，目的仍是知识获取，而今日头条的专业知识供给不足，因此导致部分用户开始放弃该平台。

2. 今日头条问答体系发展趋势

对今日头条而言，孵化问答体系，一方面是在知识服务行业卡位，而更重要的目的则是鉴别平台内的高质量用户。由于今日头条用户的主要兴趣标签是"社会""娱乐"，且用户普遍知识水平相对不高。所以，今日头条虽坐拥高流量，但流量价值并不高，变现的表现难尽人意。因此，今日头条想通过问答体系的推出，鉴别一批有学习需求的高质量用户，通过高质量用户的鉴别，完成更高效率的流量变现及销售变现。

然而自 2017 年起，头条问答体系表现得起起伏伏，结果并未向着今日头条预期的方向发展。

2017 年，今日头条向问答体系投入 10 亿元资金，一时间吸引诸多优质内容创作者入驻，分享优质问答内容以获取流量及平台签约奖励，但最终由于头条问答体系没有创造收益，平台无法继续支撑内容创作者的签约费用无疾而终。

2018—2020 年，头条问答体系有多种舆论声音出现，包含"将被并入微头条""已经被张一鸣放弃"等，但直至 2020 年底，头条问答体系依旧保持独立运营状态。

2021 年 1 月，头条问答体系独立运营的悟空问答 App 从各应用平台市场下架，并在 2 月停止运营，关闭服务。

不过，今日头条并未完全放弃问答，因今日头条体系内仍存在问答服务，只是将悟空问答并入今日头条的大体系中。这表明了今日头条的态度：先以今日头条内容的子功能维持问答运营，当用户知识获取需求爆发，或知识付费需求显著时，再重拳出击知识服务市场。

二、知乎

1. 知乎的现状分析

知乎的平台概念是问答社区，用户在知乎内的行为大多是提问与知识、经验分享。与今日头条不同，知乎自 2010 年创办网站邀请用户入驻，2013 年 3 月开放公众入驻，用户数在一年内从 40 万增长到 400 万，可以说是从零起步的问答平台。至 2017 年，知乎估值超 10 亿美元，已成为行业"独角兽"。

知乎为用户营造了一个良好的社区知识交流氛围，用户基于知识获取或知识分享需求，常会在单个问题上反复追问、求解，从而达到在本质上解决问题的目的。由此，可看出知乎的四个内容特点。

1）**专业性强**。知乎平台内有大量高学历、在专业领域有建树的用户，这使知乎平台回答的平均水平较高。此外，知乎问题下内容的排序不完全由用户赞同决定，平台有专门负责专业领域的运营人员监控回答，如果判断用户的回答很专业，则会人工提升该回答位置。

2）**思维发散性强**。知乎社区的讨论，用户往往会将问题穷尽，即便是单个问题，回答者也往往会从多角度思考，一方面让回答更饱满、优质，另一方面也让提问者尽量得到全面解答。

3）**内容较理性**。知乎用户一直秉承理性讨论的宗旨，无论何种问题，理性是第一出发点，感性内容往往用来辅助理性结论。

4）**造梗能力强**。知乎的特点是高学历和理性讨论，这两点也往往为人诟病。诸如"实名反对楼上观点""谢邀""人在美国""刚下飞机""这种问题左转百度，右转微博，这里是知乎"，都是知乎用户留下的梗，其本是基于理性讨论使用的发语词，或高学历人群语言特点，但由于知乎也存在部分假装专业的用户，这些梗也往往用来讽刺此类用户。

2. 知乎的发展趋势

从平台背景与内容特点看，知乎平台本身、新媒体工作者、有知识获取需求的用户三方均满足了自身需求，但实际知乎平台运营也曾出现过两次小波动。

第一次是 2017 年，今日头条问答体系刚启动时，从知乎"挖"来 300 名"大 V"（指在网络社交平台上拥有众多粉丝的账号），且要求其在今日头条问答体系发布的内容不能在知乎重复发布。"大V"们自然去了今日头条，不过由于其没有社区文化氛围，且靠数据推荐回答的方式让"大V"与新人创作者没有拉开差距，因此没有令"大V"们完全放弃知乎。

第二次是2019年初，知乎"大V"自发组织"逃离"知乎，转向微博平台。其根本原因，是知乎某一发表故事性内容"大V"的专栏流量日趋下降，想要知乎扶持却沟通未果。知乎的考虑是故事性内容与知乎的主形态问答不符。

从知乎"大V"出走事件可以看出，知乎平台与优质内容创作者存在意识上的矛盾：知乎想要维持平台"干净"，尽量以提供内容为主；优质内容创作者则需要变现。

优质内容创作者变现方式有两种，一种是知乎平台签约发放"工资"，而知乎维持平台"干净"，导致平台很难有除流量外的收入，平台没有稳定收入，"工资"就不可能存在；另一种是基于内容的流量变现，这种方式又被平台束缚无法展开。因此，由于意识层面的差距，优质内容生产者的需求无法被满足，双方过得都"不太舒服"。

由此可见，知乎未来发展的主要方向应是推动商业化进程，但碍于历史背景和文化基因的限制，知乎的商业化仍需谋求突破性进展，其核心问题将是如何协调平台问答分享的水准与商业化之间的冲突。

三、今日头条问答体系与知乎的分析对比

为加深用户对今日头条问答体系及知乎平台的了解，本部分将用图表的方式对比两个平台，详见表5-1。

表5-1 今日头条问答体系与知乎平台对比

对比项目	今日头条问答体系	知乎
用户属性与风格	用户平均年龄偏大，超35岁，社会阅历丰富，但知识水平相对较低	高学历、有较强学习需求，多在某领域有一技之长或涉猎广泛
问题属性与风格	贴近性强，以社会问题、大众认知、娱乐内容为主	以专业领域知识或行业发展趋势讨论为主
用户基数	约7亿	约3亿
日活用户	不到100万	3000万
推荐特点	以智能算法为主，匹配问题与回答者	以用户选择领域为主，匹配问题与回答者
优质回答推荐	主要以数据作为评判指标，阅读、点赞量高的内容显示靠前	数据与编辑干预共同决定展示位置，且以编辑干预为主，其认定的优质内容将展示在靠前位置
运营效果	易取得高曝光量，从而积累今日头条粉丝	吸引粉丝难度较高，需回答内容有深度或符合用户价值观，用户端不显示阅读数据，仅有赞同数据

第三节 新媒体问答内容运营事项

本节包含塑造人格化运营形象、今日头条问答体系运营事项、知乎运营事项三部分。

一、塑造人格化运营形象

新媒体账号人格化运营形象的标签基本分为年龄、性格、学历背景、所属行业、收入

水平、兴趣爱好和人脉关系七项，新媒体工作者应在各种问题的回答过程中将这七项全面表现出来，对应展现方式一般如下。

1. 年龄标签

年龄标签的展示可通过人格化运营形象描述自身经验阅历，如"在我刚工作5年时"，这种描述即可告诉用户，人格化运营形象已经是一位成熟的工作者了。又或是"在我××岁时，做了一件×× 事"，用户也可以从客观情况了解到人格化运营形象的大致年龄。

2. 性格标签

性格标签在问答运营中更易被塑造，因相较原创内容，问答本身存在一级交互（用户提问，新媒体工作者解答）。性格一般表现在人格化运营形象处世态度和语言方式上，新媒体工作者可在问答中多表述人格化运营形象在不同情况下对待人、事的态度，逐渐修正人格化运营形象的性格标签，如胸襟开阔、性格随和、原则问题不让步等。

3. 学历背景

学历背景是问答运营的重要一环，因其是问答平台用户关注重点，也是用户初步接触人格化运营形象的"门面"。学历背景的表述可以根据问题与人格化运营形象"经历"，分层表达。比如，"大学选修课应选哪些"，人格化运营形象就可描述自己毕业于哪所大学，选择选修课的经历有哪些；如"研究生论文开题报告有哪些注意事项"，人格化运营形象又可描述自己上研究生的经历。如此循序渐进地表达，用户更易接受，且会认为人格化运营形象是可一直被挖掘的"宝藏"。

4. 所属行业

人格化运营形象所属行业在问答中的第一展现形式是账号名称。比如，许多问答平台账号都会将自己的职业写在名称后，如"张三——法律顾问"。如此，用户会首先对账号人格化运营形象的专业有所了解，而后新媒体工作者在内容中加入人格化运营形象在行业中的实践经历、操作项目、亲身体验和专业口碑，就可以达到更好的效果。

5. 收入水平

人格化运营形象的收入水平应适度高于大多数普通用户。在展现人格化运营形象的收入水平时，新媒体工作者可就问题进行相关商品的客观推荐，用户从推荐的商品中就可对人格化运营形象的收入有所了解。

6. 兴趣爱好

在专业知识外，人格化运营形象的兴趣爱好也非常重要。这就好比某歌手爱好打篮球，用户对其唱歌、作曲能力认可后，又可以通过篮球与之形成良好关系，这是用户期待的，也是新媒体工作者应努力创造的局面。当人格化运营形象的专业性塑造颇有成效后，新媒体工作者可通过专业外的兴趣爱好低姿态参与其他问题讨论，一方面可吸引其他领域粉丝，另一方面也可以让粉丝感受人格化运营形象"亲民"的一面。

7. 人脉关系

人脉关系一般表现在回答社会型问题中，人格化运营形象一般都专精于单个行业，但这并不阻碍其拥有其他行业人脉，新媒体工作者可以通过回答多种社会型热点问题，来塑造人格化运营形象"专业朋友多"的人脉关系特点。如此人格化运营形象不仅具有专业性，还在问答平台塑造了品牌，无论用户有什么问题，都会先选择向该人格化运营形象提问。上述七项如图5-2所示。

年龄标签
性格标签
学历背景
问答运营中
人格化运营形象突出塑造的标签
所属行业
收入水平
兴趣爱好
人脉关系

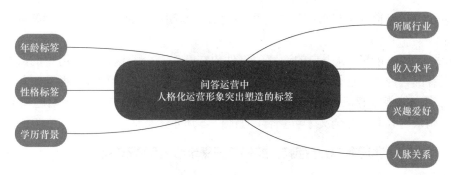

图 5-2 问答运营中人格化运营形象须突出塑造的七项标签

以上述人格化运营形象在问答运营中的塑造方法为基础，以下将详解今日头条问答体系、知乎两个平台的运营事项。

二、今日头条问答体系运营事项

今日头条问答体系包含挑选问题和回答问题两个运营事项。

1. 挑选问题

今日头条问答体系的核心在于流量，流量大的问题能吸引更多内容创作者回答，流量大的回答可以获得更多推荐，从而吸引更多粉丝。其中，问题的主要流量参考指标在于收藏量，收藏问题意味着用户有很大可能反复查看，从而为问题提升数据指标，带来更多用户流量。图 5-3 所示即为高收藏量问题类型之一。

狮子老虎等肉食动物一生都在吃肉，为什么不得高血压、糖尿病?
如题
回答 573 · 阅读 445,217 · 收藏 207
查看回答
收藏问题

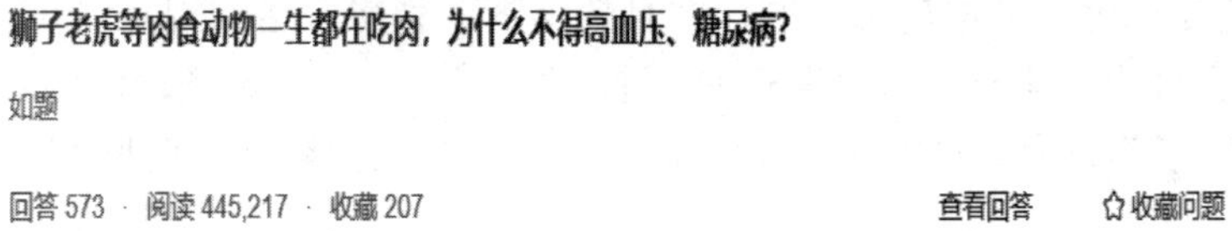

图 5-3 今日头条问答体系中高收藏量问题类型之一

此外还有一个指标可做参考，即图 5-3 中的“回答”指标，回答数越少，新媒体工作者的回答就越有可能被用户看到。所以在挑选问题时，应尽可能寻找与自己领域相关，且相较其他该领域问题，收藏量更高、回答数更少的问题。

2. 回答问题

选出合适问题后，新媒体工作者要根据提问标签进行回答内容的策划，策划过程包括通感、热点、场景、价值观、转梗和落点，然后便可根据策划将内容完成并发布，如图5-4 所示。

通感
热点
场景
价值观
转梗
落点

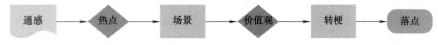

图 5-4 原创回答的策划六步法

新媒体工作者在今日头条问答体系内进行回答内容原创时，遵守的基本原则是内容简单、直接、有效，需注意如下五点。

1）新媒体工作者需在内容开头或结尾表明“身份”。表明身份的目的是证实自己在该

领域的专业度,以提高用户对回答内容可靠的心理预期,引导其继续阅读回答内容或认可回答内容。

2)尽可能将能够吸引用户的通感、事件放在开头部分。这是因为用户的阅读习惯一般都是先看回答内容的前两句,如果感兴趣、感觉有用才会继续阅读。并且,如果新媒体工作者内容由编辑推荐成为该问题下的首页推荐回答,用户在未点入该问题前会看到 90 字内容,剩余内容需点开全文才可查看,如图 5-5 所示。

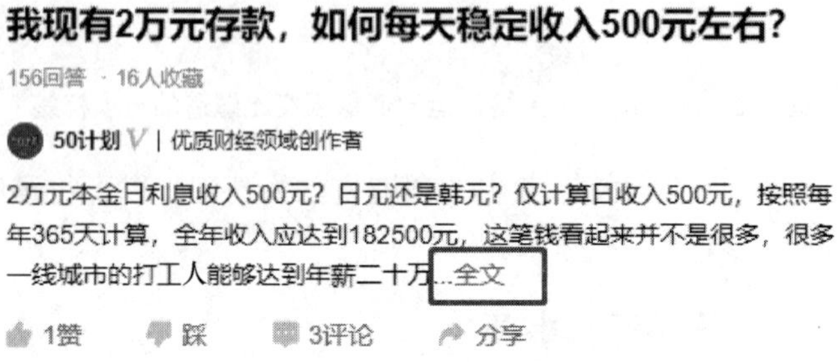

图 5-5　首页推荐回答"全文"按钮

3)控制回答内容字数。根据今日头条问答体系后台数据分析,500～800 字的回答跳出率最低。

4)回答中最好加入高清图片。浏览大量头条问答内容后,新媒体工作者会发现,大部分问答的首页推荐回答内容均有穿插图片,图片元素会增加编辑推荐回答内容的可能性。

5)通感、方法论、价值观需一目了然。头条问答运营人员给新媒体工作者的建议是:"回答内容一定要让用户感觉是真实的,并且要清晰罗列想表达的观点。"这一建议中表达了三个内容注意事项:其一,构建真实的"通感";其二,方法论条理清晰,最好使用"第一""第二""第三"这种方式行文;其三,须让用户看完内容后了解回答者想表达的观点或价值观。

此外,新媒体工作者也可以通过揶揄或"抖包袱"的方式回复问答,也有可能获得较高点赞量,但很难吸引用户关注账号。

三、知乎运营事项

知乎包含挑选问题、回答问题、培养行业人脉三个运营事项。

1. 挑选问题

知乎挑选问题有两个主要渠道,第一是知乎热榜,第二是垂直领域问题搜索。

1)知乎热榜类似微博热搜,其问题大多是平台近期热度较高的内容,如图 5-6 所示。新媒体工作者可在其中挑选与自己领域相关或与自身生活阅历相关的问题回答,先通过高曝光量问题尝试获取基础的账号数据(赞同量、关注用户数)。

2)垂直领域问题搜索,是通过知乎搜索按钮搜索关键词,寻找与自己领域密切相关的问题,如搜索"新媒体运营如何入门",见图 5-7 所示。

新媒体工作者需在搜索后点入不同问题,查看其被浏览次数及关注人数,查看方式如图 5-8 所示,横向对比不同问题的这两项指标,明确问题流量,继而对流量较大的问题进行回答。

第五章 新媒体问答内容的运营与管理

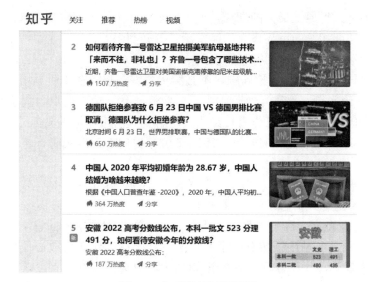

图 5-6　知乎热榜问题页面

图 5-7　知乎垂直领域问题搜索结果页面

图 5-8　知乎问题关注者、被浏览数指标显示

相较知乎热榜，回答专业领域问题更易吸引符合账号标签的用户，不过对新注册的知乎账号而言，专业领域问题流量不一定大，不易获得数据。因此，需同步发掘两种问题寻找渠道。

2. 回答问题

知乎回答问题遵守的基本原则是专业性，需注意如下五点。

1）回答内容需涉猎广泛。对知乎用户而言，仅解答问题并不能显示回答者的高水平，如提问者的问题是：世界上最大的湖泊是哪个？新媒体工作者不仅要回答是里海，还要告诉他里海面积，与此相关的世界最大的淡水湖是苏必利尔湖，世界上最深的湖泊是贝加尔湖等，如此问一答十，才显得回答者知识渊博。

2）许多可以各抒己见的讨论问题，不必给出答案，重点在于引导用户思考。知乎存在大量价值观讨论问题。比如，"听到别人说出和我不一样的观点，我总想反驳，怎么办？"对于这类问题，新媒体工作者可给出"理解别人所想，是展现自己共情能力的一种方式"的答案，明确自身观点的同时，还间接引导提问者深度思考，被采纳的可能性会更大。

3）回答过程中不刻意显露身份。与头条问答不同，知乎用户见过较多不同领域的专业人士，只有靠专业知识内容才能使用户信服。

4）如果是行业专家，尽可能将专业术语、独特语言习惯融入回答中。在知乎提出某领域问题的用户，大多对该领域有所了解，所以新媒体工作者可放心使用领域内专业术语，即便用户不理解，为了获取专家给出的知识，也会自行查阅百度等工具克服阅读障碍，因此不用担心用户看不懂问题答案。此外，如果新媒体工作者有独特的语言方式也可展现出来，更利于树立账号的人格化运营形象。

5）以亲身经验为主，以理论论证为辅。在知乎只讲理论作用有限，用户关注点不在这件事理论上应该是怎样，而在于回答者是否做过这件事，结果怎样。

综合上述五点可以看出，由于知乎用户见识相对更广，想要"捕获"其成为人格化运营形象的粉丝难度更高，但部分知乎用户也相对单纯，只要在回答内容中能让其认为人格化运营形象懂得更多，就可能成为账号粉丝。

3. 培养行业人脉助力账号运营

知乎提供了用户交流分享知识的平台，且构建了相对其他平台更为理性、良性讨论的社区氛围。新媒体工作者可利用社区形态，在知乎中与各行业的专业人士交朋友，一方面结交相同领域的专业人士，可以使其成为人格化运营形象所代表账号的权威性背书，从第三方角度提供专业保障；另一方面还可结交与自身领域不同的专业人士，可以有效推动异业合作或使账号"破圈"。

1）同行业人脉培养。新媒体工作者在回答人格化运营形象专业领域问题时，需关注该问题下已有的专业人士解答，如果新媒体工作者经过判断认定其有一定专业水平或确知是行业专家，则可以通过评论、引导其阅读新媒体工作者回答等方式引发其关注，如果新媒体工作者的专业知识水平可以让其认可，则双方有可能成为合作伙伴。

未来，新媒体工作者如果有商品推广需求，可通过合作伙伴的新媒体矩阵，作为自主账号的 KOL 协助推广，由于其领域与新媒体工作者自主账号匹配，粉丝用户标签也会与自主账号商品标签更加对应，从而达成更好的推广效果。

此外，如果新媒体工作者自主账号商品或品牌陷于舆论危机时，也可向合作伙伴说明事件始末，并让其从专业角度出发为新媒体号商品或品牌作证。如此更有说服力，澄清舆论危机事件的成本代价也会更低。

2）其他行业人脉培养。新媒体工作者在回答知乎热榜问题时，需留意热点话题下其他专业人士的解答，如其获得高赞同数，则在一定程度上证明了其在该行业的专业性，新媒体工作者可通过话题牵引尝试与其互动。

如新媒体号人格化运营形象为减肥领域专家，热点问题为"短发女性如何穿搭"，问题的高赞回答必然有衣物配搭方面的佼佼者，新媒体工作者则可在其回答下评论"好像很厉害的样子，但我相信减肥成功更重要"。

这种方式类似微博评论热点内容，是通过评论的方式尝试与专业人士形成互动，进而成为朋友。一来，新媒体工作者可与其互相推广，吸收彼此粉丝，形成自身账号在对方账号领域的"破圈"；二来，新媒体工作者可与其共同举办活动，以上述"减肥""穿搭"两行业合作为例，可商讨举办"减肥××斤，可到线上服装店领取20元代金券"活动，为双方共同提高粉丝活跃度及变现可能性。

第四节　新媒体问答内容管理事项

新媒体问答内容运营管理事项，主要围绕新媒体号通过问答平台或问答形式完成变现展开。包含构建新媒体号自主知识体系、构建新媒体号问答知识付费模式两部分。

一、构建新媒体号自主知识体系

构建自主知识体系，是所有内容输出型新媒体账号都需着手尝试的事项。将其归于新媒体问答内容运营管理事项的原因在于，根据诸多用户主动对新媒体号提出的垂直领域问题，新媒体工作者更易从用户需求角度出发梳理新媒体号的自主知识体系，使其在变现过程中拥有相对更高的可能性。

构建自主知识体系的成功案例之一是公众号"混知"，其运营团队在新媒体内容获得高流量后，整理出了不同类别、适用于不同年龄段的知识体系，并最终完成纸质书籍的出版。

但新媒体工作者无须执着于效仿"混知"，将新媒体内容形成纸质出版物。因出版书籍耗时耗力，将梳理完成的体系化知识应用于线上问答知识付费模式，也是一种好的选择。

二、构建新媒体号问答知识付费模式

问答知识付费模式，是在新媒体号自主知识体系构建过程中，新媒体工作者通过对用户知识需求与习惯的分析，以及对自主知识输出能力的衡量，做出的问答内容变现尝试。一般有三种可行度较高的问答知识付费模式，如图 5-9 所示。

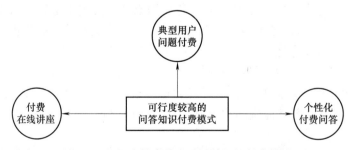

图 5-9　可行度较高的三种问答知识付费模式

1. 典型用户问题付费

典型用户问题，即新媒体工作者在问答内容运营过程中发现的，多数用户在不同时间点普遍提及的垂直领域问题。例如，"应届大学生面试时应注意什么？"这类问题的特点在于，会有源源不断的新用户存在获取问题答案的需求，是实现问答内容付费的可行手段。

新媒体工作者实现典型用户问题付费的方式有很多。例如，知乎的付费问答服务，新媒体工作者可通过与平台签约，以获得回答付费问题的权限。此外，新媒体工作者也可以通过微信公众号的付费阅读功能，实现问答内容的用户付费阅读。

2. 付费在线讲座

当新媒体工作者构建起新媒体号的自主知识体系后，就可以根据新媒体号的用户状况尝试开展在线讲座。在线讲座形式不仅可以依靠新媒体号的自主知识体系完成变现，与用户即时线上沟通并为用户解答问题的模式，也可以达成提高用户粘合度的效果。

新媒体工作者可以通过在微信公众号自定义菜单中添加如"小鹅通"的外链，或开办腾讯会议室实现在线讲座。

3. 个性化付费问答

个性化付费问答，即针对用户私密的，或难以复制的问题需求完成的付费问答服务。由于问题的特殊性，这类付费问答服务对新媒体号的人格化运营形象要求较高，即需要用户高度认可人格化运营形象的专业程度。

本书编创团队曾在自主运营的情感类微信公众号"柏燕谊"（全国心理专家五十强柏燕谊老师的企业新媒体号）构建个性化付费问答体系，用户可通过微信公众号自定义菜单内容添加企业微信，提出单个心理情感问题并支付相应费用，由柏燕谊老师的心理咨询师团队提供专业回答。基于柏燕谊老师在心理咨询领域的权威性，该个性化付费问答服务单月线上咨询用户平均达50人以上。

第五节　新媒体问答内容运营与管理的意义

新媒体问答内容运营与管理的意义体现在两方面，一是问答内容运营对其他新媒体运营事项起到的促进作用或积极影响；二是通过对变化、稳定的研究，实现问答内容运营所追求的增量结果。

一、新媒体问答内容运营对其他运营事项的影响

1）对原创内容运营而言，问答内容运营可为原创内容提供选题。新媒体用户提出的问题客观表现了用户需求，基于用户需求制作的原创内容更易获得高流量。

2）对多平台联合发布运营而言，问答内容运营扩充了新媒体账号触及的平台。同时，问答内容也为多平台的短内容提供了素材。

3）对用户运营而言，问答内容运营可通过塑造新媒体号人格化运营形象的专业性，吸引陌生用户，为用户运营提供用户基础。同时，问答运营也是新媒体用户运营的一种手段。

4）对于新零售运营而言，问答内容运营可以使新媒体工作者更加了解用户的商品需求，同时可以在答案中推荐与之匹配的自主商品，提高销售转化率。

5）对于数据运营而言，问答内容运营产生了可供数据运营参考的数值。

二、新媒体问答内容运营与管理需研究的变化、稳定和增量

在新媒体问答运营与管理的诸多事项中，不同事项的变化、稳定可以带来不同增量，本部分内容将以新媒体问答内容运营与管理事项为分类，讲解问答内容运营与管理中变化、稳定带来的增量。

1. 问答内容运营事项中变化与稳定带来的增量

1）人格化运营形象的稳定。人格化运营形象的稳定，可以在保证原有粉丝不流失的基础上，提升关注用户的增量。并且，通过新媒体工作者后期的用户运营工作，可以使关注用户转化为活跃用户，活跃用户转化为粘合用户，继而通过粘合用户协助吸引陌生用户，形成良性循环。

2）用户需求的变化趋势。研究用户需求变化的原因在于，同样的问题在不同的时代背景下，用户渴望获得的答案指引方向不同。新媒体工作者如果能掌握当下用户的需求变化趋势，就更易创作出专业且用户渴求的回答内容，以更好地达成用户增量。

3）热点的变化。对热点变化的研究，可以帮助新媒体工作者挑选出垂直领域流量更大的问题，或是在问题热度尚未达到顶峰时提前发现问题抢先回答，以此实现问答内容数据的增量。

4）回答问题频次的稳定。问答运营同原创内容运营一样，也需要持续输出问答内容，其原因并非是养成用户阅读习惯，而是新媒体工作者需养成每天回答问题的习惯，一旦中断，问答运营很可能会被新媒体工作者搁置，继而放弃。

新媒体工作者保持回答问题频次的稳定，不仅可以在回答问题的过程中，实现自身专业领域知识的增量，同时可以在问答平台增加账号曝光量，以此稳步提高问答内容数据及用户的增量。

2. 问答内容管理事项中变化与稳定带来的增量

稳定构建新媒体号自主知识体系。问答内容管理事项的核心，在于构建新媒体号自主知识体系，新媒体工作者需时刻保持构建自主知识体系的意识，持续稳定地梳理、整合问答内容，最终实现知识服务的销售增量。

【课后习题】

1. 针对问答平台和知识付费平台各自存在的不足，新媒体工作者的问答内容运营与管理的方向是什么？

2. 在知乎回答问题时需要注意的内容有哪些？请简要概述。

3. 假如你是新媒体问答运营工作者，请你为自己的账号设定一个人格化运营形象（账号定位自拟）。

第六章
新媒体活动的运营与管理

【本章知识体系】

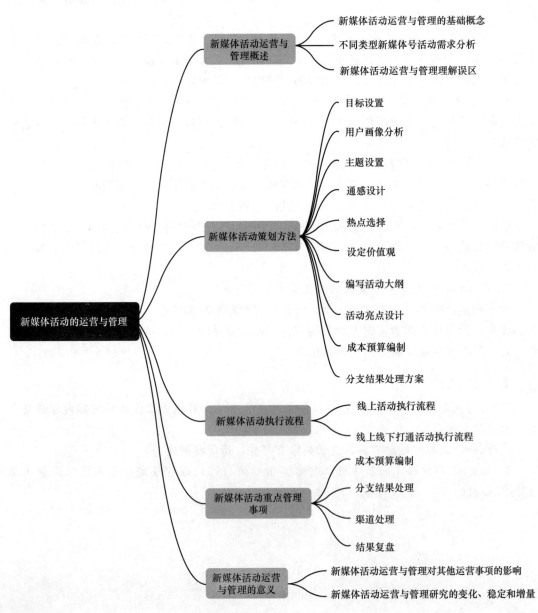

第六章　新媒体活动的运营与管理

新媒体活动的运营与管理，即以新媒体矩阵为载体，组织线上活动，或者线上线下打通的活动，其源发于用户在移动互联环境下的交互需求。移动互联网的普及，虽然让用户实现了随时随地看视频、玩游戏、购物及社交的需求，但宅在家里、手机不离手，也让多数移动互联用户产生了孤独感，他们渴望既足不出户，又能在集体环境中参与活动、社交，而新媒体活动运营为满足他们的这种需求提供了方法与途径。

在新媒体九种运营方法中，活动的运营与管理较为复杂，因新媒体工作者在活动策划过程中需关注更多运营细节。例如，与其他新媒体运营事项的协同配合。同时，活动执行需要经验，过程中存在诸多与用户相关的不可控状况。因此，本章将详解活动策划方法与活动执行流程，并总结策划、执行中需重点关注的管理事项。

本章内容分为新媒体活动运营与管理概述、新媒体活动策划方法、新媒体活动执行流程、新媒体活动重点管理事项、新媒体活动运营与管理的意义五部分内容。

第一节　新媒体活动运营与管理概述

本节内容包含新媒体活动运营与管理的基础概念、不同类型新媒体号活动需求分析、新媒体活动运营与管理理解误区三部分内容。

一、新媒体活动运营与管理的基础概念

新媒体活动运营与管理包含三个关键词：活动、运营、管理，这就要求活动至少满足三方面要求：第一，具有活动性质，可满足用户交互需求；第二，与作为活动举办方的品牌或公司产生强关联关系，如对公司其他部门或正在进行的项目起到促进作用；第三，运营要遵从结果导向，即活动要有明确目标，并在活动结束后检讨活动结果。

伴随着移动互联网和新媒体的发展，组织活动的时间、地点门槛逐渐降低，承载活动的平台和手段逐渐丰富，使新媒体活动的方式逐渐衍变出了两种常见形式，一种是用内容引导用户聚集至同一活动入口的线上活动形式；另一种是线下举办，线上提供报名入口和辅助推广宣传的线上线下打通的活动形式。

1. 新媒体活动组织方式

本部分内容将以某头部微信公众号的"晚安计划"，以及另一头部微信公众号的"丢书大作战"举例讲解活动组织方式。

（1）线上活动　主流媒体在自有微信公众号举办活动的情况并不多见，但在 2021 年 12 月 16 日，某主流媒体创办的微信公众号发布了一篇名为《全网征集！2022，和 4000 万人说晚安》的文章，内容主题为引导读者参与其举办的读者互道晚安活动，如图 6-1 所示。

参与活动后，用户便会在 2022 年 1 月期间收到文案各不相同的晚安短信祝福，见图 6-2 所示。

该活动参与方式简单，且互道晚安这种交互行为对压力

图 6-1　"互道晚安"活动内容

较大的上班族，以及受客观环境影响，感觉生活不顺利的诸多用户有良好的慰藉作用，加之发布活动的头部微信公众号是大流量主流媒体，该活动成为百万用户参与的典型线上活动代表。

（2）线上线下打通活动　2016年，某头部微信公众号举办了"丢书大作战"活动，这是一场线上线下打通的活动，其方式是该微信公众号团队将10000本书"丢"在地铁、高铁、航班、网约车上，所有用户均可"捡"书，也可以扫描二维码继

图6-2　"晚安计划"短信

续"丢"书。另外，微信公众号在线上发布配套活动的原创内容，并在多平台联合"大V"转发。

这场活动的热度延续了近2年，截至2018年，每天仍有约500名用户点开"丢书大作战"页面。该活动能够达到让用户如此狂热参与的效果，主要得益于三点：其一是合作的明星在活动举办时自带高流量；其二是由于举办活动的新媒体号属性与风格，账号内聚集了一批喜爱文艺的青年，看书这一行为符合他们的需求；其三是由于用户猎奇且渴望交互的心理。

对用户而言，在乘坐地铁、出租、航班等忙碌紧张的通勤状态中，参与某项活动是不曾体验过的，而且活动本身既方便、又好玩。同时，看书、分享、看别人有关书的感悟，满足了用户在移动互联时代的交互需求。

2. 新媒体活动类型

新媒体环境中，用户的明显特质之一就是"懒"——懒得动、懒得看内容、懒得参与活动，而新媒体工作者与用户之"懒"相抗衡的武器有两个，低门槛和吸引力。于内容而言，碎片化是低门槛，通感是吸引力；于活动而言，参与方式简单、流程短是低门槛，福利则是最大吸引力。

通过福利吸引用户的新媒体活动有两个核心要素。

（1）设置活动参与门槛　新媒体工作者需让用户满足一定条件（达到活动参与门槛）才能有机会获得福利，如转发账号原创内容。

设置活动参与门槛的原因有两方面。

1）帮助新媒体工作者达成举办活动的目的——活跃用户、增长用户。以转发微信公众号内容为例，微信公众号内用户的转发首先意味着用户活跃，其次可以带来陌生用户关注，实现涨粉。

2）让用户有一定的活动参与感，活动门槛不一定是高的、困难的，可以是有趣的、令人期待的，如"上传与男（女）朋友的合影，即可参与大餐免单抽奖"，对用户而言，这样的活动有趣且划算。因此，门槛非但不会成为用户参与活动的阻碍，对于喜欢"秀恩爱"的情侣，反而有可能成为吸引他们参与的原因。

（2）新媒体工作者需规划活动的福利设置　设置活动福利需参考账号运营情况及活动门槛两方面因素，活动福利价值应与活动门槛成正比，与账号运营状况（粉丝池用户数、内容阅读数、在看数等）成反比。这是因为，对用户而言，新媒体号规模越大，用户被新媒体号"重视"的需求就越强烈，也就越不在意福利价值；反之，如新媒体号并不知名，

用户则会仔细盘算所获福利与活动门槛的价值比较。

基于上述两个核心要素,通过福利吸引用户的新媒体活动可被分为五种类型。

1）满足条件后参与。这里的参与,一般指大型活动或限制参与人数的稀缺性线下活动,如重要赛事观赛名额、明星演唱会志愿者参与名额、艺术精品展看展名额等。因这类活动稀缺性较强,新媒体工作者设置的门槛应较高,包括但不限于转发内容、提供资质证明（如明星微博"铁粉"）、线下沟通提问等。

2）满足条件后抽奖。即用户通过 H5 小程序、平台自带功能,让用户满足新媒体工作者设置的条件从而参与抽奖。一般而言,只要新媒体工作者不设置过长的参与活动线路,或过于复杂的参与条件,用户参与可能性就会较高。另外需提醒新媒体工作者,彩票式抽奖,即用户花钱参与抽奖的方式,虽属于抽奖活动,但涉嫌赌博,不应举办。

3）满足条件后赠送。即用户根据新媒体工作者要求操作完成后,将获得一定程度的奖励。原则上,这种方式的吸引力更高,但新媒体工作者设置的奖励一般不会丰厚,大多为低价格商品或代金券,以此尝试促进用户的销售转化,所以对熟悉套路的用户可能并无良好效果。

4）满足条件后打折。即用户根据新媒体工作者要求操作完成后,可获得某商品或某商城的折扣优惠。这种方式的核心在于打折商品是否具有吸引力（对于用户而言的商品刚需性及稀缺性）,如果商品对参与活动的用户人群有足够的吸引力,则效果会较好。

5）集合上述四种类型的综合活动。新媒体综合活动一般分为两种:一种是设置不同的活动门槛,对应设置不同的福利。比如,用户在当篇原创内容下评论,点赞数最多的评论将直接赠送两张球赛门票,点赞数第二~五名可获得一张球赛门票,以及第二张球赛门票以五折价格购买的优惠福利。

另一种是设置不同的活动门槛,对应同一福利的不同中奖概率。例如,用户关注某新媒体号,中奖概率为20%,用户在该新媒体号商城下单购物后,中奖概率为50%。通过不同梯度的中奖概率设置,既能让一些对活动福利需求极强的用户有免费获得福利的方式,还能带动一定销量。

分析上述活动案例和福利活动常见类型,可得出如下三点结论:①最佳的活动运营是直接戳中用户需求,在此基础上,即便让用户付出时间和钱,他们也愿意参加;②如果活动不能强烈触动用户需求,则需要加入增值项——福利赠送,增加其参与的可能性;③无论何种活动举办形式,基本点都是让用户觉得值。

二、不同类型新媒体号活动需求分析

以开办主体为分类标准,新媒体号可分为个人新媒体、群媒体或组织新媒体、政务新媒体、企业新媒体四种类型,开办新媒体号的主体不同,举办活动的目的大多不同,从而需采取不同的活动举办策略。

1. 个人及组织新媒体

个人、群媒体或组织新媒体,多是以兴趣、专业为核心的观点输出型新媒体号,这类新媒体号运营的最终目的是变现,且变现方式多为流量变现。新媒体号流量变现的能力取决于账号用户的价值（粉丝数、粉丝粘合度）,因此个人、群媒体或组织新媒体举办活动应秉持流量导向,以活跃、吸引用户为主,可采用的活动形式有五种,如图6-3所示。

图6-3 个人及组织新媒体适合举办的五种新媒体活动类型

(1) H5小游戏 可采用问答、闯关、测试等方式,满足用户的求知欲或交互需求,无需成本,提高用户粘合度。

(2) 转发抽奖 转发抽奖的奖品不一定是物质奖励,也可以是基于用户兴趣或专业领域的稀缺性福利。比如,某个人公众号举办转发抽奖活动,设置的奖品就是其为用户定制一首诗。只要奖品具有稀缺性或对特定人群的吸引力,就可以通过活跃用户转发吸引更多用户。

(3) 签到得福利 在新媒体环境下,签到可鼓励用户在新媒体号内养成阅读和行为习惯。

(4) 集赞得福利 这是一种更加简单的活动方式,即用户在评论区留言,获赞前几名的用户可获得不同程度奖励。这种方式可促进用户将内容转发朋友圈、分享群组,但活动成本相对较高。

(5) 线上宣传、线下主题见面会 这种方式活跃用户、粘合用户、涨粉效果好,但成本较高,主要被有用户基础、人格化运营形象具备KOL效应的新媒体号采用。

2. 政务新媒体

政务新媒体,是以政府对用户的服务需求为出发点,创建的信息资讯类新媒体号。这类新媒体号天生具备高流量、高粘合度,且没有变现需求,所以政务新媒体大多不会举办活动。但有两种特殊情况,一是政务新媒体有服务用户的需求;二是需要了解用户需求,以提升对用户的服务品质。这两种情况均以服务用户为导向,活动形式一般分为两种:线上宣传,线下发放福利;线上民意有奖调查。

3. 企业新媒体,营销活动为主

企业新媒体,多是在某领域有自主商品的企业新媒体号,其运营的最终目的是变现,且手段以销售变现为主。变现的基础是用户的活跃度和粘合度,因此企业新媒体可采用以上所有个人新媒体、群媒体或组织新媒体的活动方式,此外企业还需重点举办营销活动。

营销活动,即企业通过整合资源或介入大型社会事件,策划的提升企业粉丝粘合度、品牌知名度、社会影响力,并实现变现的活动方式。在新媒体环境中,企业整合资源、介入大型社会事件已融为一体,演变成用户熟知的企业营销活动,如特定日期的大促销。常见的企业新媒体号营销活动有八种:商品赠送、商品打折、商品买赠、商城代金券、线上拼单购买、商品试用、品牌合作买赠、品牌会员,如图6-4所示。企业新媒体工作者举办营销活动,需为福利的发放设定门槛,即活动玩法,让用户有参与感,而不是单纯获得。

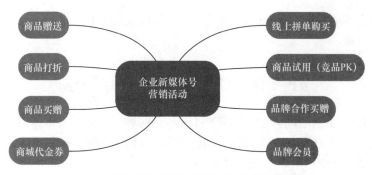

图 6-4　适合企业新媒体号举办的八种营销活动

三、新媒体活动运营与管理理解误区

通过新媒体活动运营与管理基础概念的讲解，或许已有新媒体工作者跃跃欲试想策划一场新媒体活动。但在举办活动前，还需厘清新媒体活动运营的三大误区。

1. 新账号举办活动

活动运营的最重要目的是活跃用户，由此可知用户是活动运营的基础。刚申请的新媒体矩阵几乎没有关注用户，根本无法举办活动，最终只会变成新媒体号的独角戏。新开办的新媒体号，即便是在裂变性强如微博的平台举办活动，如果不投入巨额推广费用，也难见成效。

2. 以涨粉数、销售额评价活动效果

一次活动举办完成后，新媒体工作者应进行复盘，其中最大的忌讳就是单纯以涨粉数、销售额定义活动的成功与否。新媒体工作者复盘的焦点，首先应聚集在活动参与人数、活动参与人数和吸引到的用户数的比例、活动是否为日后运营起到铺垫作用、活动执行是否顺畅、不足之处是否可以改进等方面，然后再考虑成本效率、涨粉数、销售额等指标，具体复盘指标如图 6-5 所示。

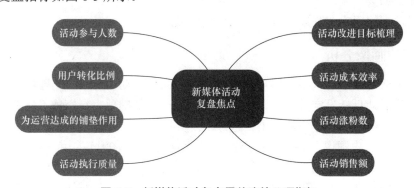

图 6-5　新媒体活动复盘需关注的八项指标

3. 不经策划举办活动

活动运营在新媒体运营事项中不是单独个体，而是与其他新媒体运营事项紧密相关。因此，新媒体工作者在举办活动前应先完成策划，包含活动目标、与其他新媒体运营事项的联动、活动具体流程、活动执行方式等。如果未经策划，想到活动的点子就直接举办活动，很可能造成活动目标不清晰、流程混乱、环节疏漏等问题。思考全面，才能使活动完整，达成预期效果。

第二节　新媒体活动策划方法

新媒体活动分为线上举办与线上线下打通举办两种方式，两者在活动策划阶段的核心流程相同，但策划时的思考方向有所不同，本节将就10个活动策划执行流程的定位、思考方式及注意事项详细讲解，如图6-6所示。

图6-6　新媒体活动策划思考执行流程图

一、目标设置

新媒体号举办活动的目的普遍分为三种，即活跃用户、增加关注用户、拉动销售。设置目标的意义在于，明确这三个目标在新媒体工作者心中的期望值，完成目标逐项细化的同时，明确活动所需预算规模。

活动目标的思考应包含两项指标：活动计划吸引的参与用户数量；活动计划从参与用户中获得的关注用户转化数量。如果以销售为目的，还需加入销售量的考核指标。这三项指标的确定，是活动规模，活动投入团队，活动成本预算编制，传播推广、销售渠道等活动配套准备工作，乃至举办平台或场地选择的最关键参考依据。

新媒体工作者须注意，一定要将活动目标的指标量化。例如，活动预期涨粉500人，预计销售商品10件，这是逼迫运营团队整体具有结果导向意识的最有效方法。此外，活动计划增粉数的考核，不应在活动结束后立即进行，应在活动举办后三天核算，这是因为任何新媒体活动吸引到的关注用户中，均有得到福利便取消关注的"一日游"用户，所以应预留三天左右的用户沉降期，再进行增粉数核算。

二、用户画像分析

在新媒体活动策划过程中，用户画像分析解决的是活动面向用户的匹配问题。用户画像拟定，是除活动目标设定外，活动策划流程的另一个基础项，新媒体工作者对活动的用户画像分析越精确，活动达成的效果就越好。

在分析活动用户画像标签时，新媒体工作者应以新媒体矩阵的用户画像标签为蓝本，在其中寻找能与活动匹配的用户群。这是因为，只有了解、认同，甚至信任新媒体矩阵的用户，才能降低心理防线，积极参与到活动中来。换句话说，新媒体活动最容易吸引到的参与用户还是新媒体号的已有粘合用户。

新媒体工作者在从新媒体矩阵的用户画像中规划、筛选活动用户画像的标签时，应综合考虑三方面因素。

1）需明确活动是否有稀缺性福利或热点人物介入，如果有，就根据福利或热点人物的特点标签，拟定能被新媒体矩阵用户画像标签包含的活动用户画像标签。

2）如果活动目标中有商品或服务销售需求，则要根据商品、服务的特点和适用用户的标签，拟定能被新媒体矩阵用户画像标签包含的活动用户画像标签。

3）如果活动目标仅为活跃现有关注用户和增粉，不具备其他稀缺性特点，则需要尽量描绘新媒体矩阵现有活跃用户的细致画像，以此作为活动用户画像的参考。

在活动用户画像的规划中，新媒体工作者须注意以下两点。

1）无须担心以新媒体矩阵现有关注用户规划活动用户画像，会造成参与用户规模过小的问题。只要用户画像精准，用户需求满足到位，活动福利和亮点设计到位，自然会有与用户画像匹配的陌生用户，被现有参与用户的转发传播吸引到活动中来，如此还能节省后期运营中鉴别用户画像所耗费的精力。

2）活动规模不是越大越好，吸引来的用户也不是越多越好，往往策划一次用户画像精准的小而精的活动效果比普惠大众的活动效果更好，只要活动的福利、亮点等有足够的吸引力，限制参与名额的小而精活动就会对未参与用户产生稀缺感，这能为新媒体工作者未来做活动奠定更好的用户基础。

三、主题设置

活动主题中包含活动口号与活动类型两个要素，其目的是让目标用户看完后直接明确活动参与方式，或因口号有记忆点、有趣味性，愿意进一步详细了解活动。活动主题是新媒体工作者将创意、意图展现给用户的第一步，它在一定程度上决定了活动参与用户的数量和精准度。因此，新媒体工作者应从多维度思考，尽可能将活动主题精确地传递给用户。

活动主题的思考应包含三个维度。

（1）根据活动目标思考活动类型　活动类型是活动主题思考的第一步，包含活动门槛设置和福利设置两项。

1）三种活动目标，分别对应三种主要门槛类型：以活跃用户为目标，其主要门槛应是交互；以增长用户为目标，其主要门槛应是转发；以拉动销售为目标，其主要门槛应是用户下单或进入新零售商城的商品详情页。

2）相较活动门槛，活动福利的设置则更依赖用户画像分析，新媒体工作者可根据用户画像分析得出的用户刚需设置福利，如针对某歌手演唱会举办地所在用户设置演唱会门票福利。

当然，活动福利的设置也与活动预算息息相关，新媒体工作者需明确，在活动预算中，用户福利应是占比最高的预算项目，如果活动组织成本高于用户福利，则可能出现活动成本与目标大幅背离的情况；如果活动的推广、传播成本高于用户福利，则可能让活动陷入只叫好（知道的人很多）但不叫座（参与活动或活动转化的粉丝数少）的尴尬局面。

（2）根据活动类型、用户画像设置口号　口号的作用是让看到活动信息的用户快速形成记忆，最好能在脑海中反复循环。因此，口号应有三个考量指标，一是让活动的目标用户只需一眼就能看懂；二是含有好玩儿的梗或有记忆点的词语，为用户快速记忆提供条件；三是通过口号与活动类型的结合，让用户明确活动参与方式，或初步理解新媒体工作者举办活动的目的。

（3）将活动主题视觉化　活动主题可以在为活动定制的图文、图片、视频和H5中展现，不过鉴于用户碎片化、快餐式的阅读习惯，新媒体工作者应在图文介绍活动主题的基础上，再为其单独制作海报。

新媒体工作者需注意，在将活动主题视觉化的过程中，应有一定创意，但创意的基础是活动类型、活动口号一目了然。如果为了凸显海报设计的创意性，让用户无法在3秒内辨识出活动类型与口号，则可能使用户没耐心继续了解活动。

四、通感设计

活动通感与原创内容通感相似，均为触动用户感受，使其愿意参加活动。原创内容触动通感的方式一般为热点或场景，而活动的通感可选项更多，除热点、场景外，活动类型、活动福利也可用来触发用户通感。

以活动类型为例，如举办点赞抽奖活动，就要让用户有不费力就能参与抽奖的感受；以活动福利为例，构建的通感，应是用户得到活动福利后的感受，如活动福利为某歌手的演唱会门票，则可构建用户获奖后拍照发朋友圈炫耀的通感。福利构建通感的案例，如图6-7所示。

图6-7　商品试用活动构建商品使用通感

活动通感设计的第一步，应是面向参与用户的画像标签设置通感，因这类通感更具有针对性，达成的效果会更好。一般而言，面向用户画像的通感均为场景通感或福利通感。

在此类通感设计完成后，新媒体工作者即可继续思考面向所有用户的普遍通感，如"购物节到了，你该购物了"（热点通感），"动一动手指，演唱会门票等你拿"（活动类型通感、福利通感）。

五、热点选择

在新媒体活动中，热点的作用主要体现在两方面：一是触发用户通感；二是为新媒体工作者提供举办活动的依据。

思考热点时，新媒体工作者应先考虑能触发用户通感的热点，可包含人、事、物。比如，演员因演出成功成为热点，受众多粉丝追捧，新媒体工作者即可在预算允许的范围内，思考是否可以邀请该演员出席活动，作为热点人物。

此外，新媒体工作者可根据举办活动的需求创造热点，如"公司成立5周年""庆祝账号粉丝突破1万"，以此为由举办活动。

六、设定价值观

设定价值观是活动策划的核心，它不会直接展现给用户，但会体现在活动方式、活动主题、活动类型、活动亮点，甚至活动执行过程中的每一步，间接让用户感受到活动价值观。当用户认同活动价值观后，则更有可能参与进来，甚至成为新媒体号关注用户。

活动价值观的基础是对用户好，因举办活动的首要目标是活跃用户，如果关注用户不能感受到新媒体工作者为其着想的价值观，则参与活动的用户会少，活动效果也就不会好。

新媒体工作者定义活动价值观的方式，应从新媒体号价值观出发，在其基础上加入娱乐元素。比如，以让用户拥有和睦家庭关系为价值观的心理情感类账号，在母亲节期间举办了"最美妈妈"活动，活动方式是上传子女为妈妈拍过的照片，即可参与抽奖，奖品是给妈妈们准备的化妆品。如此，用户可以清晰地感受到活动价值观——通过活动让用户增进母子关系，并在此过程中为妈妈赢取奖品。

七、编写活动大纲

活动大纲是活动执行的纲领，同原创内容大纲一样，它是将活动全流程精细化的过程。策划完成后，新媒体工作者还应根据活动大纲制订详细的活动执行流程，执行团队应严格按照流程执行活动。

活动方式不同，编写活动大纲的方式也有一定差异。对线上活动而言，活动大纲应包括前期准备（奖品、发布平台、线上渠道）→发布线上内容→渠道转发、附加营销手段（线上）→活动线上支撑→结果复盘，如图6-8所示。

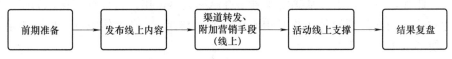

图6-8　线上活动大纲编写流程

对线上线下打通的活动而言，活动大纲应包括前期准备（奖品、发布平台、布置线下场地、线下主持人、线上渠道）、发布线上内容→渠道转发、附加营销手段（线上、线下）→活动线上、线下支撑→结果复盘，如图6-9所示。

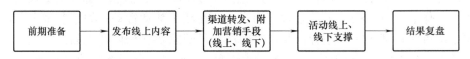

图6-9　线上、线下打通活动大纲编写流程

新媒体工作者需注意，活动大纲中线上渠道的寻找，渠道转发内容，营销手段，场地布置，线上、线下支撑等事项，均需考量成本预算，新媒体工作者应在成本框架内思考大纲，大纲确定后需仔细核算成本是否超出预算，如果超出则需立即调整，删改大纲内容。

八、活动亮点设计

随着新媒体举办活动的门槛越来越低，各种各样的活动已让大部分新媒体用户麻木，导致活动不能达到活跃用户的目的，且即便陌生用户参与活动后被动成为新媒体号关注用户（为获得福利，必须关注账号），也将一直处于沉寂状态。

正因新媒体中充斥着此类活动，富有亮点、价值、意义的活动才显得弥足珍贵。并且，用户如果对活动亮点非常满意，则账号关注用户被激活的可能性更高，因其期待着下次活动，陌生用户也更有可能关注账号。新媒体工作者思考活动亮点时，应从五个方面着手创意策划，如图6-10所示。

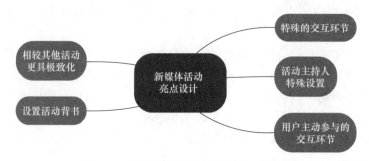

图6-10　新媒体活动亮点设计的五个要素

（1）相较其他活动更具极致化　比如，某时间段商家、新媒体号都在促销，新媒体工作者推出了"限时低价抢"活动，对用户而言，这绝对是该时间段更抢眼的亮点。

（2）设置活动背书　比如，某头部微信公众号的"丢书大作战"，请来了一众明星共同参与，相较一般新媒体号举办的活动，有明星参与的活动则更为亮眼。

（3）特殊的交互环节　由于新媒体活动举办的基础，是在一定程度上排解用户的孤独感，满足交互需求，如果新媒体工作者在活动中设置了特殊的交互环节，也可以被用户认定为亮点。比如，有一定用户基础的账号举办修图大赛，用户自愿提交自己的照片供其他用户随意发挥（当然，新媒体工作者得起模范带头作用），当上传照片、修图的用户都活跃起来，便形成了活动亮点。

（4）活动主持人特殊设置　主持人满足以下两种条件中的一种便可成为活动亮点。

1）主持人作为神秘嘉宾出现，有一定知名度，受到众多参与活动用户的好评。

2）主持人经验丰富，在线下活动过程中具有很强的幽默感，且能根据用户状态随机应变，使活动执行过程流畅。

（5）用户主动参与的交互环节　举办大型活动，时间一般较长，且仅有一段黄金时间为新媒体工作者的目标服务，其余时间用户均可在线下随意行动。如某艺术主题演讲活动，主题演讲将在某一时段进行，其余时间用户可随意参观场内艺术品。如果是此类活动，现场可设置VR（虚拟现实）、AR（现实增强）等用户自行体验的高科技观展方式，以提高用户活动参与感。

九、成本预算编制

在新媒体活动策划中，编制成本预算的意义主要有三点。

1）可以让新媒体工作者心中有数，从团队全局角度出发考量该成本预算的合理性。

2）可以作为活动结果的衡量标准之一，如以销售为主要目标的活动，若活动盈利大于成本，就意味着活动基本举办成功。

3）可以作为活动规模的参考系，新媒体工作者确定成本后可倒推活动规模的可执行性。

新媒体工作者在编制成本预算时，应先根据活动类型，确定活动成本所需项目，而后确定预期的活动规模，再思考各项所需成本。

十、分支结果处理方案

分支结果处理方案，是新媒体工作者在策划阶段进行的推演，即根据推演出的活动结果可能性，对应草拟后续工作计划和处理方案。其意义在于使新媒体工作者尽可能妥善处理活动带来的结果，使活跃、新增的用户有所依，销售的订单可顺利完成。

分支结果处理方案一般从活动常规结果处理方式和活动偶发情况处理方式两方面入手拟定。

在活动常规结果处理方式的思考策划上，新媒体工作者需为账号已有活跃用户、新关注账号用户和活动产生的销售订单拟定后续工作计划。

在活动偶发情况的处理上，新媒体工作者需首先明确活动容易引发哪些偶发情况。活动实操运营经验表明，新媒体活动偶发情况最容易出现在活动公平性，尤其是福利中奖的公平问题，以及活动产生订单的售后环节上。新媒体工作者处理偶发情况的总原则，是避免粉丝在公共渠道将问题广而告之，同时尽可能留住用户。

第三节 新媒体活动执行流程

新媒体活动执行流程，是将新媒体活动策划大纲的设计规划落地实现的过程。虽然活动大纲已将活动流程细致地描绘出来，但在执行过程中，仍会因用户、渠道等多种非自主控制因素，出现意外状况。本部分内容将分为线上、线上线下打通活动两部分，讲解活动执行流程中的注意事项及常见状况解决方案。

一、线上活动执行流程

线上活动执行流程一般不复杂，相对冗长的环节应是等待用户参与，以及不同平台间的用户引导。

线上活动成功执行的基础，在于新媒体工作者应尽量消除不可控因素。对于有一定流量基础的新媒体号，其主要的不可控因素在于参与用户的数量浮动幅度通常较大，因此新媒体工作者的团队应做好 7×16 小时的支撑准备；对于基础相对薄弱的新媒体号，需要借助渠道帮助转发活动信息，渠道则是不可控因素，所以新媒体工作者应多联系推广渠道，以备替换使用。

线上活动执行流程通常分为五个步骤——前期准备、发布内容、渠道推广、线上支撑、结果复盘，以下将对每项的执行操作进行详解。

1. 前期准备

线上活动的前期准备阶段，是新媒体工作者在线上活动执行过程中，操作事项完全自主可控的阶段，核心工作包括活动福利准备、活动官宣内容制作、活动承载平台功能搭建、活动推广渠道甄选四项。

（1）活动福利准备　新媒体工作者需按照活动大纲规划的福利种类、规格、数量完成采购和准备工作。此项工作需注意以下三点。

1）福利采购到位后，需按不同种类和规格分别放置，不可混放，为活动准备工作的复核提供便利条件。

2）如果有需包装组合的多品类混合福利，则要尽早执行，并按照大纲要求的数量完成包装组合准备和清点确认。

3）如果有参与用户人手一份的普惠福利，则应按预计参与活动用户总数的110%准备福利，以应对福利的偶然损坏或参与活动用户数超预期等情况。

（2）活动官宣内容制作　新媒体工作者在筹备活动官宣内容时，绝不能以一篇图文内容为任务目标，而是应尽早完成三种形式的活动原创内容。

1）根据完整内容策划创作出的活动推广内容。内容需通过活动福利、活动热点、活动嘉宾等要素触发用户通感，达到吸引用户参与的目的。

2）浓缩活动主题、活动类型、活动参与方式、活动福利等精编而成的短内容。并非所有新媒体号用户都有阅读微信公众号内容或微博长文章的习惯，对阅读习惯相对碎片化的用户而言，短内容信息更易被获取，且短内容区别于长文章，有独立的内容发布渠道。对于以曝光为首要目标的活动推广内容，应尝试发布短内容，获取更多流量。

3）由设计人员根据活动要素、活动用户画像创意的，将短内容视觉化的活动图片。视觉化的活动图片，是相较长文章、短内容更易传播，且更易吸引用户眼球的活动内容展现方式。对用户而言，分享长文章与短内容的门槛远高于分享图片，如果图片设计富有创意性、趣味性，可让用户主动转发，帮助推广活动。

上述三种原创内容形式有以下用途，①用来在各平台发布长文章，②用于短微博、小红书等短内容发布渠道，③用以转发朋友圈或粉丝群。

（3）活动承载平台功能搭建　能承载活动功能的平台有很多，如微信、微博、易企秀（H5制作）。如果是简单的抽奖活动，在微博或微信小程序即可实现。如果新媒体工作者想将活动视觉效果做得更加炫目，给用户更好的参与感受，可自行开发H5。在H5功能搭建方面，除必要的活动功能（如抽奖）外，还需加入其他运营手段，如填写用户信息以明确用户画像标签，增加二维码或微信公众号链接为用户关注新媒体号提供方便。因H5在新媒体的入口较少，如果选择H5方式，则还需投入一定推广成本，确保H5的实际点击量。

（4）活动推广渠道甄选　如果新媒体号的运营现状，无法支撑新媒体工作者预期活动规模的雄心，则需甄选活动推广渠道，辅助扩大活动信息触达陌生用户的范围，这是通过大流量渠道帮助活动触达更多用户的方式。

新媒体工作者应至少储备实际使用渠道数的3倍，即计划使用3个渠道，需要实际准备9个供执行时再挑选。如此操作的原因是渠道会存在较多不确定因素，集中体现在部分渠道运营需与上级沟通是否可以发布活动信息；部分渠道需为活动信息安排发布排期，而有时排期会与新媒体工作者需求冲突。并且，多准备渠道，也更利于做渠道间性价比的比较。

2. 发布内容

发布内容，指新媒体工作者通过新媒体矩阵面向关注用户、陌生用户发布活动内容，以及推广渠道发布活动内容两部分。

1）对自主新媒体矩阵而言，应注重不同平台间配合，即所有平台应向活动举办平台引流。以某宝为例，在2018年国庆节期间举办的"中国锦鲤"抽奖活动执行过程中，由于抽奖地点为微博，微信公众号则没有具体活动说明，仅是引流，如图 6-11 所示。

2）对推广渠道发布活动内容而言，部分渠道会要求自主编写活动内容辅助推广。如果是这种方式，新媒体工作者应在前期认真审阅渠道内容是否有助于推广（需调研其账号属性与风格、粉丝属性与风格），如果内容方向、属性与风格合适，质量过硬，则可安排合适的时间点发布。

推广渠道发布活动内容的时间点，并非一定按活动主办方要求执行，新媒体工作者也可要求其在活动达到某一效果，或活动未达到某一效果时发布。比如，活动参与用户对活动真实度有一定质疑，新媒体工作者即可通过大流量渠道发布活动内容，以证实活动的真实性，同时达到宣传推广的效果。

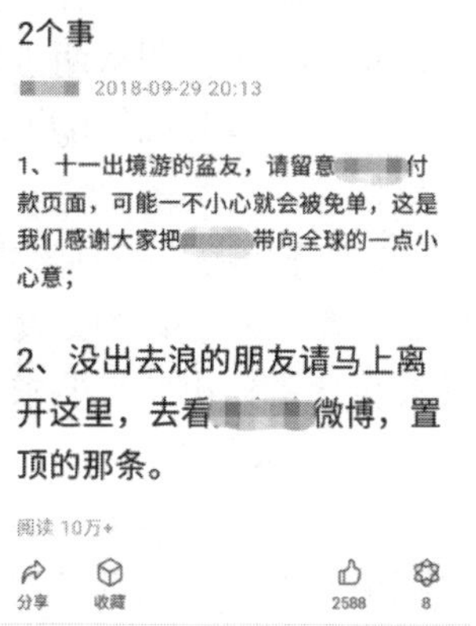

图 6-11　"中国锦鲤"活动过程中微信公众号引流

3. 渠道推广

活动推广渠道一般分为两种，一是由其他新媒体工作者控制的新媒体号渠道，通常为垂直领域营销号或 KOL；二是由新媒体平台准备的官方渠道，如微信广点通、微博粉推。

在使用推广渠道时，新媒体工作者应秉持两个基本原则。

（1）优先选择优质新媒体号渠道推广

1）新媒体号渠道的优势在于可选账号多，且价格相对便宜；劣势在于新媒体号推广渠道鱼龙混杂，有很多账号以"僵尸粉"（虚假粉丝）为主，需新媒体工作者先行判断再做决定。

2）官方渠道推广的优势在于可选择用户标签、官方流量绝对真实，且通过 CPM（千次观看）计费，运营团队可通过预估转化率计算出推广活动所消耗成本；劣势在于官方推广渠道价格偏高，且用户对平台官方推出的广告可能较为抵触或容易忽略，转化率相对较低。

因此，如果新媒体工作者有确知流量大、活跃用户数高、价格相对优惠、用户标签较为匹配的新媒体号渠道，应首先考虑新媒体号渠道推广活动。

（2）先小规模投放试水，获得测试数据后再规模投放　运营是一件需要不断实践、试错的工作，因此无论在什么工作需求上，都可以采用先行先试的操作方式。

如果活动开始阶段，准备的多个新媒体号推广渠道，以及官方推广渠道都可以配合推广，那么新媒体工作者可以拿出推广总预算的 10%，平均分配给所有渠道执行投放操作。投放后 0.5 小时、1 小时、2 小时监测各渠道投放效果，根据效果从中选择数据结果优质的三个渠道再投入剩余的 90% 推广预算，集中发力。这种操作方法的执行关键点在于紧密监控，快速决策，要抓住时间契机点，利用更短的时间争取到更加高效的渠道支持。

4. 线上支撑

线上支撑，指活动内容触达用户后，因用户对新媒体号交互或自主参与游戏交互产生的，需要新媒体工作者团队支撑的工作。

如果活动类型是微博转发抽奖，则几乎不需要支撑，微博会帮助新媒体工作者完成任务；如果活动类型是上传照片、截图等需审核并记录的内容，则支撑的工作任务会比较繁重。

活动参与流程设计越长，新媒体工作者的团队就要付出更多精力。在此，给负责线上活动支撑的运营团队两点建议。

1）分时段应答用户需求，如每2小时登录一次后台，不要时时刻刻盯着，耽误了其他工作。

2）每当用户在抽奖群内提出需求时，尽可能私聊解答，以免影响群内其他用户。如果用户需求过于苛刻，新媒体工作者可直接将其移出群组，取消参与资格，群内其他用户大多会指责提出苛刻要求的用户，而非运营团队。

5. 结果复盘

结果复盘，是新媒体工作者团队对活动整体举办效果和过程的复盘分析，其分析对象包括但不限于，活动参与用户变为线上关注用户的转化率，活跃用户和新增用户的用户画像标签，推广渠道的有效性，这些分析结果将为新媒体号后续运营工作提供参考。

另外，活动复盘还需对活动执行的每个步骤进行总结分析，发现其中的亮点和可改进环节，以磨合活动策划拟定者与运营团队的协调配合能力。并且，通过不断对活动失误点的纠正，新媒体运营团队可逐渐形成该新媒体号举办线上活动的方法论。

二、线上线下打通活动执行流程

线上线下打通活动执行流程，与单纯线上活动的主要差别在于，增加了线下活动前期准备与支撑工作，需要新媒体运营团队付出更多精力。同时，由于线下活动的即时性与强交互性，新媒体运营团队在活动中面临的不可控因素会更多。

本部分内容将对比线上活动执行流程，就线上线下打通活动执行流程的五个步骤——前期准备、发布内容、推广渠道、线上线下活动支撑和结果复盘，逐一进行讲解。

1. 前期准备

线上线下打通活动适合有一定用户基础的新媒体号举办（活跃用户数超1000人），且参与的用户大多是新媒体号的老用户，通过线上推广宣传，关注并至线下参与活动的新用户比例应较低。因此，在线上线下打通活动中，线上的准备不用纠结于推广渠道，仅需保证有一两个熟悉、有效的渠道即可，而需重点准备为活动定制的原创内容。

在线下准备过程中，运营团队需将活动道具提前运至现场、布置活动现场、筛选活动主持人、筛选邀请嘉宾。

（1）活动道具　线下活动道具涵盖面较大，包括但不限于活动参与用户可领取的手册、活动环节使用道具、气氛道具、X展架（用于室内）、门型展架、主屏幕背板、易拉宝（可循环使用）、条幅、手札和嘉宾证等。运营团队应明确不同道具的使用时机及位置，将其提前安置，以免活动时手忙脚乱。

（2）布置活动现场　活动现场布置情况需以活动规模为主要参考指标，如果活动规模较大，布置则应显得隆重、精致；如果是小型活动则可简化现场布置，以降低活动成本。

（3）筛选活动主持人　由于主持人肩负线下活动全流程主持、全场气氛烘托等重要责任，因此执行团队应慎重选择主持人，如果选择得当，则可成为活动亮点。选择主持人时，应主要考量口才、形象气质、经验阅历等因素，其中以经验阅历为最主要筛选指标。

（4）筛选邀请嘉宾　嘉宾应成为活动亮点，运营团队应提早与嘉宾确定活动时间、到场参与事宜、设计嘉宾参与环节亮点，以达到邀请嘉宾的目的。

2. 发布内容

相较线上活动，线上线下打通活动的内容发布应更注重新媒体矩阵内部。内容发布后，运营团队可将内容转发至新媒体号所辖所有群组，并在线下活动举办前，将活动内容加载至所有微信公众号内容的次条，多次发布以保证触达更多用户。

此外，微博、今日头条等可以发布短内容的平台，也应多次发布以期待线下活动、线下活动亮点揭秘为主的短内容。

3. 推广渠道

线上线下打通活动一般针对新媒体号内用户。由于举办线上线下打通活动的新媒体号普遍有一定用户基础，如果用到推广渠道，则意味着活动规模相对较大。此时，推广渠道不仅限于线上，运营团队可能需要寻找线下渠道协助推广。

4. 线上线下活动支撑

线上线下活动支撑，主要在于解答用户就活动提出的相关问题，或应答线下参与活动用户的需求。

1）运营团队在线上的需求应答应前松后紧，活动内容刚发布时，可以每隔 2 小时关注一次新媒体矩阵后台的用户反馈；待接近线下活动举办时间时，则需要运营团队时刻关注后台，即时应答用户需求。

2）线下活动支撑，主要在于现场氛围的营造与保持，以及每个活动环节的服务支撑。运营团队在线下的首要工作，是引导用户更好地参与活动，这要求运营团队成员时刻保持笑容，面对参与活动用户积极迎上、不倦怠，让用户刚到活动现场即有良好的参与感受。如此，活动现场的整体气氛会被调动起来，活动效果一般都会比较理想。

5. 结果复盘

对线上线下打通活动的结果复盘，需在线上活动结果复盘的基础上，更多关注线下活动中的现象和结果。例如，线下用户自主交互活动是否起到了吸引用户的作用，如果没有，原因是什么？用户对活动现场布置，活动福利的满意程度如何？线下用户是否因活动关注了新媒体号，是因活动的哪些环节而关注？

通过对不同活动现象的分析总结，新媒体工作者将更能明确线下活动的亮点、不足，以及用户的关注点。如此，结果复盘才可为下次线上线下打通活动提供借鉴经验。

第四节　新媒体活动重点管理事项

从活动策划到活动执行，新媒体工作者须重点关注的管理事项有四点：成本预算编制、分支结果处理、渠道处理和结果复盘。本部分内容将强调这四项的重点管理意义及基本方法。

一、成本预算编制

活动成本预算相当于组织一场活动的基本框架，活动中的福利设置、宣传推广、举办线下活动所需花费等环节，都需要新媒体工作者在策划阶段核算成本，并与活动目标对比，考察两者是否形成匹配关系。事实上，新媒体工作者在企业实际操作活动运营时，也往往是在成本预算框架内完成活动的策划与执行。因此，成本预算编制对新媒体工作者来说不仅是活动策划中的一步,更是新媒体活动策划能力的体现。

成本预算编制的基本原则,是福利成本应为各项支出占比最高的项目。此外,新媒体工作者可根据新媒体号活动所需自由调控其他支出项费用。此处以线上线下打通活动为例,为各位新媒体工作者草拟一次活动的成本预算编制。

线上线下打通活动过程中需要明确成本预算的项目有福利、线下活动场地、线上渠道推广、线下渠道推广、嘉宾及主持人出场费。假设活动规模为线上约10000人参与,线下100人参与,各项成本预算思路如下。

1)福利成本应是所有项目中权重占比最高的,是衡量其他成本的标准值。在100人参与的线下活动中,新媒体工作者可为每个人设置入场福利,如荧光棒、纪念版标签等,并在活动过程中设置特殊环节抽奖福利(以500元,300元,200元现金红包各1个为例)。假设入场福利为10元/个,则福利成本为2000元。

2)思考为达到参与规模所需推广成本。如果举办活动的新媒体号活跃用户不足10000人,则一般需要线上渠道推广,其方式包括寻找大号配合推广、微博粉推。同时,线上推广是为线下活动服务的,如果线上推广已达10000人,而已知的线下参与用户不足100人,则需继续推广(因线下推广渠道价格普遍较高,一般而言,线下活动规模达10000人的活动才会使用线下推广渠道)。所以,新媒体工作者最好在规划线上推广成本时多预留一些成本额度。

在新媒体工作者确知线上推广渠道真实有效的前提下,如果推演的线上推广成本高于福利成本,则需增加一定的福利成本或在尽可能完成参与活动人数指标的情况下削减渠道花费。

3)线下活动场地。场地应秉持够用原则,仅需足以承载活动规模的人数,并且不高于福利成本即可。

4)嘉宾及主持人。主持人是线下活动的刚需,且一般而言,小型活动主持人费用不会超过1000元。嘉宾一般会出现在规模较大的线下活动中,且部分嘉宾出场费用按小时计,新媒体工作者也需核算嘉宾及主持人的总成本,不应高于活动福利。

由此可见,上述活动的总预算不应高于福利成本2000元的4倍,即8000元。若活动预算不足8000元,新媒体工作者需先从场地费用、嘉宾及主持人部分着手降低成本,如果仍不能满足预算要求,则可考虑削减福利成本。如果削减福利成本依旧不能满足预算要求,新媒体工作者则需缩减活动规模。

从本书编创团队活动实操运营经验看,压低活动成本预算,并非是一种约束新媒体工作者创意、执行的有损活动运营效果的行为,而是为新媒体工作者构筑起的确保活动真实有效,运营工作安全平稳运行的"防火墙"。

【运营提示】

为何一再强调,须将福利成本作为活动预算中金额最高的项目

因活动的主要目的是活跃用户、吸引用户关注,福利作为活动对用户的馈赠,是达成目的的重要手段,理应将福利成本作为活动预算中金额最高的项目。

如果在活动预算项目中,必须有一项超过福利预算成本,那么新媒体工作者需提前考虑如下三个问题。

1）活动所获收益（用户激活数、用户拉新数、活动销售额）是否能与高预算项目的花费金额匹配。

2）高预算项目在活动中是否绝对必要。如明星见面会，请明星出场的预算一定高于福利预算，但确属活动必要支出项。

3）一旦出现高预算项目，就要适当调低包括福利在内的其他项目预算，以尽可能提高成本使用效率。

二、分支结果处理

分支结果处理，作为在活动前拟定的活动后计划，是新媒体工作者活动管理能力的重要体现，其主要意义在于处理因活动带来的用户增量、销售增量。如果不能妥善处理，新媒体号会面临关注用户，甚至活跃用户流失的后果。

分支结果处理方案分为活动常规结果处理，以及活动偶发情况处理。常规结果处理针对账号已有活跃用户、活动新增用户、活动产生订单，新媒体工作者至少须做如下安排。

1）针对账号已有活跃用户，新媒体工作者需在活动策划阶段，确定活动结束后发布内容的原创方向。方向一为活动相关的总结内容，其中注意凸显用户在活动中的精彩表现，以给通过活动活跃起来的用户更强归属感和荣誉感；方向二为彰显账号价值观的内容，以用户处于高活跃期为契机，通过内容输出让用户认同账号价值观，从而实现活跃用户向粘合用户的转变。

2）针对新关注账号用户，新媒体工作者需在活动策划阶段制订后续小型活动方案。小型活动的类型既可以是需求调研，也可以是以账号已发布内容为题库的有奖问答（目的是激发用户翻看账号历史内容），当然如果采用组合形式，再穿插一次低成本的普惠福利领取活动，那么新关注账号的用户会保持相对更长的活跃周期，为新媒体工作者将他们转变为粘合用户提供充足的操作时间。

3）针对活动产生的销售订单，新媒体工作者需在活动策划阶段，协调新零售团队做好派单、发货、售后的支撑准备。团队沟通协调的事项主要包括以下三条：①福利品质、备货情况及物流准备情况，尤其需确认福利规格及单用户所获福利的数量，以免错发福利；②售卖商品品质、备货情况及物流准备情况，尤其需确认售卖商品保质期、生产日期；③活动可能带来的订单规模，以便新零售团队根据订单预期规模，匹配发货、物流、售后人力。

4）针对活动出现的结果性偶发状况，新媒体工作者的第一要务是维护自主新媒体号及品牌的形象。因偶发状况往往由用户反映，新媒体工作者须第一时间安抚用户情绪，安抚时切忌以规则、概率等道理为主要方向，应以理解、抱歉、补偿为主要方向。

三、渠道处理

渠道是除用户外，新媒体工作者策划、执行活动时的最不可控因素，因此对渠道的把控与应用能力，是新媒体工作者活动管理能力的重要体现。渠道处理工作包含两方面，一是实现渠道增量；二是渠道使用原则。

1. 实现渠道增量

渠道增量，通常指新媒体号渠道的增量（区别于官方渠道）。除渠道推广业务较为成熟的大流量渠道外，新媒体工作者还须在日常运营工作中结识其他品牌新媒体号，尤其是用户标签相近的新媒体号。区别于传统的新媒体号推广渠道，这类账号未必有渠道推广业务，但基于日常运营的互动，随手为新媒体工作者转发活动内容并非难事，如此不仅省去了部分渠道费用，具有相近用户标签的新媒体号还可为活动带来更高的阅读转化率。

此外，新媒体工作者须有意识地淘汰替换手中所掌握的渠道，在掌握一定数量的新媒体号推广渠道的同时，保持新媒体号推广渠道的更高效率。这就需要新媒体工作者研究渠道用户标签、渠道用户数量、渠道内容数据、渠道推广效率等指标，定义渠道价值，做到优中选优。

2. 渠道使用原则

新媒体工作者需明确：新媒体号推广渠道的优先级一般高于官方推广渠道，但如果活动规模较大，则需要官方推广渠道支撑。此时，微博官方推广渠道优先级大于微信官方推广渠道，一般而言除超大型（触达线上用户数量级达10万以上）以涨粉为目标的活动外，不使用微信官方推广渠道。

四、结果复盘

结果复盘，是新媒体运营团队应自上而下渗透的管理意识。新媒体工作者在结果复盘阶段主要的关注点有二：一是活动举办过程中所有与新媒体工作者预期背离较大的状况；二是所有活动数据与活动期望值的对比。

有关活动运营所涉及的数据，将在本书第九章"新媒体全数据链的运营与管理"中详细讲解。

第五节 新媒体活动运营与管理的意义

新媒体活动运营与管理的意义体现在两方面，一是活动运营对其他新媒体运营事项起到促进作用或积极影响；二是通过对变化、稳定的研究，实现活动运营追求的增量结果。

一、新媒体活动运营与管理对其他运营事项的影响

新媒体活动运营，可为其他运营事项赋能。

1）对原创内容运营而言，新媒体活动运营可为原创内容提供素材，并且积累更多可能看到原创内容的活跃用户。

2）对多平台联合运营而言，新媒体活动运营可使举办活动的多平台（多为微博）中的用户更加活跃，增加引流至微信公众号粉丝池的可能性。

3）对用户运营而言，通过活动激活现有用户、吸收更多新用户后，用户运营才有操作空间，以及逐渐提高用户粘合的可能性。

4）对数据运营而言，新媒体活动运营反馈的数据指标，可反馈活动举办效果，以及不断精确吸引到的用户标签，为后续新媒体号规划运营方向提供参考。

二、新媒体活动运营与管理研究的变化、稳定和增量

新媒体活动运营需研究的变化、稳定、增量分为两部分，一是对外研究变化，二是对

第六章　新媒体活动的运营与管理

内保持稳定，两者并进以达成活动运营的阶段性增量、最终目标增量。

1. 研究外部变化实现的增量

外部变化包含热点的变化、用户需求的变化两类。

（1）热点的变化　热点是用户关注活动、参与活动的理由，新媒体工作者如果想做好活动的运营与管理，最基础的工作就是按月罗列营销节日清单，为账号提供充足的可备选的活动举办热点。此外，新媒体工作者还需即时跟进突发热点事件，在影响力较长、无负面社会影响、与自主账号相关的热点发生后，尽快策划活动，以聚集热点所吸引的用户流量。

此外，热点的变化研究还包含同类账号或大流量账号举办活动所使用的热点的变化趋势，学会利用活动热度较高的类似热点事件举办活动。

研究热点的变化，可以让新媒体工作者的活动吸引更多用户参与，一方面可以实现新媒体工作者活动策划能力的增量；另一方面也可以提高活动吸引用户的效率。

（2）用户需求的变化　一次完整的活动策划，在完成目标设置后即需要研究活动面向的用户画像，也就是说，新媒体工作者每次举办活动都须研究目标用户画像的需求，并以用户需求作为后续热点、通感、福利等活动元素的参考依据。

研究用户需求的变化，一方面可以提高热点、通感与用户的匹配程度，从而提高活动策划对用户的吸引力，最终提高活动吸引用户的效率；另一方面，如果活动福利与用户需求高度匹配，则可达成关注用户的增量。此外，如果活动销售商品能够与用户需求匹配，则可以达成销售转化的增量。

2. 内部稳定实现的增量

内部稳定即指活动频次的稳定。

活动频次的稳定，并非是按绝对的时间频次举办活动，而是按新媒体工作者运营团队的工作节奏，以一定规律举办活动，且这种规律有一定线索，可被用户预知。例如，每逢节日、节气，新媒体号即举办相关主题活动。

活动频次稳定的意义有两点，一是以活动频次的规律引导用户养成参与新媒体号活动的习惯；二是让新媒体工作者阶段性反复操作活动策划、执行活动流程。如此，可达成如下四种增量。

（1）新媒体号活跃用户的增量　新媒体号按期举办活动，必定使新媒体号内了解、参与活动的用户越来越多，这部分用户即从普通用户转化为活跃用户。

（2）关注用户的增量　新媒体号活动往往带有转发、关注等活动门槛，因活跃用户增加，通过活跃用户对活动的转发，将使更多用户开始关注新媒体号的活动。当用户多次关注并参与到新媒体号活动中来，即可能成为新媒体号关注用户。

（3）优质渠道的增量　新媒体工作者举办不同类型的活动，使用的渠道也有所不同。因此，按一定频次举办活动将使新媒体工作者接触更多可帮助活动推广的渠道。新媒体工作者可在活动过程中不断优化已掌握的渠道，最终实现优质渠道的增量。

（4）活动策划、执行能力的增量　当新媒体工作者不断重复活动策划、执行活动流程后，基于对每次活动的结果复盘，新媒体工作者将更加明确运营团队策划、执行各类型活动存在的不足，并在下次举办同类型活动时加以改进，最终实现活动策划、执行能力的增量。而该增量的表现，则是新媒体工作者能够花费尽可能少的费用，举办尽可能反响热烈的活动，并实现更高用户转化率、销售转化率的结果。

【课后习题】

1. 在活动预算项目中，预算费用最高的是哪一项？为什么？

2. 你作为一个新媒体工作者，即将举办一次线上活动，在进行活动的渠道推广时，需要坚持哪些原则？为什么？

3. 在新媒体活动策划过程中，活动用户画像分析应该怎么做？

第七章 新媒体用户运营与管理

【本章知识体系】

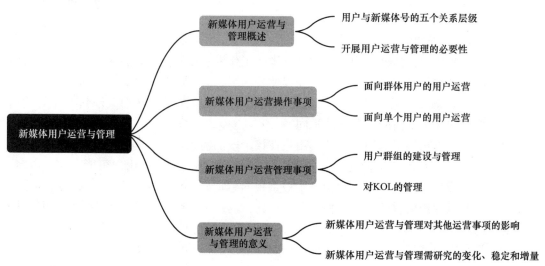

新媒体用户运营与管理，是通过发布内容、建设群组、回复评论和回复留言等一系列运营手段，加速用户粘合于新媒体号的运营方式，可以让用户达成购买新媒体号所售商品，为新媒体号发声、传播等一系列基于信任和认同的交互行为。它是新媒体九种运营事项中，与用户这一基础角色关联最紧密的运营管理事项，也是新媒体工作者提高用户价值的最直接方式。

本章内容分为新媒体用户运营与管理概述、新媒体用户运营操作事项、新媒体用户运营管理事项、新媒体用户运营与管理的意义四部分。

第一节 新媒体用户运营与管理概述

本节内容包含用户与新媒体号的五个关系层级、开展用户运营与管理的必要性两部分内容。

一、用户与新媒体号的五个关系层级

用户与新媒体号的关系层级包括：陌生用户、新媒体号用户、新媒体号活跃用户、新媒体号粘合用户、新媒体号KOL（关键意见领袖）五种，这五种关系由远及近，且一般

在用户运营过程中逐层递进，少有跨层级突破的情况出现，如图 7-1 所示。

新媒体工作者在开展用户运营前，应先针对新媒体号不同发展阶段的需求，确定分阶段重点运营的用户层级，再根据该用户层级最强烈的需求制订用户运营工作事项。本部分将分析不同层级用户需求，给出重点用户运营方向。

图 7-1　用户与新媒体号的五种关系层级

1. 从陌生用户到新媒体号用户

从陌生用户到新媒体号用户，其实是用户关注新媒体号的过程，这一阶段用户的需求主要为阅读需求与福利需求，新媒体工作者可通过发布内容、举办活动送福利等运营方式满足用户需求。

2. 从新媒体号用户到活跃用户

从新媒体号用户到活跃用户，其实是新媒体工作者实现了用户激活的过程。从上述陌生用户转变为新媒体号用户的过程看，新媒体号的用户可被分为两类，一是因阅读需求被满足，从而关注新媒体号的用户；二是因福利获取需求被满足，从而关注新媒体号的用户，这两类用户在本阶段的运营方法不同。

（1）阅读需求被满足的用户　这类用户在该阶段的需求，主要是交互需求及个性化服务需求。例如，新媒体工作者发布了一篇这类用户感兴趣的内容，用户可能会评论内容，如果获得了新媒体工作者回复，则会产生被重视的感觉。这会让他们更愿意转发内容，也会让他们更愿意评论新媒体号的其他内容。如此，用户交互频率、质量都会有所上升，用户因此活跃。

（2）福利需求被满足的用户　这类用户在该阶段的需求，主要是福利需求及个性化服务需求。因福利而关注新媒体号的用户，往往想在关注后获得更多福利，甚至想让新媒体号为自己定制福利。新媒体工作者需明确，如果这类用户长时间仅表现出福利需求，则证明其运营价值不高。

对于这类用户，新媒体工作者应设置阅读内容、精彩（走心）评论、回答问题等获取福利的门槛，尝试通过福利需求引导用户产生阅读需求。

3. 从活跃用户到粘合用户

从活跃用户到粘合用户的转变，实现的是新媒体号由"叫好"到"叫座"的过程。用户活跃不同于用户粘合，用户活跃指用户经常与新媒体号产生交互，如评论，但评论的观点与新媒体号秉持的观点是否一致并不确定；用户粘合则是用户认同且信任新媒体号，其判断的关键标准在于双方价值观趋同。

用户从活跃到粘合，也需要新媒体工作者满足用户的阅读需求或个性化服务需求，但这个层级的阅读需求不再单纯指制作用户感兴趣的内容，而是在用户感兴趣的基础上表达与用户趋同的价值观。

同时，个性化服务需求也需在上述回复评论、针对问题制作内容的基础上更进一步。新媒体工作者需为用户提供更细致、周到的一对一服务，且服务需要反复达成，如私信一对一解答问题。如此，虽不一定让用户认同新媒体工作者，但至少可以让用户信任新媒体工作者。

以上两种需求的满足，核心均是基于用户对新媒体工作者价值观的认同——内容价值观以及服务用户价值观。

4. 从粘合用户到 KOL

KOL 是新媒体用户运营的工作关键点。在新媒体号的用户群体中，KOL 指粘合于新媒体号，有独立的观点和判断能力，且有一定表达能力，可影响其他用户，帮助新媒体工作者传播推广的用户。

部分新媒体号的 KOL，是从粘合用户中脱颖而出的。比如，新媒体号的粘合用户购买了新媒体号商城的在售商品，使用后体验感良好，主动将其推广给身边的人，则该用户便属于主动跳脱粘合用户圈层，进入 KOL 圈层的用户。

此外，大部分 KOL 均需新媒体工作者通过运营手段培养。这一阶段新媒体工作者的首要任务，是分析新媒体号粘合用户标签，从中选出有潜力成为 KOL 的用户，通过开展与普通粘合用户不同的交互行为，使其与新媒体工作者的关系更近一步，进而成为 KOL。

新媒体工作者想聚合 KOL，首先要与目标用户成为微信好友，而后通过私信形式的频繁交流，形成观念认同、价值观取向相对一致，进而成为朋友，或者直接给予目标用户福利或酬劳，使之由粘合用户变为 KOL。

新媒体工作者培养 KOL 的过程，其实是粘合用户与新媒体工作者双向选择的过程，如果粘合用户愿意或主动成为新媒体号的 KOL，则应被视为新媒体号用户运营团队中的一员，因 KOL 开展任何有关新媒体号的操作，均应以新媒体号的推广、用户粘合和变现为目标（KOL 的选择与培训，将在本章第二节详细讲解）。

二、开展用户运营与管理的必要性

新媒体号通常分为个人主体账号和企业主体账号。个人新媒体运营的目标，一般是通过积累用户，提高用户粘合度，最终完成流量和销售转化变现，有些知名人士还可能有进一步提高个人知名度的目标。企业新媒体运营的目标普遍有两点，一是通过积累用户，提高用户粘合度，最终完成销售变现；二是通过运营新媒体矩阵，提高品牌影响力。无论哪种新媒体账号，基于何种运营目标，其基础都在于挖掘用户价值。

因此，用户运营与管理是实现新媒体运营目标的关键要素，对新媒体号的必要性主要体现在以下四点。

1. 用户运营与管理是销售变现的基础

销售变现的基础是信任，而信任不经过用户运营很难达成。

虽然原创内容运营有机会让用户因价值观认同而粘合于新媒体号，但真正到了付费环节时，粘合并不能起决定作用，因粘合仅代表用户与新媒体号对待该领域问题、事件所持看法基本一致。如果新媒体工作者与用户有直接的沟通交流，让用户认为新媒体号的运营团队值得信赖，相较粘合，变现的可能性会更高。

同时，如果用户已经在新媒体号购买了商品，后续可能伴随出现各种各样的问题，诸如索要订单号、因商品质量问题要求退换货、提出商品使用问题等。这些问题均是用户运营的重点工作，因解决这些问题，可以给用户良好的购物体验，从而实现复购。同时，如果新媒体工作者服务到位，用户甚至可能主动成为 KOL，将商品、新媒体号推荐给身边的朋友。

2. 用户运营与管理是有力的涨粉手段

用户运营实现涨粉的方式有如下三种。

1）多种用户运营方式的结果均是让用户活跃或粘合，也就是用户在新媒体号上的主动交互行为增多，而其中转发、点击在看等交互行为均可为新媒体号涨粉提供帮助。

2）用户运营的重要手段是将粘合用户培养成KOL，一旦用户成为新媒体号的KOL，就会主动传播新媒体号的内容和商品，与新媒体号画像标签匹配的陌生用户受KOL影响，很可能直接成为新媒体号用户。即使部分陌生用户会将KOL视作"托儿"，KOL传播推广的效果也比新媒体工作者直接触达这类用户效果更好。

3）部分新媒体号炒作的"裂变"概念。新媒体领域中，经常会提及"裂变"概念，即以一批粘合用户为基础发生裂变，实现指数级的用户增长。这其实是新媒体工作者在用户运营的基础上，加入了活动运营的玩法，使活跃用户对活动进行传播，并靠强吸引力的活动使新进陌生用户立即活跃，完成再传播，最终实现用户快速增长。

3. 用户运营与管理可提升品牌影响力

无论个人新媒体还是企业新媒体，运营的最终目的，都是服务于账号的"上层建筑"——个人口碑或企业品牌。对于有明确"上层建筑"的新媒体号，用户运营与管理会直接给品牌带来影响力的提升。

4. 用户运营的业务拓展可能性

每个用户在社会生活中都有不止一个角色，比如家庭角色、职业角色、兴趣团队角色等。用户在接收新媒体号稳定且持续的原创内容，参与新媒体号组织的各类创意活动过程中，除了满足自身阅读、福利、消费等需求外，往往还会结合工作需要，发现与新媒体号合作的契机。

在运营实操中，本书编创团队发现，以组织、记录创意团体活动为原创内容方向，间或召集同好者在线下举办聚会活动的新媒体号，经常因独具特色的活动地点、新颖的活动形式、拥有强话题感的奖品，吸引关注用户以留言方式咨询价格、运营团队规模等公司举办团建活动的相关事宜。

如果此时新媒体工作者能够展开强用户运营，首先与咨询用户成为微信好友，即时发送早已齐备的活动方案，以及场地、活动形式和奖品选择清单，在私信沟通中，发挥专业知识储备，并保持不迫切要求用户决策的态度，通常情况下能够将用户发展为客户，这也就实现了从原创内容运营的前期铺垫，到发现需求后的用户运营重点攻坚，最终达成业务拓展的全过程。

第二节　新媒体用户运营操作事项

用户运营原发于用户需求。新媒体世界中，用户的需求通常包括阅读需求、交互需求、福利需求和消费需求。此外在用户运营中，新媒体用户的个性化需求被凸显——用户渴望被重视甚至尊崇，享受一对一服务。

由此，用户运营的两个工作方向便可以被明确：第一，通过满足用户的普遍需求，拉近用户与新媒体号的关系；第二，通过满足用户的个性化需求，使部分个性化需求强烈的用户信任并粘合于新媒体号。

一、面向群体用户的用户运营

面向群体用户的用户运营,对象是所有新媒体用户甚至全部互联网用户,其表面目的是为用户提供服务,实际目的则是让触达到的所有用户,能够看到新媒体号的运营作为,继而让陌生用户、新媒体号用户这两个用户圈层不反感,甚至产生好感。

因此,面向群体用户的用户运营应注重体面与引导性这两个运营核心点,具体运营事项分为评论区运营、微信公众号标签群组运营、其他新媒体运营事项中的用户运营三部分。

1. 评论区运营

新媒体号评论区,是新媒体工作者自主可控,且用户关注度相对较高的新媒体内容板块(部分平台需有特殊权限才可控制评论区),新媒体工作者可在该区域面向所有查看内容的用户表达观点态度。评论运营在运营实操中包含自主撰写评论、回复评论两个细分运营事项。

(1)自主撰写评论 新媒体工作者自主撰写评论一般出于三种目的,如图7-2所示。

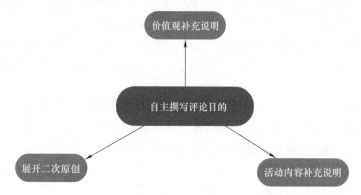

图 7-2　自主撰写评论可实现的三种目的

1)基于原创内容进行价值观补充说明。例如,新媒体内容表达了源于热点事件的一种价值观,而热点事件并未完全定性,还有反转可能,新媒体工作者可通过在评论区进行补充说明,并用评论置顶的方式,使内容表述更加严谨,从站队的行列中跳脱出来。或新媒体工作者可以基于后续发生的事实,评论原新媒体内容,补充说明新的观点意见。

2)接续原创内容,在评论区展开二次原创。新媒体内容中的评论区既是用户表达声音的场所,也是新媒体工作者可利用的接续原创内容,进行二次原创的空间。

二次原创,可理解为由原创内容引发的,拥有独立原创内容策划、用户画像匹配标签、完整价值观、场景热点等细节描述的评论内容。新媒体工作者在评论区进行二次原创的情况通常有以下四种。

① 原创内容篇幅过长,用评论输出一部分原创内容。为了符合新媒体用户碎片化、快餐式的阅读习惯,新媒体原创内容的篇幅一般不宜过长,大概控制在1200～1500字。如果出现原创内容的字数过长,又不能删减的情况,新媒体工作者便可截取原创内容中的一部分,作为评论内容发布。

最适合被截取的原创内容组成部分有两种,一种是原创内容中交代事件背景、介绍人物、专有名词解释等相对独立的内容部分；另一种是原创内容结尾。此类操作需将新媒体工作者评论在评论区置顶。

② 为丰富目标用户画像方向，用评论补充热点或场景。原创内容使用的热点和场景应与用户画像标签匹配，而且用户画像的精准度越高，原创内容在目标用户群体里所获反馈就越好。

不过，有些原创内容选题可匹配多种用户画像，新媒体工作者操作这类选题时，一方面要保证原创内容的目标用户画像尽可能精准，另一方面可利用评论，以增加热点事件或编写场景故事的二次原创方式，丰富整体原创内容的目标用户画像。这类操作也需置顶新媒体工作者的评论。

③ 当原创内容的结果不唯一时，用评论展示多种内容结局。当原创内容出现多种结局可能性时，评论就是将多种结局全部展示出来的匹配方式。这类操作也需置顶新媒体工作者的评论。

④ 用评论或回复评论征求用户对原创内容选题的意见。新媒体的原创内容运营一般都由新媒体工作者确定选题，只有在原创内容发布后，才能从内容数据判断用户对原创内容的接受程度。如果能在评论区让用户挑选选题，或对即将操作的选题提出意见，那么新媒体工作者在创作后续内容时会更有信心，也更能有的放矢。

这种利用评论进行二次原创的形式，与上述三种稍有不同，它并非作用于原创内容本身，而是直接影响原创内容的原发点——选题，可以说是为后续发布的原创内容夯实基础的二次原创方式。

由于采用评论区发布选题调研的方式，不宜由新媒体工作者直接发表评论（因新媒体工作者直接发表评论调研选题的用户参与度，不如在原创内容结尾处发布选题调研问卷），而更适合新媒体工作者在用户评论后跟评含有选题调研内容的评论内容，虽然这类评论二次原创的方式无法置顶（因无法将回复评论直接置顶），但新媒体工作者可以将跟评的用户原评论置顶，从而实现调研选题被置顶的效果，如图7-3所示。

3）基于活动内容补充说明。这种情况一般出现于为新媒体活动定制的原创内容评论区。需要用评论进行补充说明的活动内容一般存在如下情况：其一，活动内容中有容易让用户产生误会的信息，需进行更正或进一步解释说明；其二，新媒体工作者认为需要重申主体内容中已明确的活动规则或奖励规则；其三，新媒体工作者将评论区作为举办活动后，活动结果或中奖结果的"公告栏"。

（2）回复用户评论　在掌握回复用户评论的方法前，新媒体工作者需先明确对待和处置用户评论的原则。

1）精彩评论至上。众所周知，一些微博评论区的精彩程度甚至超过了微博原创内容，不少用户均以刷微博评论为乐。由此便不难看出，有趣、有

图 7-3　评论处征集用户选题意见

独立观点见解、有专业高度的精彩评论,是所有新媒体号、新媒体矩阵、新媒体平台所追求的。不过,精彩评论原发于用户,对新媒体工作者而言,属于可遇而不可求的内容构成部分。

2)评论并非越多越好,量要适度。这一原则专指微信公众号的回复用户评论而言,因为只有微信公众号赋予了新媒体工作者选择性放出评论的权利。

正如反复强调的,新媒体原创内容的篇幅不宜过长,用户一般通过内容链接呈现的整体长度(含评论区)来判断自己是否有时间看完,或是否看得下去,如果评论区过长,可能对用户的阅读完成率造成负面影响。

3)评论的用户和观点均需多元。有话题冲突的新媒体原创内容,一般数据表现都不会太差,而评论区更是如此。新媒体工作者需明确,观点、声音一边倒,每天的评论用户都是熟悉面孔的评论区,通常没有生命力,只有那些用户间的观点和声音形成碰撞,而且每天都有新鲜面孔加入讨论的评论区,才是新媒体号需要的"热门话题讨论区",它在一定程度上还能印证原创内容对活跃用户而言的高价值。因此,新媒体工作者在放出评论时,要注意挖掘用户间对撞观点和声音。

4)凡放出的用户评论均需回复。无论评论的质量高低,只要用户主动发表评论,就能证明他是新媒体号的活跃用户,并且有被新媒体工作者重视的心理期待,而新媒体工作者能够表现出对评论用户重视的方式就是回复评论。这就是新媒体工作者需逐条回复评论的必要性所在。

在明确了处置用户评论的原则后,新媒体工作者便可以开始研究回复用户评论的方法了,回复评论的通用方法包括四种,如图7-4所示。

图7-4　回复用户评论的四种通用方法

1)表情回复法。这种方法主要用于回复两种用户评论,一种是仅有表情、符号或感叹词的极简用户评论,另一种是虽然字数不少,但表意含糊、语言缺乏逻辑,甚至语病频出的用户评论。新媒体工作者仅会在微信公众号运营初期放出上述两种评论,因此简单表情回复的方法也仅出现于账号运营早期。当账号运营进入成熟期后,不建议新媒体工作者仍使用表情回复法,因为这种回复方法会让评论用户产生敷衍、不被重视的感觉。

2)问题回复法。这种方法主要用于激发用户与原创内容之间、用户与新媒体工作者之间、用户与用户之间的观点碰撞,以及引导更多用户通过评论表达观点和看法。简单来说,就是新媒体工作者需学会用问题来"制造冲突"的方法,只有每篇原创内容都形成用户在评论区热议的局面,才能证明用户是真正活跃的用户,账号是真正活跃的账号。

3)态度回复法。这种方法主要用于闭合式用户评论,简言之就是"造成冷场"的用户评论。当新媒体工作者发现用户评论是单纯在讲与原创内容不相关的故事、个人经历,或是用户态度决绝的判断、推测、评价时,便可用"你说得对""嗯嗯,没错""真棒"等表达态度的短句回复用户评论。

4）论述回复法。这种方法主要用于回复价值观相对背离的用户评论，或者提出与原创内容有紧密关联问题的用户评论。

对于价值观背离的用户评论，新媒体工作者需用较长篇幅指出其中的关键点，以及分析背离的原因和解决办法，如果这三者一应俱全，便等同于新媒体工作者为用户提供了一次优质服务，而且还能借机进一步树立和明确新媒体号的价值观。

对于提出与原创内容有紧密关联问题的用户评论，新媒体工作者用较长篇幅论述的方式回复评论的目的在于，凸显新媒体号在原创内容相关领域中的专业性，以及新媒体工作者储备相关领域知识的深度和广度。

2. 微信公众号标签群组运营

在微信公众号后台，新媒体工作者可将用户归入不同领域标签，对不同标签下的用户发布不同内容，以提高内容与用户的匹配性，这也是一种用户运营的实操方式。

微信公众号只能由新媒体工作者手动设置用户标签，较为不便。但借助第三方工具，如"西客""微号帮"，便可通过检索用户行为，区分微信公众号的用户标签。以心理情感类微信公众号为例，新媒体工作者可通过西客等平台为所有用户群发内容，根据用户回复内容的类型将其归入不同标签，如婚姻、职场、育儿。

基于用户标签分组，新媒体工作者可针对标签内用户的关注点、问题、阅读习惯等，进行有节奏地创作和更新内容。

3. 其他新媒体运营事项中的用户运营

其他新媒体运营事项中的用户运营，代表以用户为触达终端的所有运营事项，包含制作原创内容发布、多平台联合发布内容、挑选问答平台高流量问题回答、举办面向所有新媒体用户的活动、在新零售渠道销售与用户标签匹配的商品等。

由于上述运营事项均在其他章节重点讲解，故在此不做详述。

二、面向单个用户的用户运营

面向单个用户的用户运营，针对的是有个性化需求的用户，主要实现的目标是让用户粘合、信任，甚至服务于新媒体号。这种运营方式看似增加了运营工作量，但实际上，通过培养 KOL 辅助运营、将群组中个性化用户需求归集，会让用户运营工作更加系统，新媒体工作者的运营压力也会在运营过程中逐渐减轻。

面向单个用户的用户运营包括 KOL 培养、针对其他运营事项的用户反馈两个运营事项。

1. KOL 培养

KOL 是新媒体工作者从粘合用户中挑选出来的，有独立见解、善于表达观点的用户。相较粘合用户，KOL 对新媒体号的内容、文化、商品有更深入的了解。KOL 可通过自己的独到见解、完整表达，从用户角度帮助企业进行宣传、推广、销售，相较企业自身的营销，KOL 的输出与传播更容易获得其他用户的信任与认同。

培养 KOL，新媒体工作者需了解什么样的用户适合做 KOL、如何发现 KOL、如何培养 KOL，以及 KOL 辅助运营中的常见操作事项。

（1）什么样的用户适合做 KOL 在选择标准上，新媒体号的 KOL 首先必须是新媒体号的粘合用户，其次要具备优秀的表达能力、强大的理解能力，以及独立的思考能力。除

第七章　新媒体用户运营与管理

上述特征外，成为新媒体号的 KOL 还应满足如下三个条件。

1）不能过于理性。KOL 在与用户交流时，需表现得较为感性，有较强感染力，只需带有一定理性思维。这是由于 KOL 与用户交流的主要场所，是新媒体工作者建设的用户微信群组，用户参与其中主要是为了享受服务、获取福利或娱乐，若 KOL 在群组内过于理性，则会给其他用户较真儿的感受，从而产生厌烦情绪。

2）对新媒体号应存在刚需或强需求。用户成为新媒体号 KOL 的基础，是其对新媒体号的内容、商品、文化有深入了解，如果新媒体号是用户的刚需，则用户必然会尽可能了解新媒体号，甚至会同时研究与新媒体号有竞争关系的竞品新媒体号。基于需求的了解，不仅能让用户更具新媒体号领域的专业知识，也会增强用户的表达意愿。

3）语言自带"信任剂"。语言的"信任剂"效果，是由用户的文字表达能力、知识储备、逻辑、语音的声调语调、思考问题的角度等多重因素决定的，如果 KOL 兼具上述五点（文字表达能力优秀、知识储备量丰富、逻辑能力强悍、语音语调生动、思考问题角度独特），则会在沟通过程中为其他用户营造一种 KOL 可被信任的基础。

综合上述三点，KOL 应是感性优先、懂人情世故、为其他用户着想、有热情的典型用户，新媒体工作者可参考居委会工作人员的用户画像，尝试从粘合用户中甄选培养对象。

（2）如何发现 KOL　想在粘合用户中发现 KOL，新媒体工作者需把握每次与粘合用户沟通的细节。一般情况下，新媒体工作者可发现 KOL 的渠道共有四种，如图 7-5 所示。

图 7-5　可发现 KOL 的四种渠道

1）微信公众号后台留言。用户在微信公众号后台留言，均是因对公众号或公众号新媒体工作者有需求。新媒体工作者应在留言用户中，挑选出对公众号提意见的、沟通交流价值观的、或期待公众号推出相关领域衍生品的用户，添加微信好友详细了解其想法，如果其具备 KOL 潜质，则可尝试邀请。

2）微信用户群组。微信用户群组运营，原本就是新媒体工作者面向单个用户的独立用户运营事项，不过它也是发现、培养、锻炼 KOL 的主要工作方式。新媒体工作者应在用户群组建立后的一周内，通过发红包、聊热点、挖掘群内用户需求等多种方式（群组建设初期，如果用户不主动提起，可不谈及公众号事宜），尽可能与群内用户沟通，寻找活跃、经常表达观点看法的用户，作为 KOL 备选。

在此提醒新媒体工作者，如果群组创建超过一周，还未找到合适的 KOL 辅助运营，无法通过 KOL 完成群内用户对新媒体号的内容、商品、服务和需求挖掘，则可能面临"死群"的窘境。

3）新媒体号举办的线上线下打通活动。能够参加新媒体号举办的线下活动的用户，往往都是粘合用户，其中有以下两种表现的用户适合成为新媒体号 KOL：其一，被活动深度吸引，每个环节都认真参与的用户；其二，参与活动时相对冷静，会主动与现场运营人员沟通活动参与事项或为活动提出意见的用户。新媒体工作者应主动添加这类用户微信，如果沟通后判断用户的 KOL 特征足够明显，则可邀请成为 KOL。

4）新媒体号在第三方平台开设的新零售店铺。新媒体号的新零售店铺收到的用户信息，往往是用户对新媒体号推荐商品的反馈，新媒体工作者可在其中挑选出对商品有建设性意见的用户，与提出商品功能需求的用户。如果新媒体工作者认为建议可行，并确实在调研后根据该用户建议进行了商品开发或改进，那么提出建议的用户则应被发展为 KOL。

（3）如何培养新媒体号 KOL　新媒体工作者发现合适的 KOL 人选后，应先与用户取得价值观方向上的一致，从而形成朋友关系。如果用户不抵触新媒体工作者的沟通方式，新媒体工作者就可以抛出橄榄枝，表达合作意向。另外，新媒体工作者想得到 KOL 的帮助，应先承诺给予 KOL 一定奖励支持，比如现金奖励或新媒体号所售商品奖励，有了这两种物质奖励的刺激，KOL 能更出色地完成角色任务。

双方达成合作后，新媒体工作者要先对 KOL 进行培训，不能任由其在用户运营过程中随意发挥，应注意如下三个关键点。

1）明确双方责任。在以用户为核心的新媒体号评论区、微信用户群组中，主角不再是新媒体工作者，所以欲调动评论区与用户群的活跃气氛，KOL 应类似相声里的逗哏演员，承担发起话题、引导用户提出需求的责任；而新媒体工作者应类似相声里的捧哏演员，承担应答 KOL 和用户需求、发放福利、组织活动的责任，也就是形成 KOL 主导，新媒体工作者提供服务支撑的用户运营工作配合结构。

如此明确新媒体工作者与 KOL 双方责任划分的意义在于，纠正大部分参与用户运营的 KOL 的认知误区——错把自己当成新媒体号的营销推广人员。当 KOL 真正理解了用户运营中逗哏角色的责任，就能将自己定位成一个表面还原用户本色，实则达成运营目的的新媒体号强粘合活跃用户。

在开展用户运营的过程中，KOL 应将新媒体号评论区、用户群组当作日常生活的线上社交环境，而非工作平台，表现出更贴近用户群体的语言方式、行为习惯和需求。同时，在新媒体工作者的辅助下，努力在新媒体号评论区和用户群组中拥有强影响力和煽动性。

2）明确 KOL 禁忌。KOL 的禁忌，即 KOL 的行为和语言被用户看穿是为这个新媒体号服务的，因此新媒体工作者应向 KOL 提出以下两点要求。

① 话术不能太官方。KOL 应时刻注意自己只是一个普通用户，因有相同兴趣爱好跟其他用户聚集在一起，表达只是因为有问题需求，或帮助解决其他用户需求，语言要尽量去除商业色彩，以及从新媒体号立场出发的观点和态度。

② 不要暴露任何与新媒体工作者的利益关系。即便新媒体工作者为 KOL 提供了福利支持，KOL 也不应向任何其他用户提及，如果其他用户一旦了解到 KOL 与新媒体号存在利益关系，则会永远给 KOL 打上"托儿"的身份标签，且几乎无法去除。

3）运营实施前应进行周密策划。KOL 与新媒体工作者在其他用户面前的交流就有如说一场对口相声。"表演"前双方必须经过反复"对词"，即周密策划。

当然，即便如此，在 KOL 与新媒体工作者配合运营的策划阶段，新媒体工作者不应给 KOL 太多束缚，更不要直接拟定双方台词。KOL 的价值在于有优秀的表达能力及独立思考能力，新媒体工作者应按照策划为 KOL 确定交流方向，在此基础上让 KOL 任意发挥，因为很多时候 KOL 的交流方式、表达技巧都比新媒体工作者想象的要精彩。

（4）KOL 辅助运营中的常见操作事项　新媒体工作者需明确，KOL 所做的辅助用户运营工作，主要目的是以用户的角色立场，发掘用户需求和活跃、粘合用户，所以一般情况下，一对一解答问题、提供服务等不由 KOL 完成。KOL 的主阵地是能聚集一批新媒体号用户，且用户间可相互沟通的内容评论区和新媒体号用户群组。

1）KOL 在内容评论区的操作事项。除微信公众号内容评论区外，其他平台评论区均支持用户间的相互评论。不过，新媒体号评论区主要是为用户与新媒体工作者就单篇内容提供交流平台，所以 KOL 的评论重点不在于把用户目光聚焦于自己，而是通过评论引导用户向新媒体号内容的价值观趋近，或引导评论区其他用户评论向新媒体工作者期望的方向归集。

基于上述两种目标，KOL 的评论方式可分为以下两种。

① 结合新媒体工作者价值观及 KOL 自身经历，为内容重新拟定通感并发表评论。一篇内容可以塑造多种通感，新媒体工作者构建的通感仅是其中之一，KOL 可结合自身经历营造基于内容价值观的另外一种通感，使更多用户因内容联想到自身经历继而认同新媒体工作者价值观，如图 7-6 所示。

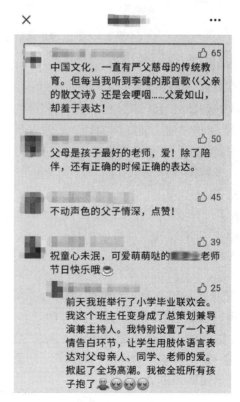

图 7-6　公众号内容标题与评论呼应的通常作法

② 聚焦新媒体工作者提出的某个观点或列举的某个事实，发布引导话题方向的评论。新媒体号的单篇内容中往往有许多信息，如果 KOL 抓住一个用户可能相对感兴趣的点提问或驳斥，则有可能达到吸引用户关注的目的，如图 7-7 所示。

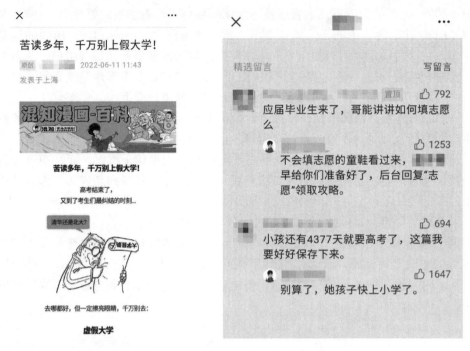

图 7-7　评论内容通感呼应内容、标题的通常做法

2）KOL 在新媒体号用户群组中的工作。KOL 在用户群组中的工作，主要是活跃群组内用户，辅助新媒体工作者挖掘用户需求，及带动用户养成在群内提出需求的习惯。

在新媒体发展初期，凡是进入新媒体号群组的用户，几乎都是活跃用户或粘合用户。但至 2017 年前后，新媒体的活动玩法开始丰富，各种企业新媒体号、营销号开始大规模举办福利活动，以吸引用户加入新媒体号的用户群组，这使得群组内用户存在大量非活跃用户，多数新媒体工作者都陷入了"建群死"的尴尬。所以，通过 KOL 活跃群组就显得至关重要。

KOL 活跃群组的方式有多种，包括分享自身经验经历，向群组内其他成员提问求助等。KOL 如果想取得群组内用户认同，应先在群内交流中，通过与群组内活跃用户沟通相同兴趣标签的话题成为朋友，再通过优秀的表达能力与独立思考能力，达成引领其他用户的局面。

KOL 在新媒体号用户群组内的另一项重要工作，就是挖掘用户需求，带动用户养成在群内提出需求的习惯，因为只有如此，才能给新媒体工作者创造提供各种服务的机会。KOL 挖掘和带动用户需求的方式，简言之就是以身作则，通过和新媒体工作者之间的"提出问题→解决问题"的反复"表演"，引导有同样需求的用户模仿 KOL 的方式向新媒体工作者提出问题和需求。

2. 针对其他运营事项的用户反馈

除原创内容的私信、评论等对用户的反馈外，需对单个用户进行反馈的运营事项，主要为活动运营中的福利发放，以及新零售环节中的退货、补发、告知商品或服务使用说明等。

对以上两种情况的用户运营来说，新媒体工作者应秉持优先解决重点需求的原则。诸如活动福利发放时间、商品到货时间、商品使用方法等用户问题，新媒体工作者应将其归入面向群体用户的用户运营事项，制订统一的解决方案，即便用户要求享受一对一服务，新媒体工作者也应将其搁置。

真正需要新媒体工作者优先解决的重点用户需求有如下两种。

1）对商品或活动提出了建设性意见的准 KOL 用户的问题。诸如新媒体工作者将带有最新功能的商品邮寄给 KOL 试用，得到的反馈意见。

2）因运营环节出现失误，导致影响用户服务体验的问题。例如，新媒体工作者发货时忘记备注颜色、尺寸，导致用户收到的商品与预计购买的商品存在差别。

如果新媒体工作者已妥善处理好重点需求，就可在其余用户反馈中，寻找是否有统一解决方案未曾提及的问题，并对解决方案进行补充，以应对更多用户的需求反馈。

第三节　新媒体用户运营管理事项

新媒体用户运营管理事项包含用户群组的建设与管理、对 KOL 的管理两部分。

一、用户群组的建设与管理

许多企业对运营用户群组的重视程度甚至强于新媒体矩阵运营，究其原因，无非是认为相较新媒体号，以群组为沟通媒介会使新媒体工作者离用户更近（新媒体工作者随时可以与用户加私信交流），运营目的更容易达成。

这种观点本无可厚非，但企业运营用户群组的认知误区在于，首先将用户群组作为消费用户的阵地。新媒体工作者须谨记，没有与新媒体号，或新媒体工作者、企业品牌服务达成信任关系的用户，不可能被企业轻易消费。

因此，新媒体工作者要想做好用户运营管理工作，首先要杜绝"群组用于发布企业信息"的本位意识，须明确构建用户群组的核心宗旨。换言之，用户愿意进群，并在群活跃的原因，应是群组内的信息和服务能够为用户所用，也就是能够满足用户的实际需求。

另外，用户群组可被看作企业或新媒体工作者的私域流量。而私域流量存在两个弊端，一是随着新媒体工作者不断触达和消费群内用户，私域流量会变得沉寂、不活跃、无粘合度；二是私域流量一般具有较强的广泛性，没有明确细分的用户标签。因此，新媒体工作者在建设用户群组时，应克服私域流量弊端，建设活跃的、粘合的、有明确标签的用户群组。

基于上述目标，用户群组的建设与管理应开展如下运营事项——建设细分标签的用户群组、举办用户群组线上活动、基于用户需求的内容传播、基于用户需求的商品或服务推荐、群规制定。

1. 建设细分标签的用户群组

新媒体工作者应在账号类型体系下，根据用户需求的类型标签，拆分群组，建设分群。例如，新媒体号属于情感类，新媒体工作者则可建立亲子、职场、夫妻等诸多细分情感标签的群组。如此是为了让用户群组的服务和信息传递效率更高，主要体现在如下四点。

（1）信息触达用户的效率　将用户群组按需求标签拆分，必然导致单群组用户量减少，而用户接收信息的效率，也就是信息实到率便会提高。

（2）新媒体工作者为在群用户推送内容的效率　推送内容的效率即内容的实到率。在群用户接收信息或内容的效率，主要由用户对信息和内容的针对性、实用价值评价决定。体现信息、内容针对性和实用价值的关键因素，除信息和内容本身要保持高质量外，还包括与用户画像标签匹配，即与在群用户需求精准对接，这就要求根据用户需求进行群组拆分。

（3）新媒体工作者解答问题的效率　拥有相似需求标签的用户，希望群组解答的问题一般具有趋同性。在群组中，新媒体工作者解答一个用户的问题，可能惠及多个有相似问题的用户，从而提高新媒体工作者解答问题的效率。

（4）新媒体工作者与KOL激发用户参与群内讨论的效率　有了明确的用户标签，新媒体工作者与KOL更易于选择热点及设计场景触发用户通感，促使用户加入新媒体工作者与KOL的沟通，形成用户参与群组讨论的高活跃局面。

总结上述四点，新媒体号细分标签的群组中，用户更易于成为新媒体工作者或KOL的私域流量，且相较广泛的私域流量，这类用户的价值更高，因其满足了三个条件——高粘合度、高信息实到率、具有KOL效应。

此外，建议新媒体工作者使用以下两种群组运营方式。

1）将群组用户数的上限指标定义为150人，这是在运营实践中总结出的数据指标。在少于150人的用户群组中，以群组能够针对性满足用户需求、有KOL在群辅助运营、超过10%的高度活跃用户数为前提，群内发布信息的实到率将达到50%以上。

2）建设群组初期不求用户多，先夯实活跃用户基础。与建群初期便采用各种能用到的手段（红包、福利、在其他群组发布群二维码等）吸引标签不明确的用户进群相比，将已有标签明确的用户作为基础，建设群组的效率更高，因为KOL和新媒体工作者的工作重心便可从挖掘、明确用户需求，变更为用群内问答方式，激发和培养标签明确用户的在群提问和提出需求的行为习惯上，这明显会节省大量运营精力。拥有超过30%活跃用户的群组，吸引、粘合用户的能力，以及群内信息的实到率均会更高。

2. 举办用户群组内的线上活动

在用户群组内举办的线上活动，实质上是一种用户运营的方式，它既可以是新媒体工作者主动发声，为用户送福利，以提高用户粘合度，也可以是基于更好服务用户的目的，请求在群用户填写调查问卷。

举办群组内发福利的活动时，新媒体工作者需明确KOL仅是辅助群组运营的角色，类似发福利这种直接与在群用户利益挂钩的运营行为，应由新媒体工作者执行，否则由KOL发福利容易造成在群用户对群组归属的混淆。

在群组内以发福利为目的的主动发声方式多种多样，新媒体工作者可大胆构思，而举办请求在群用户填写调查问卷的活动，则需要KOL配合执行。

比如，新媒体工作者想为用户增加或更换内容类型方向，便可先在用户群组内以问卷方式，调研用户想看到的话题或内容类型。此时，KOL便可站出来主动为用户索要福利，表达"发红包就给你投票"的意思。如此既能激活用户填写问卷的意愿，又能提高KOL在群组用户中的"代言人"地位。

再如，KOL结合自身通感，主动对内容方向提出建议。此时，新媒体工作者应结合KOL需求，兼顾是否有用户迎合KOL发声，借机拟定调查问卷，以满足KOL需求的名义，引出用户调研，可同时配合"发红包"激活在群用户。

3. 基于用户需求的内容传播

基于用户需求的内容传播，指在用户群组内推送内容，一般应用于如下两种场景。

1）用户提出个性化需求，而新媒体号发布过的内容刚好能满足该需求。这种情况较为常见，无须KOL帮助，新媒体工作者直接回复即可。

2）新媒体工作者基于用户可能存在的问题或需求，制作了一篇原创内容，发布到用户群组供用户查看。这种情况属于新媒体工作者的主动运营行为，需KOL协同配合，最好的方式是KOL在内容发布后，挑选用户群相对活跃的时间点，在群内讨论内容。

4. 基于用户需求的商品或服务推荐

基于用户需求的商品或服务推荐，指新媒体工作者根据用户需求将与新媒体号相关的商品或服务推送至用户群组中，推荐目的是达成销售转化。销售转化的基础有两点：一是用户对商品或服务存在真实的需求；二是用户对商品或服务存在潜在需求。基于对新媒体工作者足够信任，这项工作必须由KOL与新媒体工作者共同完成，分为创造用户使用的需求场景、一对一解答用户疑问。

（1）创造用户使用的需求场景　　KOL在用户群组中与新媒体工作者配合的方式，可通过用对话完成一篇场景化导购内容实现。

以心理情感类新媒体号为例，新媒体工作者有销售心理辅导课程的需求。首先，新媒体工作者可将课程详细信息发布至群内供用户浏览，发布后群组内用户一般会有三种应对方式：不查看、查看后不感兴趣、感兴趣但持观望态度。新媒体工作者与KOL需要重点挖掘的是第三种用户。

KOL可从自身痛点出发，针对课程可以解决的一个问题发问，由新媒体工作者解答。KOL提出的问题，应是新媒体工作者与KOL协商后认为群组内用户可能普遍存在的问题，如此才能触发用户通感，使其关注KOL与新媒体工作者的对话。

新媒体工作者在回答过程中，不仅要介绍课程特色，而且需展现在行业内的专业水平。比如，列举有此类心理状态的人普遍还会有哪些表现，如果新媒体工作者恰好击中用户心里所想，则用户既会认可课程质量，还会对新媒体工作者产生信任感。

（2）一对一解答用户疑问　　如果KOL与新媒体工作者在群组内的"场景化导购内容"对话，起到了激活作用，甚至有用户直接在交流中插话，新媒体工作者便需在保持与KOL对话的同时，重点解答插话用户的问题，同时开始描绘该用户的画像标签。

如果群内沟通进展顺利，用户已开始咨询商品或服务的具体价格、购买方式时，新媒体工作者则需添加用户私信，一对一解答。这样做的优势有两点：一是满足用户的个性化服务需求，私聊可为用户定制更多针对性方案；二是避免群组内其他用户，因双方涉及交易而认定用户为"托儿"。

在用户群组中，发布内容信息并不是新媒体工作者和KOL的特权，所有在群用户均有发布内容的权利。这一点是新媒体工作者首先应该明确的群运营准则，更何况新媒体工作者培养KOL，与KOL配合运营群组的目标，也是让在群用户保持活跃，用户是否肯在群里说话、分享内容就是判断活跃度的指标。

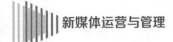

5. 群规制定

想要维持群组秩序，必须制定好群规。新媒体工作者可从网上寻找成熟的群组管理规定，并按自主需求加以更改。但如果有用户触及群规，新媒体工作者也不应立即将其移出群组。新媒体工作者需明确，自己不应扮演审判者角色，而要扮演宽容裁量和最终执行的角色。

新媒体工作者和 KOL 在群运营的目的，是为群组创建一种用户积极提出问题和需求，并能获得满意解答或服务的良性环境氛围。在这种氛围中，在群用户是直接受益者，他们当然会尽力保持群组的良好沟通环境。当遇到有违规行为出现时，首先站出来的不应该是新媒体工作者，而是以 KOL 为首的在群用户，对新媒体工作者提出按群规严格"执法"的请求。

如果新媒体工作者能获得上述局面，应向在群用户表达宽容裁量的出发点，即请求用户再给违规用户一次更正行为的机会，同时 @ 违规用户，协商一种能平息在群用户愤懑的认错方式，如"发红包"。如果在群用户不肯宽容，或违规用户更正行为的态度消极，则新媒体工作者就需扮演最终执行者的角色，将违规用户移出群组。

在此需提醒新媒体工作者，群组一般是由用户的趋同需求或兴趣点构建起来的，用户入群是一种自愿行为，不存在任何强制在群的因素。因此，新媒体工作者在处理用户行为违规时，需秉持宽容的态度、积极沟通的方式，以及少数服从多数的处理原则。

二、对 KOL 的管理

不同渠道发现的 KOL 一般会有不同特点，从新媒体工作者培养的角度看，KOL 可被分为两类：一是能力强，几乎具备所有应有素质，但归属感不强的 KOL；二是对新媒体号归属感强，但能力有所欠缺的 KOL。

1）对于能力强，归属感弱的 KOL，新媒体工作者无须在用户运营工作事项上多加强调，仅需在明确双方身份定位后，向 KOL 简述每次用户运营工作的目标、执行方式，KOL 大多能意会，而后根据新媒体工作者期待的方向发挥。

新媒体工作者对这类 KOL 的管理工作，重点在于把控沟通尺度，以及对 KOL 提供福利支持的尺度，目标是要保证 KOL 在新媒体工作者可控范围内（不脱离策划、福利成本可控）完成运营工作。

2）对于归属感强，能力偏弱的 KOL，新媒体工作者则需重点关注能力培养，尤其在初期配合阶段，最好能够写好双方交流的"台词"，并为 KOL 详细解释为何要按"台词"交流，经过相对长时间的训练，KOL 才能熟练掌握配合开展用户运营的方法。

以上两种 KOL 各具优势，前者容易上手用户运营工作，配合运营初期，更易达到新媒体工作者期待的运营效果。但从长久运营看，后者会更具优势，因这类 KOL 归属感强，更加可控。新媒体工作者可根据账号情况与新媒体用户运营预算两方面因素，决定 KOL 的选择与培养。

第四节　新媒体用户运营与管理的意义

用户运营与管理的意义体现在两方面，一是原创内容运营对其他新媒体运营事项起到促进作用或积极影响；二是通过对变化、稳定的研究，实现用户运营追求的增量结果。

第七章　新媒体用户运营与管理

一、新媒体用户运营与管理对其他运营事项的影响

1）对原创内容运营而言，新媒体工作者可以利用原创内容运营提供的用户基础开展用户运营工作，如果用户运营效果良好，则新媒体号的活跃用户、粘合用户会逐渐增多，他们也会为新媒体原创内容提供更好的交互数据。

2）对多平台联合发布而言，新媒体工作者可通过在多平台的用户运营，使粘合用户提供更好的内容交互数据，促进多平台内容的推荐效果。另外在多平台实施一定的用户运营手段，还有助于向新媒体矩阵主粉丝池——微信公众号引流。

3）对问答运营而言，其为用户运营提供了有明确需求，更容易被新媒体号粘合的用户。用户运营在满足用户知识获取需求的基础上，新媒体工作者也可以组织用户针对同一问题，展开不同角度的解答，这样既丰富了问答运营的回答思路，又能带动用户活跃度。

4）对活动运营而言，用户运营带来的用户增长、活跃、粘合效果，有助于降低活动运营的成本压力。

5）对新零售运营而言，用户运营实现的用户高粘合度，可对销售转化率的提升起到积极促进作用。

6）对数据运营而言，用户运营产生了可供参考的数值。

二、新媒体用户运营与管理需研究的变化、稳定和增量

新媒体用户运营与管理事项，均围绕群组、KOL展开，结合上述运营与管理工作，新媒体工作者需研究如下变化、稳定，以达成用户运营与管理需求的增量。

1. 人格化运营形象的稳定

人格化运营形象是新媒体号触碰陌生用户的媒介，且多数新媒体号的粘合用户，都是因粘合于人格化运营形象，继而粘合于新媒体号。由此可见，人格化运营形象的稳定首先可以保证关注用户不流失，在此基础上辅以各种运营手段，才能达成关注用户、活跃用户、粘合用户，以及KOL用户的增量。

2. 热点的变化

新媒体工作者如果想保持群组活跃，须激发除KOL外的其他群组用户发言。研究每日热点变化，可帮助新媒体工作者与KOL策划出用户感兴趣的对话内容，继而拉动群组活跃。如此，一方面提高了新媒体工作者的群组话题策划能力；另一方面也可逐渐实现活跃用户增量。

3. 价值观的稳定

用户粘合于新媒体号的表现，即价值观的粘合，在评论、群组话题讨论等诸多运营事项中保持价值观的稳定，是关注用户逐步粘合的基础。当新媒体号关注用户日趋理解、认同新媒体工作者稳定的价值观后，即变为粘合用户，也就实现了粘合用户的增量。

4. 用户需求的变化

用户运营与管理的本质，是通过对用户的运营服务使其信任、粘合于新媒体号，新媒体工作者需研究新媒体号关注用户的画像，并分析其需求，如此便可更好地通过内容、活动、商品等运营手段满足用户需求，最终实现粘合用户的增量，甚至销售的增量。

5. 用户运营节奏的稳定

新媒体工作者的用户运营工作应日更不辍。截至 2022 年 3 月，用户对新媒体号群组的要求较为苛刻，如果群组不能每日为用户提供服务或所需信息，则用户很有可能直接退群或将群关入"小黑屋"（即折叠群聊），如此群组就离"死群"更近一步。稳定保持群组运营，使群活跃，实际上是增加用户因群组内容粘合于新媒体号的可能性，为最终实现粘合用户的增量打下基础。

【课后习题】

1. 面对价值观相对背离的用户评论，或者提出与原创内容有紧密关联的问题的用户评论，新媒体工作者的评论方法是什么？应该如何去回复评论？并简要说明理由。

2. 粘合是变现的唯一参考指标吗？

3. 为什么要进行评论区运营？假如要进行自主评论的撰写，新媒体工作者的目的是什么？

第八章
新零售的运营与管理

【本章知识体系】

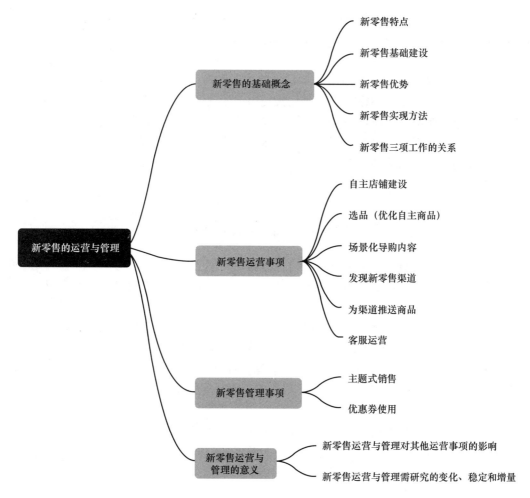

截至 2022 年 3 月，新媒体的变现方式有且仅有三种：流量变现、内容变现、销售变现。在新媒体的早期（2013—2015 年），以个人微信公众号为代表的新媒体尝鲜者，依靠"新""快"等优势占领了大部分用户流量。在 2017 年以前，这部分用户流量为个人微信公众号带来了两种红利，一是优质内容的打赏福利，属于内容变现；二是以流量为基础的推广收入，属于流量变现。

随着新媒体的发展，包括内容形态的发展、账号数量的增多，依靠个人新媒体号抢占流量获得红利已现颓势。于是，自2018年起，得益于用户对新媒体的接受程度不断提升，广义流量（未按用户画像精准细分的流量）的价值有所下降，各类新媒体号销售变现收入占比逐渐提高，这就使新零售的运营与管理逐渐成为所有新媒体运营团队的必须工作。

新零售，指个人或企业以互联网为依托，通过大数据、人工智能等先进的技术手段，对商品的生产、流通与销售过程进行升级改造，并将线上购物、线下体验、现代物流进行深度融合的销售方式。新媒体领域的新零售运营，即基于移动互联网的发展，通过新媒体工作者的主动分析与干预，以将商品主动推荐给用户的方式，满足用户消费需求的新媒体运营方式。

新媒体领域的新零售运营包含商品运营、渠道运营、店铺运营三项工作。商品运营，主要为明确所售商品的画像和选品；渠道运营，主要为寻找与商品所需的用户画像群体匹配的新媒体号作为销售渠道；店铺运营，主要为搭建提供交易环境和保障的新零售商城店铺。

商品运营、渠道运营、店铺运营本是单独的新媒体运营事项，之所以将其归于一章，是因为这三项运营工作环环相扣，存在运营的内在逻辑，通过运营、管理事项的拆分，新媒体工作者更能厘清一个新媒体号在不同阶段，新零售运营与管理的重点事项，继而有针对性地研究出现的变化、稳定、增量，以提高运营能力、提升运营效果。

本章分为新零售的基础概念、新零售运营事项、新零售管理事项、新零售运营与管理的意义四部分内容。

第一节　新零售的基础概念

本节分为新零售特点、新零售基础建设、新零售优势、新零售实现方法、新零售三项工作的关系五部分内容。在开始新零售运营的讲解前，新媒体工作者须先理解两个新零售名词的概念。

（1）新零售平台　指配合新媒体领域新零售模式出现的，支撑新媒体号用户购买需求达成的，类似于传统电商平台的新零售商城。截至2022年3月，知名的新零售平台主要有两家——微店和有赞，为抖音、快手等直播视频类新媒体平台提供新零售交易支撑的抖店、快手商城初露锋芒，另外类似于社区团购的区域化交易服务的概念也已相当火爆。

（2）零售店铺　指新媒体号为开展新零售业务，在新零售平台上开设的，用于达成用户购买需求的互联网店铺。其与新零售平台的关系，类似于某品牌天猫旗舰店与天猫商城的关系。

一、新零售特点

新零售的特点，是将传统零售的人找货方式，变为了货找人，这种变化要求新媒体工作者做到如下四点。

（1）新媒体工作者需让商品尽可能多地触达用户　将商品尽可能多地推送至与商品标签匹配的用户面前，做到广泛触达。接触的用户越多，理论上销售达成的数量就越多。

(2) 消费用户不在店铺, 而聚合于新媒体号 与传统电商的消费用户 (也就是流量) 聚合于店铺不同, 新零售的流量并不聚合于微店、有赞等第三方新零售平台。真正在新零售中掌握流量的, 是作为销售渠道出现的新媒体号。新媒体号通过新媒体运营行为, 不断提升关注用户数量、活跃和粘合度, 形成流量聚合的局面, 而后运营新媒体号的新媒体工作者会将自主或甄选商品推荐到自主新媒体号流量中, 以达成销售转化。在新零售的实现流程中, 开设于第三方新零售平台的店铺的地位被大幅降低, 仅起到展示商品详情页、支撑购买环节的基本交易保障作用。

(3) 推送至用户眼前的商品不应琳琅满目, 而应更多选择单款商品推荐的方式 新媒体工作者通过场景化导购内容, 推荐给用户的新零售商品, 不一定是用户的即时刚需, 若想达成销售转化, 新媒体工作者就必须通过设计商品的使用场景和通感, 让用户产生对新零售商品的购买需求。而单篇场景化导购内容的承载篇幅有限, 因此新零售多以单款推荐的方式让商品触达用户。

(4) 新媒体工作者应首先构建用户与新媒体号的信任关系 随着新媒体渠道中用户可浏览的商品越来越多, 且质量良莠不齐, 新零售逐渐成为一种基于信任的消费模式, 新媒体工作者通过运营使用户与新媒体号之间的信任度越高, 销售达成的可能性就会越高。

二、新零售基础建设

新零售的基础建设是在新零售平台开设店铺。微店、有赞等新零售平台, 为新零售模式下用户与新媒体工作者双方的需求提供功能保障。功能保障主要体现在以下三个方面。

(1) 展示商品详情页 新零售平台的商品详情页功能, 弥补了新媒体内容渠道无法完全展示类似传统电商商品详情页的不足, 让用户能更清晰地了解商品特点、价格、评价和售后服务条款等信息。

(2) 交易保障体系 新零售平台为商家与用户提供了同电商平台一样的7天无理由退换货等交易保障。

(3) 挑选商品的平台 新零售平台不仅让商家可以售卖自己的商品, 同时可以在平台上挑选他们认为优质、能够成为爆款的商品到自己的店铺售卖, 由生产商完成一件代发操作, 让不同的新媒体工作者基于同一款商品共同盈利, 这即是新零售中的分销模式。

三、新零售优势

新零售不仅方便了用户, 也方便了商家, 使不同商家的商品可相互流通, 拥有大流量渠道的商家也可通过引入其他商品激发更多流量价值。总结起来, 新零售的优势集中表现在以下五点。

(1) 货找人方式满足了用户对消费场景的需求 新零售可让用户在线上完成商品的发现、购买, 并且货找人的商品推荐方式, 满足了用户既足不出户, 又不用费力挑选, 就能买到心仪商品的需求。

(2) 新零售降低了零售从业者的准入门槛 由于商家可通过新零售平台挑选商品分销售卖, 因此从事新零售的人无须有自己的商品、无须支出仓储成本, 只要有善于发现好商品的能力, 即可在新零售领域有所斩获。这种降低零售从业准入门槛的方式, 为没有销售资源和经验的新媒体工作者介入新零售提供了条件准备。

（3）拥有自主商品的新媒体工作者可以有更多渠道售卖商品 对有自主商品的新媒体工作者而言，只要商品品质过硬，有明确的用户标签、使用场景，基于分销模式，新媒体工作者便可将商品推荐给拥有对应用户标签的新零售渠道销售，实现双方共同盈利。

（4）商品有更多成为爆款的机会 以移动互联为基础的新零售，天然享有移动互联带来的优势——信息的快速传播。因此，"猫爪杯"等具有鲜明特色的商品，可在短时间内在新媒体用户群体中形成快速传播，成为畅销商品。

（5）为享受新零售服务的用户提供更好的同好者社交机会 当以某个主播、某个新媒体号为核心纽带的用户消费群体形成聚合后（聚合地点多在微信群），用户不仅能更快速地接收新品、有需求商品的上架信息，而且还为对某类商品表现出同样兴趣的用户提供了深入交流、信息资料互补的社交契机。

四、新零售实现方法

新零售的实现方法是场景化导购内容，即将传统销售的导购全流程融入一篇新媒体内容。"导购"一词主要突出营销内容的作用，而"场景化"突出的是为了达到有效营销作用而使用的手段。

场景化，即通过内容将商品和服务的使用场景描述给用户，让用户可以在头脑中描绘出自己使用商品或享受服务的画面，进而让用户形成虚拟的使用感受，如果感受到位，甚至优质，则下单、购买行为就会出现。其中，多数用户看到内容时，形成的普遍相似的使用感受，就是用户通感。总结起来，场景化导购内容，是通过用户使用场景的展现，尽可能使更多用户产生通感，再辅之以商品或服务的卖点介绍，从而达成用户消费，至此场景化导购内容的"导购"作用实现。

制作新零售场景化导购内容，需要经过确定商品和服务卖点、确定要激发的用户通感、寻找选题、寻找匹配热点、搭建使用场景、完成内容大纲等策划过程才能完成制作（参考本书第三章第二节"原创内容的运营事项"中内容策划方法部分）。

随着新媒体领域不同内容形态的发展和完善，场景化导购内容的形式越来越多元化，图文、视频、直播和H5等内容输出方式均可应用于场景化导购内容。

五、新零售三项工作的关系

新零售的工作分为商品运营、渠道运营、店铺运营。其中，商品运营完成了选择商品（拥有自主商品的账号则为优化商品）、为商品拟定场景化导购内容的工作；渠道运营完成了渠道选择、通过渠道推广场景化导购内容销售商品的工作；店铺运营则是在完成了商品、渠道积累后，统筹管理商品、渠道的工作。前两者多属于运营事项，奠定新零售运营与管理的基础，后者则多属管理事项，拓展新零售业务的可能性。

第二节 新零售运营事项

新零售运营事项，包含自主店铺建设、选品、场景化导购内容、发现新零售渠道、为渠道推送商品、客服运营六种事项。

一、自主店铺建设

新零售店铺是新零售运营的基础,可为新媒体工作者的运营管理工作提供如下两点支撑。

1)新零售店铺为商品上架、销售提供环境。诸如微信公众号、抖音、快手等新媒体平台均属于内容平台,其销售功能的实现均在自主建设的或第三方销售平台。因此,在销售平台建设自主店铺,是达成销售的基础。

2)新零售店铺为渠道分销商品提供便利。分销,即渠道销售新媒体号自主商品后,渠道与新媒体号共同获利的销售模式,是新零售渠道运营须重点达成的目标。所有分销商品需先上架到自主店铺,而后上架到新零售平台的分销市场,才可实现分销的全流程。

自主店铺建设包含创建店铺、上架商品、店铺装修、物流体系搭建四种事项。

1. 创建店铺

新媒体工作者选择好新零售平台后,即可在平台创建店铺,有赞、微店均可,不同平台入驻后所需缴纳的年度费用、分销保证金不同。

2. 上架商品

新媒体工作者须根据商品运营、渠道运营工作的需求上架商品,新零售平台上架商品的操作方式基本相似。

3. 店铺装修

店铺装修包含店铺风格、店铺名称、店铺招牌、店铺主页和商品详情页五方面。

(1)店铺风格 店铺风格是店铺的风向标,所有店铺设计均需围绕店铺风格展开。而店铺风格的确定主要由新媒体工作者提供的商品,以及面向的用户群体的用户画像决定。如果商品具有较强科技感,面对的用户较新潮,则需以金属黑、金属灰等颜色为主,所有设计元素均应突出"科技""潮"这两个要素。

(2)店铺名称 新媒体工作者在为店铺取名时,应秉持以下五个基本原则。

1)与店铺绑定的新媒体号、直播间有强关联。

2)匹配店铺风格。

3)店铺名称需简单明了。

4)名称最好能体现店铺特征。

5)带有高频搜索关键词。

此外,新媒体工作者还可将自主商品品牌、店铺的地缘感、商品服务的地缘感、人格化运营形象的性格特点及地缘感、面向的主要用户群的需求等元素,作为店铺命名的参考项。

(3)店铺招牌 店铺招牌,是用户进入店铺首页后,给用户留下的第一印象,一般以展示在店铺首页的海报形式呈现,用以加深用户对店铺的印象。店铺招牌的设计,不能加入过多元素,要在简洁基础上,突出店铺品牌的形象及在销主题。

(4)店铺主页 店铺主页的作用,是将店铺运营中起到支撑作用的主题式销售、商品优惠券与店铺风格、店铺招牌融合,以更合理的顺序、更吸引用户的样式,展现在用户面前。一般而言,店铺主页应包含店铺招牌区、导航区、优惠券区和商品主题区四大区域。

(5)商品详情页 商品详情页的作用,是促使从场景化导购内容进入商品详情页的用户直接购买商品,使从其他渠道进入店铺,而后进入商品详情页的用户,因场景化导购内容对商品产生刚需。

商品详情页的制作方式,是以场景化导购内容为基础,并增加场景化导购内容中因篇幅问题没有提及的商品细节,同时参考店铺风格、店铺主题,对商品详情页轮播图片,以及商品详情页中使用的图片进行设计。

4. 物流体系搭建

物流指商品从商家发出,至用户收货过程中,所有商家对用户主动提供的有关商品流通的服务。对商家而言,物流服务的选择对利润率有较大影响,且物流服务能提升用户对商家的好感;对用户而言,物流服务是用户考虑复购商品的重要因素。因此,新媒体工作者在建设自主店铺时即须做好物流体系搭建。

物流体系搭建包含选择快递公司、包装商品、为用户提供物流信息三个事项。

(1)选择快递公司　选择快递公司没有准则,新媒体工作者须多次尝试,找到服务、价格相对最优的快递公司长期合作。

(2)包装商品　因快递过程中商品可能产生破损,因此新媒体工作者须在成本控制范围内选择尽可能保证商品完好无损的包装。

(3)为用户提供物流信息　商品发货后,商家应保存所有发货单底,以供后续有需求时使用。此外,商家应主动及时地为用户提供发货单号,并做好快递跟踪。如果有获取用户信息反馈的需求,还应主动询问用户收货情况。新媒体工作者须在建设自主店铺时,提前安排好提供物流信息的工作人员。

二、选品(优化自主商品)

商品运营,是通过新媒体工作者从市场中挑选商品,或对企业现有商品进行包装优化,从而使商品能够更容易找到与其标签匹配的用户,继而通过场景化导购内容实现销售的运营方式。新零售商品运营选品,则是从新零售市场挑选优质商品,或对企业自主商品基于新媒体需求进行包装优化的运营工作。因此,新媒体工作者须先了解新媒体领域商品的特点,再根据特点在新零售市场选品,或优化自主商品。

1. 新媒体领域商品的特点

新媒体领域商品的突出特点有三——高颜值、黑科技、话题感。

(1)高颜值　在这个竞争激烈的时代,用户,尤其是年轻女性用户,会将商品"卖相"列为购物决策的重要指标之一,而且其在购物决策中的分量仍有与日俱增的趋势。因此,在快节奏的新媒体领域,想让商品在一瞥间抓住用户眼球,需在商品的外观上做足功课。

(2)黑科技　"黑科技"指一切新硬件、新软件、新技术、新工艺、新材料和新功能。换句话说,新媒体商品好用、易用性的地位退居其次,能在传承、功能、材料、包装、工艺、技术等方面让用户产生新鲜的科技感,成为卖点之一。

(3)话题感　新媒体时代,用户消费后,因炫耀而获得满足感的需求正在逐渐放大,所以新媒体工作在甄选销售商品时,要注意那些易被他人询问、羡慕的商品。换句话说,这类商品的共性特点就是具备足够的话题感,可以让购买商品的用户产生分享的冲动。

商品的话题感,一是来自前文所述的"黑科技""高颜值",只要商品具备这两个卖点,就注定不会缺话题感;二是来自商品与其他事物的关联性。

第八章　新零售的运营与管理

【运营提示】
高颜值、黑科技、话题感不是定论

新媒体工作者须注意，不同用户对"高颜值""黑科技""话题感"的认知不同，所以在根据这三点特质挑选商品时，须研究商品对应的用户画像。

例如，用户画像为中年男性，凸显沉稳的深色调则可被视为"高颜值"；用户画像为老年用户群体，照明与充电两用的台灯则可被视为"黑科技"产品；用户画像为追星女孩，偶像代言则可被视为"话题感"。

2. 新零售商品运营选品

选品，是新媒体工作者通过分析新媒体号主营领域、新媒体号用户画像，在新零售平台的分销市场，挑选与新媒体号匹配商品的过程。选品是新零售运营与管理的基础工作，一方面可满足新媒体号用户的消费需求，提高用户粘性；另一方面，新媒体号商城每上架一款商品，都会增加销售变现的可能性。

此外，对拥有自主商品的企业，选品时查看其他同类商品的过程，能够让新媒体工作者更清晰地了解自主商品的优势和不足，同时还可以挑选所属领域未涉及的商品，作为企业自主商品的补充。

选品共包含确定选品范围、商品分析、同类商品对比测评和试用样品四项工作。

（1）确定选品范围　新零售的选品平台，并不局限于有赞、微店等平台的分销市场，1688网、赶集网、马可波罗网、小红书等商品流通网站或App，都是较为优质的选品平台。新媒体工作者在选品时，应遵循的基本原则是，如果新媒体号性质为销售类，新媒体工作者选品时只需把握商品属性、客单价与新媒体号用户画像标签的匹配；如果新媒体号性质为深耕垂直领域，除上述匹配关系外，还要注意专注于所属垂直领域选品。

另外，依据新媒体号的流量大小不同，新媒体工作者选品的侧重点也应有所不同。

1）对流量较大的新媒体号而言，选品应遵循"爆款原则"，即选取新零售领域已被验证过的，与自己的新媒体号属性、用户客单价接受范围匹配的畅销商品。选取这类商品的渠道有两种，一是在有赞分销市场或其他供货市场寻找销量较高的商品；二是寻找善于发现优质商品的供货渠道，在他们提供的商品中挑选与新媒体号属性相符的商品。基于新媒体号的高流量，运营团队可通过畅销商品赚取更多销售利润。

2）对流量较小的新媒体号而言，选品应有预见性，即选择还未在新零售领域普及，却具有成为畅销潜质的商品。发现这类商品的方法，是在除有赞分销这个新零售找货主战场之外的其他供货平台挑选商品。选品过程中，新媒体工作者不仅要挑选带有"黑科技""高颜值""话题感"特征的商品，还要在分销市场中查询是否有其他商家已上架该商品，如果该商品的有赞销量已经很高，对流量较小的新媒体号而言，选择的意义就不大（因为在有赞等新零售市场已有可观销量的商品，基本已不具备由新媒体工作者主控的再次分销的潜力）。

当新媒体工作者发现了具有爆款潜质，且在新零售分销市场中未出现的商品时，即可在自主新零售店铺上架该商品，原创场景化导购内容，并联系大流量分销渠道，与自己一同推送场景化导购内容销售商品。同时，如果新媒体工作者的新媒体号与大流量分销渠道获得了可观销量，新媒体工作者便可以与厂商启动商务谈判，尝试签订新零售领域的独家供货协议，以成为新零售领域的独家供货商。

（2）商品分析　选择新零售商品，首先要对商品进行分析，分析的出发点应是场景化导购内容的需求，即商品对应的用户画像标签、商品功能、与功能对应的使用场景、可设置的福利政策等。

新媒体工作者应基于上述场景化导购内容需求，按商品属性分析、商品功能分析、商品新媒体化特点分析和价格分析的顺序分析商品。

1）商品属性分析。商品属性是基于商品的营销表现给市场留下的整体印象，一般由商品功能、价格、卖点和受众人群等客观信息综合决定。商品属性，应与发布商品场景化导购内容的新媒体号及主要分销渠道用户调性相符。

分析商品属性时，新媒体工作者应尝试定义商品在用户人群生活中的使用场景及价值，如果商品对用户来说起到的仅是满足生活刚需的作用，则价值偏低；如果商品起到了让用户生活方式升级的作用，则价值较高。

2）商品功能分析。分析商品功能时，新媒体工作者应先查看供货商在商品详情页中介绍的商品功能，如果功能较少，不够支撑一篇场景化导购内容，则该商品不适合在新零售渠道推广；如果功能相对丰富，新媒体工作者需结合供货商的表述，进一步分析商品功能在受众用户群体中的易用程度。

如果新媒体工作者分析商品能触动用户需求的功能（包括刚需或潜在需求）超过5个，则该商品合格。

3）商品新媒体化特点分析。商品新媒体化特点，即"黑科技""高颜值""话题感"。不同新媒体工作者，对这三个要素关注的侧重点不同。例如，有的新媒体工作者重点关注"高颜值"，以颜值作为第一分析标准，商品"黑科技"感可稍弱；有的新媒体工作者则重点关注"黑科技"，颜值标准相对较低。但无论如何，具备"高颜值""黑科技"特点的商品，通常具有话题感。

因此，对新媒体化特点分析没有绝对的标准，新媒体工作者可根据个人喜好，培养选品时分析商品特点的习惯，仅需保证商品的外观、功能不过于普通，有能被多数用户认可的颜值和科技感即可。

4）价格分析。商品价格分析，即分析商品的供货价、建议零售价，从而确定商品利润。价格分析的作用体现在以下两点。

① 确定商品利润空间。新媒体工作者从非新零售平台找到的商品，在自主新零售店铺上架后，还可将其上架至新零售平台的分销市场，让其他分销渠道共同销售商品。商品上架新零售平台分销市场，需明确标注为分销渠道提供的销售分成比例。新媒体工作者应根据自己可掌握的商品销售利润，设置分成比例。通常情况下，新零售分销渠道的销售分成比例在25%～50%，新媒体工作者设置的销售分成比例越高，越有可能获得分销渠道青睐。

② 分析商品优惠价格区间。为保证商品价格体系稳定，厂商在与新媒体号合作时，一般会限定商品出货价格、最低零售价格和建议零售价格。最低零售价格与建议零售价格之间的价差，就是新媒体工作者在制订商品销售策略时，可以利用的为用户提供的优惠空间。另外，当新媒体工作者取得一定销量后，也可以与厂商以时令热点为契机，或以时间段、商品销售数量为限制条件，洽谈由厂商降低供货价的方式，为用户提供节日畅销款、

限时低价等优惠福利,从而刺激销量增长。

(3) 同类商品对比测评　当新媒体工作者确定销售的商品后,还需完成至传统电商销售平台、新零售平台分销商城中寻找类似商品进行比对测评的运营工作,执行该工作项的作用体现在以下两点。

1) 优中选优。新媒体工作者对比的同类商品越多,对该商品品类的价格区间、常用功能、设计特点、功能特点、话题点等就越了解。通过对比,新媒体工作者可从同类商品中甄选出新媒体化特点、功能性、性价比、利润率综合考量最优的商品。

2) 可提高新媒体工作者的渠道价值。如果新媒体工作者已细致研究、对比、测评所选商品的同类商品,与供货商沟通时便会如鱼得水,给厂商或供货商留下新媒体工作者专业的印象和评价,由此新媒体工作者新媒体号的渠道价值会随之提升。

由商品对比测评带来的专业度口碑,会让新媒体工作者享有与厂商或供货商更开阔的议价空间,而且厂商或供货商再有类似商品上架时,会主动联系新媒体工作者先期尝试、测评,并提供更多商品资源信息。

(4) 试用样品　试用样品,是新媒体工作者团队成员或选择新媒体号 KOL 试用计划上架商品,进一步证实商品的功效、使用感受、包装情况的关键环节。新媒体工作者想从厂商或供货商处成功取得样品,一般需满足以下三个条件中的一个。

1) 新媒体号具备足够多的流量。

2) 新媒体号流量一般,但新媒体号用户标签与该商品标签匹配,且能提供类似商品销售数据。

3) 商品刚刚上市,厂商希望有尽可能多的新零售分销渠道上架商品。

运营团队成员或新媒体号 KOL 试用后,如果发现样品功能与商品详情页所述功能不符,可根据情况实施处理方案,一是商品功能与详情页描述有一定差距,但差距不大,此时可调整场景化导购内容中的商品功能描述及对应场景描述,而后发布;二是商品功能与详情页描述完全不符,或商品不具备某些功能,则坚决不能上架商品,以免因销售损害新媒体号用户的权益,以及对新媒体号的粘合、信任度。

三、场景化导购内容

场景化导购内容属于原创内容,需按照原创内容的策划和执行步骤完成。新媒体工作者需重点注意的事项有选题(商品卖点分析)、通感、标题、大纲,以及执行过程中商品素材的使用。

1. 选题(商品卖点分析)

场景化导购内容的选题,即确定商品。在拟定选题的过程中,新媒体工作者应同时分析商品卖点。商品卖点是场景化导购内容对商品提出的需求,因场景化导购内容最吸引用户关注的要素——通感,需要根据商品卖点进行设计。

商品卖点分为两类,一是可以成为用户刚需,或通过设计通感能够成为用户刚需的功能;二是商品的增值项,即除解决用户刚需外,满足用户潜在心理需求的功能、特点。

卖点源自商品的功能、特点,因此新媒体工作者在分析卖点时,应先将商品的所有功能、特点罗列出来,并在运营团队或粘合用户群体中,挑选出符合商品对应的用户画像标签的用户,获取其对商品卖点的意见,超半数用户认可的功能、特点,即可确定为商品卖点。

2. 通感

场景化导购内容的通感，应与商品卖点一一对应贯穿整篇内容，达到让用户带着新媒体工作者传递的通感阅读完内容，继而扫描二维码或点击"阅读原文"查看商品的目的。由此，就要求新媒体工作者的通感设计达到以下三个要求。

（1）通感不能只有一个　一篇将商品功能介绍详尽的场景化导购内容，字数应在2000字左右。在这样的篇幅中，再强烈的通感也不可能让用户从头感受到尾，因此新媒体工作者应根据商品卖点设计多个通感。

（2）通感类型及描述通感的语言风格需符合目标用户群体　以食品场景化导购内容为例，如果用户画像表明其关注点在于食品是否便宜、是否能解饱，此时新媒体工作者描述通感时应尽量用朴实的语言方式。如果用户画像表明其关注点在于食品是否能满足味蕾享受和是否健康，对于这类用户，新媒体工作者描述通感的辞藻就应显得精致，甚至华丽。

（3）通感中应尽量加入数据化指标　对场景化导购内容而言，数据构建的通感是最有力，且对所有用户画像人群均有效果的。例如，新媒体工作者推荐的商品是除螨仪，那么床单上、人身体上有多少螨虫，螨虫的致病率是多少，普通除螨仪器的除螨率是多少，这些数据是最直观的，能让用户感受到新媒体工作者推荐的除螨仪是刚需的通感。

3. 标题

场景化导购内容的标题可以长，但一定要将最吸引用户的部分放在前半句，可以是通感、猎奇信息或优惠政策。

如果将通感内容放入前半句，该通感应是绝大部分用户的通感，且与商品功能对应性较强。例如，驱蚊水的标题前半句，可以是"夏天夜里，满屋都是蚊子？……"

猎奇信息，指的是含有用户感兴趣，或看懂字面意思，却不明所以的内容。如毛巾'偷'了水果香气，扑面而来，果香清新。

如果将优惠政策放在标题前半句，则优惠政策的力度一定要够大。例如"买一送一，赠完即止"，就会让用户感受到商品售卖的火热程度，引发其点击查看内容的兴趣。

无论将上述哪种内容作为标题前半句，新媒体工作者都应尝试在其中加入数据指标，且尽可能有震撼效果，如此标题起到的效果会更好。

4. 大纲

场景化导购内容的大纲分为两部分，一是内容整体大纲，二是商品卖点介绍部分大纲。整体大纲应按照热点、商品功能、买家秀（即买家反馈）、优惠政策的结构完成；商品卖点介绍部分大纲，应按照用户需求由强至弱的结构完成。

新媒体工作者需为每个场景与对应商品卖点单独设置小标题，起到引领用户阅读的作用。并且，在每个小标题内容的结束部分，都应加入商品详情页链接的二维码，因用户每看完一个商品卖点对应的场景，购买欲望都会有所增强，此时出现商品购买链接的二维码，用户更容易扫码进入商品详情页。

5. 商品素材的使用

商品素材包括商品的制造厂商、所获奖项、功效证书和专利证书等一系列体现商品价值的背景资料。使用商品素材时，新媒体工作者应尽可能抓取用户认可的机构或数据，并附上图片。例如,"获得世界卫生组织(WHO)认可""除菌效果高达99%"。如此,才能让用户在还未使用到商品时就认可商品。

四、发现新零售渠道

1. 新零售渠道的特点及意义

渠道指商品销售的通路,在传统销售领域中,渠道多为各级经销商,而在新媒体领域,因新零售的销售方式,是以内容让商品触达用户,渠道则是新媒体号。相较传统渠道,新零售渠道具有四个突出特点。

(1)新零售渠道体系简单 相较传统销售的多级经销商体系,新媒体工作者可在线上零成本直接对接不同的新媒体号,流程更为简单。

(2)新零售渠道更丰富 由于所有人都可以零成本创办新媒体号,因此新零售渠道数量远超传统销售渠道。

(3)新零售渠道商务合作方式相对简单 传统销售渠道的商务合作,需合作双方或多方线下调研资源背景,沟通进货价、出货价、备货、物流、结算等商务细节,并签署合作协议,才能合作开展商品销售。而新零售渠道上架商品、销售商品、与自主新媒体号分润等工作事项,都是在新零售平台完成,无须签订复杂协议。

(4)新零售渠道合作方式多元化 在传统销售行业中,供货商与经销商区分明显,而在新零售体系内,拥有自主商品的厂商,可通过新媒体矩阵的运营培养自主流量,最终变为其他供货商的"经销商",产销一体,使得新零售渠道的合作方式更多元。

新零售渠道的价值体现在三方面。

1)增加新媒体号商品的销售通路,尤其对于拥有优质自主商品但流量较小的账号,渠道可助力达成销售。

2)丰富商品品类,渠道不仅可以销售商品,也可以为新媒体号提供商品,丰富新媒体工作者自主账号的商品品类。

3)提升新零售店铺价值,新媒体号的合作渠道越多,新零售店铺价值就越高,继而会有更多新零售渠道愿意与新媒体号合作,达成良性循环。

2. 寻找新零售渠道的方法

寻找新零售渠道的方法共有三种,以有赞商城为例,一是在有赞商城搜索店铺;二是在有赞商城搜索商品;三是通过渠道找渠道。

(1)在有赞商城搜索店铺 在有赞商城搜索店铺,是最常用的寻找渠道的方法之一,新媒体工作者可采用盲搜的方式,即搜索店铺取名常用词,如"好物""甄选""优选""推荐"等,如图8-1所示。新媒体工作者可根据渠道的上架商品数及渠道的分销渠道总数,分析渠道运营状况,更详细的渠道价值参考依据,需新媒体工作者与渠道新媒体工作者私信沟通再行判断。

(2)在有赞商城搜索商品 在有赞商城搜索商品,是一种寻找与所销商品匹配的分销渠道搜索方式,即通过搜索新媒体工作者需要销售商品的同类商品,获取当下分销市场同类商品信息,如图8-2所示。

新媒体工作者点击进入商品详情页面后,即可获知上架商品的供货商信息。需明确的是,这里显示的渠道,是自主上架雨伞的渠道,而非分销雨伞的渠道,但至少可以证实该渠道有销售雨伞的能力或意愿，如果达成合作，销售转化率可能相对较高。

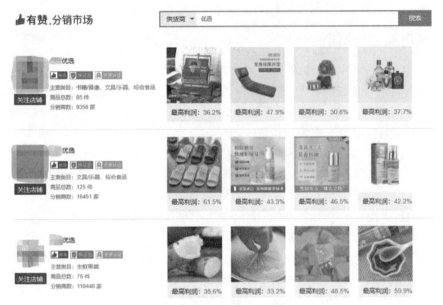

图 8-1　搜索关键词"优选"出现的供货商

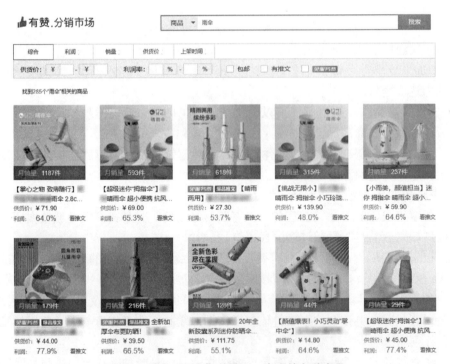

图 8-2　搜索"雨伞"关键词，出现的多种商品

（3）通过渠道找渠道　新媒体工作者添加的渠道运营人员，多是专职的新零售店铺运营人员，他们的朋友圈往往会推送自主商品的销售业绩、在小流量新媒体号测试验证的高销售转化率，以及渠道分销所获销售业绩。在分享过程中，新媒体工作者可看到是哪些渠

道分销了该渠道商品，如果新媒体工作者拥有与该渠道分销商品类似的优质商品，即可搜索渠道店铺名称，添加私信沟通。

五、为渠道推送商品

为渠道推送商品，新媒体工作者需经过两步思考，一是明确为渠道推送的商品；二是明确对待不同渠道采用的沟通方式。

1. 明确为渠道推送的商品

对新零售渠道的辨析，相较传统渠道辨析难度有所提升，因传统渠道往往以商品种类为分类方式，一个经销商几乎只负责某种品类，甚至某几款商品的销售。但新零售店铺几乎不可能仅销售一类商品，除非是同类商品中用户的普遍选择，且新零售是这款商品的唯一线上销售渠道。多数情况下，新零售渠道的商品品类都较为丰富。

因此，区分渠道可销售的商品，就成为新媒体工作者必须思考的问题。新零售店铺可销售商品由粘合用户的需求决定，新媒体工作者需以渠道新媒体号的用户画像为标准将渠道分类。

如果渠道新媒体号以发布垂直领域原创内容为主，新媒体工作者可分析其多篇原创内容，定义其价值观和目标用户画像，并将新媒体号的目标用户画像初步定义为实际用户画像，再根据渠道过往推送的场景化导购内容的阅读量、商品详情页显示的销量等数据，分析用户的消费偏好，进一步精确分析实际用户画像，从而定义新媒体号适合推送的商品。

如果新媒体号是以发布场景化导购内容为主的销售类账号，新媒体工作者需主要分析其单次发布的头条、二条内容，考查阅读量及商品销量，找到渠道已验证过的适合推送商品，并分析这些商品在价格、属性、用途上的共同特点，以确定渠道新媒体号的粘合用户需求。

明确需求后，新媒体工作者可先尝试将符合要求的自主商品推荐给渠道，并表明已分析这款商品适合渠道推送的原因，如果获得渠道认同，则可进一步沟通。如果被拒绝，则新媒体工作者可借机追问渠道新媒体号的用户需求，沉淀一段时间后再以推荐商品为由联系渠道。

2. 明确与渠道的沟通方式

渠道合作是双方互惠互利的过程，但在这一过程中，不同体量的渠道（体量为综合概念，包括新媒体号流量、新媒体号粘合用户数、分销渠道数等综合考量指标）掌控的资源不同，合作中所持话语权也就不同。因此，新媒体工作者应先期了解沟通渠道的体量，而后审视自身渠道价值，并在与渠道沟通中合理放大，以争取更大谈判空间。对不同体量的渠道，新媒体工作者应采用不同的沟通方式。

（1）面对体量相似或较小的渠道　面对与自身渠道相比，体量相似或较小的渠道，新媒体工作者应秉持积极响应态度，坚持互惠互利原则。

体量较小的渠道通常会主动寻求合作，以主动推荐与新媒体号用户画像匹配的商品为方式。在这种情况下，新媒体工作者的选择空间较大。比如，上架并推送场景化导购内容，或者仅上架商品，甚至选择暂缓上架商品。具体执行方式应与商品运营团队共同讨论商品价值及利润后再决定。

面对体量相似的新媒体渠道，通常会出现如下两种沟通情况。

1）新媒体工作者通过店铺搜索找到了渠道，先行推荐商品，根据渠道对商品的判断及反馈，新媒体工作者应给予不同回复。

如果渠道欣然接受，愿意上架商品并推送场景化导购内容，即达成合作。如果渠道提出某些条件，如互相上架商品且互推商品，或要求超预期的高分成比例，新媒体工作者则需对商品与渠道进行综合考量后回复。

2）体量相似的渠道主动联系新媒体工作者。此时新媒体工作者应积极响应，索要商品的场景化导购内容，并研究渠道，包括关注渠道新媒体号、翻阅其近期发布内容，以确定渠道擅长销售的领域。如果新媒体工作者拥有与该渠道匹配的自主商品，则可达成合作，并要求互推商品。如果新媒体号暂时没有与该渠道匹配的自主商品，则需考量渠道推荐商品与自主店铺的匹配程度，匹配则可上架、推送，不匹配则可拒绝。

（2）面对体量大于自身渠道　在面对拥有天然谈判优势的大体量渠道时，新媒体工作者欲达成合作，应通过以下四点表明自身优势，引起渠道重视。

1）自身渠道的流量与流量价值。这点仅适用于中高体量的新媒体号，即表明"虽然你的渠道比我大，但我的渠道流量也不小。"同时，如果新媒体工作者自身渠道有鲜明的用户画像标签，则价值更高，基于自身渠道的流量和价值，即可以互推商品的方式达成合作。

2）商品优势。新媒体工作者将自主商品推送给渠道前，一定要清晰了解所推商品的优势，并确信这是一款优质商品，有可能成为爆款，如此才能在与渠道沟通中应对其提出的各种问题。当渠道被新媒体工作者感染，也认为这是一款优质商品时，合作自然就达成了。

3）对渠道新媒体号的了解。新媒体工作者推送商品前，应分析研究渠道新媒体号，以确定渠道近期（1个月内）主推商品品类，有无重复推荐商品，哪款商品的场景化导购内容阅读量最高，哪些商品的销量相对较高，哪些自主商品适合该渠道、为什么适合等关键信息。如此，渠道则会认为新媒体工作者相对专业，至少会认真查看新媒体工作者推荐的商品并思考，因而渠道上架并推送商品的可能性会增大。

4）出让更多利润。大渠道在面对体量比自己小的渠道时，往往会在任意时机要求新媒体工作者出让更多利润。因此，与其被动让利，不如在沟通刚开始时就表达让利诚意。例如，一般情况下分销商品的渠道利润应在25%～35%，若新媒体工作者在与渠道沟通时首先给出45%的利润，渠道肯定会更重视，也会更愿意沟通。

六、客服运营

客服运营指根据用户在店铺后台提出的需求，进行一对一解答的运营服务。客服运营的目标有两点，一是解决关注用户从微信公众号进入店铺提出的需求，以提升有购买需求用户，或已购买商品用户的粘性，达成销售或复购；二是解决未关注公众号用户的疑问，使其关注新媒体号，为日后销售转化做准备。

1. 客服运营基本原则

如果后台客服消息不多，建议新媒体工作者逐条接入，为所有用户解决需求，并根据其已有的购买意向，通过沟通达成销售；或是观察用户已购买的商品，分析用户需求，继而为其推荐商品。如果后台客服消息较多，则建议批量接入（如每次同时接入5人），且需要进行筛选。

新媒体工作者筛选客服问题的原则，是优先挑选咨询商品功能的用户，因这类用户往往处于达成销售的边缘，新媒体工作者如果能解决用户疑虑，则用户购买的可能性将增加。其次，挑选提出售后问题的用户，并妥善解决售后问题，则用户粘合新媒体号并复购的概率将增加。最后解决用户的其他问题，如咨询店铺有没有某类商品、砍价信息等。

2. 客服信息回复方法

客服回复信息的方法较为系统，一般分为分析用户需求及现状、解决用户需求、根据需求分析引导用户三步。

（1）分析用户需求及现状　新媒体工作者作为客服在回复消息时，应先对用户进行分析，包含用户发送的消息、用户的消息来源、用户是否购买过店铺商品、用户是否关注了新媒体号等。由此，新媒体工作者可大致判断出问题属于哪种类型，需要解决的最迫切问题是什么，以及基于当下需求，用户可能有哪些延伸需求等。

（2）解决用户需求　新媒体工作者在沟通过程中应注意以下三点。

1）尽可能用短句解决用户问题，因用户没有耐心阅读过多的文字。

2）尽量不要使用淘宝语言，如"亲亲""好的呢"，由于淘宝等电商平台客服给部分用户留下的印象是推卸责任，而新零售又是基于信任的销售模式，因此，新媒体工作者切不可使用这类语言方式招致用户反感。

3）沟通出发点是为用户着想。新媒体工作者应注意沟通立场，所有为用户解决需求的出发点均是为用户服务，此外还可视沟通情况为用户发放一定店铺福利（如优惠券）。

（3）根据需求分析引导用户　即根据第一步分析的用户需求，在解决了用户当下需求后，引导用户衍生需求，继而实现更多商品的销售。例如，用户在店铺购买过键盘，则新媒体工作者则可尝试询问用户是否有购置鼠标的需求。

【小结】

新零售运营事项的先后逻辑

上述新零售运营事项，虽可以同时进行，但原则上存在时间的先后逻辑，即首先建设自主店铺，而后选品、为商品制作场景化导购内容，之后寻找分销渠道，并将场景化导购内容推送给分销渠道共同完成销售，销售过后解决客服问题。

第三节　新零售管理事项

新零售管理事项分为主题式销售、优惠券使用两项工作。

一、主题式销售

主题式销售是以新媒体工作者的策划出发，设置一整套店铺主题包装的方案，为店铺中的所有元素更换"皮肤"而不替换内核。它是新零售店铺积累了一定量商品、渠道后的管理事项。新媒体工作者通常需思考店铺主题策划、主题配套商品及商品组合、商品详情页改造三个事项。

1. 店铺主题策划

店铺主题策划是主题式销售的核心步骤，通常以时令、节日、热点为基础，结合新媒体工作者分析的用户在该主题下的兴趣偏好定制。店铺主题策划应高频更新，且需根据时令、节日、热点提前准备或即时准备。通常方式为：提前列出下月的时令、节日，为其策划店铺主题。同时，突发热点出现后，新媒体工作者迅速分析热点热度、可能持续的时间，明确是否须为该热点策划店铺主题。

当新媒体工作者完成下月所有可能发生的时令、节日、热点的策划后，即可在时间节点到来前三天改变店铺主题（突发热点可在策划完成后即时修改）。主题一般在时间节点过后 5 天下架，如果遇两个主题时间点距离较近的情况，新媒体工作者应将最新的主题显示在首页，并在首页主题海报处设置主题轮播，让用户可以点击进入往期主题页面。

2. 主题配套商品及商品组合

主题式销售的最终目的是促进主题下的商品销售。虽然主题在一定程度上决定了配套的商品及商品组合，但也存在新媒体工作者因想要重点推出某款商品，而专门策划某主题的情况。所以，确定主题配套的商品及商品组合方式有两种。

1）根据时令、节日、热点结合用户偏好直接设定主题，然后确定主题下的商品及商品组合。

2）新媒体工作者计划销售某款商品，通过商品品类与时令、节日、热点的结合确定主题，然后再根据主题寻找配套的商品或商品组合。

同一店铺主题下，至少应包含 8 款商品，如果新媒体工作者自主店铺的商品品类不足，应在分销市场寻找符合主题的商品，再根据主题进行详情页及场景化导购内容的配套修改。下面将详解店铺主题下商品与商品组合的配套方式。

商品与商品组合，是店铺主题中不同的商品展现形式。商品是直接展示的单品，商品组合是店铺主题中的小主题，其中包含多款商品。这两种不同的商品展示形态，对应的选择商品的方式不同。

1）主题下的商品单品，必须与主题口号直接挂钩。例如，活动主题为"父亲节——为父亲回馈微薄的爱"，主题下直接展示的商品单品应是成熟的男士西装、男士剃须刀、皮鞋等送给父亲的礼物。

2）主题下的商品组合，存在一层跳转链接，用户需点击商品组合的小主题，才能进入单款商品展示页面。因此，小主题需与店铺主题紧密相关，而小主题中的商品仅需与小主题相关，无须与店铺主题有紧密关联。例如，活动主题为"端午节——让我们躁动起来"，主题中包含"端午美味佳肴""端午游山玩水""端午走亲访友"三个主题，其中"端午游山玩水"主题中可能会有背包、照相机等旅游相关商品，与端午节并无直接关联，但属于游山玩水品类中的商品。

新媒体工作者在设计店铺主题中的商品组合时，应注意如下三点。

1）制订小主题应从使用场景出发。商品对应用户需求的使用场景，本就是场景化导购内容中重点突出的部分，新媒体工作者可将场景化导购内容中出现类似场景的商品归为一类，如燕尾服、高跟鞋、领带和高档皮包，这些都属于宴会场景中的商品。按这种分类方式组合商品，同一商品即可出现在不同品类中。例如，高跟鞋既可出现在宴会主题，又可出现在时尚穿搭主题。

2）商品组合的名称应有新媒体化包装。商品组合分类的新媒体化包装，即是一改传统分类的命名模式，使商品组合名称具有新媒体特质。商品组合的新媒体化包装，应以店铺的主题为主要包装形式。例如，"购物节"活动主题中的商品组合，可取名为"夏日狂欢""父亲节"主题中的衣物商品可取名为"父亲的小棉袄"。

3）小主题中的商品，可继续进行组合、拆分三级主题。在店铺的小主题中，新媒体工作者还可以根据商品品质，设置店铺三级主题。例如，将高档、中档、低档的鼠标和键盘分别做组合，同时为这些三级主题命名。三级主题应以该商品品类所面向用户的兴趣爱好为主要包装形式。

最后提醒新媒体工作者，每次策划主题并完成对应的商品与商品组合后，即便在活动结束后也无须在有赞店铺后台将其删除，只需每次在店铺内替换全新主题。如此，用户虽然不能在店铺首页看到原主题下的商品，但仍可通过搜索商品名、商品组合名进入商品页面。

3. 商品详情页改造

商品详情页的核心元素是场景化导购内容。因此，商品详情页的改造，其实是新媒体工作者随着主题变化，改编场景化导购内容而自然实现的，一般分为如下四个步骤。

1）场景化导购内容开端部分更换为主题热点。通常情况下，场景化导购内容的开端部分应是商品主要功能对应的场景，但由于热点主题的介入，新媒体工作者必须围绕主题制作场景化导购内容，以吸引热点带来的用户流量。例如，一款照相机的场景化导购内容的开端部分，本是不同场景中高清拍照功能的彰显，而结合了毕业季热点后，就可以用"如何成为毕业照里最靓的那个人？"作为内容开端。

2）更换场景化导购内容标题热点部分。随着场景化导购内容开端的热点变换，内容标题也应随之更换，使其与主题热点相关。由于商品详情页不存在标题部分，因而标题更换不做重点说明。

3）更换或增加优惠福利政策。主题式销售下重点展示的商品，多有福利政策，如买二送一、优惠券等。新媒体工作者应更换或新增优惠福利政策，将店铺主题中全新的优惠福利领取方式通过场景化导购内容传达给用户，如果用户需通过关注微信公众号领取，还可将直接在店铺中打开商品详情页的用户，吸引至微信公众号成为关注用户。

4）增加同品类商品跳转链接。主题式销售中的商品之间应相互引导，以促进商品详情页的访问量。在场景化导购内容中增加同品类商品的方式有两种，一是在原有场景化导购内容的基础上改编，如在文底增加"主题推荐"板块；二是重新制作一篇带有所有主题中商品推荐的场景化导购内容，将每个商品的场景化部分尽量缩短，保留重点功能对应的使用场景。以上两种方式，建议新媒体工作者同时使用。

二、优惠券使用

传统优惠券通常仅应用于营销活动，新媒体的优惠券用途则更为广泛。新零售店铺优惠券主要包含满减券、折扣券、随机金额券三种，可达到为商品举办营销活动、为新媒体号引流、提升对店铺有客服需求用户的粘合度、提高店铺复购率四种目的。对应上述四种目的，优惠券有四种使用场景。

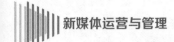

1. 线下营销活动的线上支撑

例如，新媒体运营团队举办了线下活动，现场参与活动的用户可享受商城任意商品的满减优惠，此时新媒体工作者可先根据活动预计参与人数，设置对应数量的满减券（可以活动参与人数的底线为准，因优惠券只能增加不能减少），而后让现场用户直接扫描二维码领券进入店铺购物。

2. 新媒体号对话页面

这是优惠券应用的最广泛场景，无论是上述线下活动发放优惠券，或是线上原创内容发放优惠券，均可引导用户扫描新媒体号二维码，进入新媒体号首页，以回复关键词的形式让用户领取优惠券，再行进入店铺。这种方式虽然线路较长，但只要优惠券足够有吸引力，则会达成销售额增长与用户关注新媒体号两个目标。

3. 店铺客服沟通页面

店铺客服沟通页面，即用户在店铺后台通过客服提出需求，新媒体工作者解决用户需求的场景。如果用户已购买商品或购买意愿强烈，新媒体工作者可向其单独发放优惠券，以此来增加用户粘合度，或促成购买。此外，发放优惠券也是在商家运营出现问题，对用户造成利益损失时的一种补偿方式。

4. 用户购买商品完成页面

当用户购买完成后发送优惠券，可吸引其在店铺内复购。例如，新媒体工作者为一款键盘设置了支付有礼，即购买键盘后可获得购买鼠标使用的满 100 元减 50 元优惠券，如此既能带动键盘的销售，还可以促进用户复购鼠标。

第四节　新零售运营与管理的意义

本节分为新零售运营与管理对其他运营事项的作用，以及新零售运营与管理研究的变化、稳定和增量两部分内容。

一、新零售运营与管理对其他运营事项的影响

新零售运营与管理的最终目的是满足用户的消费需求，达成销售变现，所以新零售运营与管理可为其他所有与用户相关的运营事项，解决用户消费需求的出口问题。例如，为原创内容运营提供商品落点，或是在活动中提供可销售的优质商品。

此外，新零售运营与管理为数据运营提供了可参考的数值。

二、新零售运营与管理研究的变化、稳定和增量

由于新零售的三种运营事项联系紧密，本部分将综合新零售工作内容，列举须研究的变化、稳定项，以及达成的增量。

1. 用户画像的变化

新零售运营中，研究用户画像包含两方面，一是研究新媒体工作者浏览的不同商品对应的用户画像；二是研究不同渠道的用户画像。

前者可帮助新媒体工作者根据用户画像制作场景化导购内容的通感，以达成有关场景化导购内容的数据增量，包含场景化导购内容阅读量、阅读转化率、销售转化率等。后者

则可帮助新媒体工作者将商品推荐给更匹配的渠道，以达成合作渠道的增量，以及销售额的增量。

2. 用户需求的变化

用户需求变化的研究包含两方面，一是研究用户在不同季节、时令的需求变化，以此制订不同的店铺主题式销售方案；二是研究用户在不同时代背景下展现出的需求变化趋势。例如，在经济上行阶段，用户对高端奢侈品的追求度有所提升，新媒体工作者即可以此挑选对应商品。通过以上两种对用户需求变化的研究，新媒体工作者可实现销售额的增量。

3. 热点的变化

研究热点变化，主要目的在于匹配热点下的用户需求，其意义有两方面。一是将热点应用于场景化导购内容，以达成场景化导购内容的数据增量；二是根据热点确定销售主题，以达成销售额的增量。

4. 稳定浏览商品

新媒体工作者如果涉足新零售领域，一定要保证每日稳定浏览商品。一方面，每日浏览商品可实现自主店铺商品品类的增量，为达成更高销量奠定基础；另一方面，新媒体工作者浏览的商品品类越多，对新零售商品的认知就越深刻，挑选优质商品、爆款商品的能力就越强，如此不仅能提高店铺销量，更能通过将爆款推荐给渠道，获得渠道增量，最终实现店铺价值的增量。

5. 稳定沟通渠道

保持与渠道沟通的稳定有两方面作用，一是每日与一定量现有渠道保持联络，包括推荐自主商品，或询问渠道是否有合适商品销售，以此提升自主商品销售增量或销售商品品类的增量；二是每日尝试沟通新的渠道，将优质的、与渠道匹配的自主商品推荐给新的渠道，以此实现合作渠道的增量，最终达成销售额的增量。

6. 场景化导购内容的数据增量

新零售运营与管理较为特殊的部分在于，所有关于场景化导购内容的数据增量，并非完全为新媒体工作者追求的结果，更多的是作为新零售运营的参考项。以场景化导购内容的阅读增量为例，其主要意义在于对比其他场景化导购内容数据，分析增量原因，继而实现更高的数据增量结果，永无止境。同理，商品销售转化率的增量也不仅是达成的结果，亦是新媒体工作者须研究的样本，分析原因总结经验，则可实现更高的销售转化率。因此，对场景化导购内容数据增量的研究，最终将实现新媒体工作者新零售运营整体能力的增量，以实现更好的新零售运营与管理效果。

综合本章内容，新媒体工作者通过新零售的三种运营方式，最终要达成的目标不仅是销售额的不断提升、购买商品的用户规模不断扩大、新媒体号在营销领域的品牌口碑不断提升。更重要的在于，通过对新零售的变化、稳定、增量的规律研究，以及专业化运营，真正使传统意义上的销售行为，转变为新媒体时代铸就的"销售即服务"这一新型营销关系，即当新媒体工作者通过选品、销售主题设计、场景化导购内容策划等运营手段，发掘了用户对商品的通感和需求后，用户自然会迫切需要新媒体工作者提供价优质美的商品链接，以完成方便、快捷、有保障的购买行为。随着新媒体工作者服务的用户规模不断扩大，新媒体号、直播间所粘合的复购人群才能形成稳定增长趋势，新零售运营与管理的终极目的就此实现。

【课后习题】

1. 新零售的特点是什么？这一特点对新媒体工作者提出了哪些要求？
2. 商品卖点有哪些类型？新媒体工作者应当如何分析商品卖点？
3. 新媒体工作者通过新零售的三种运营方式，最终要达成的目标是什么？

第九章

新媒体全数据链的运营与管理

【本章知识体系】

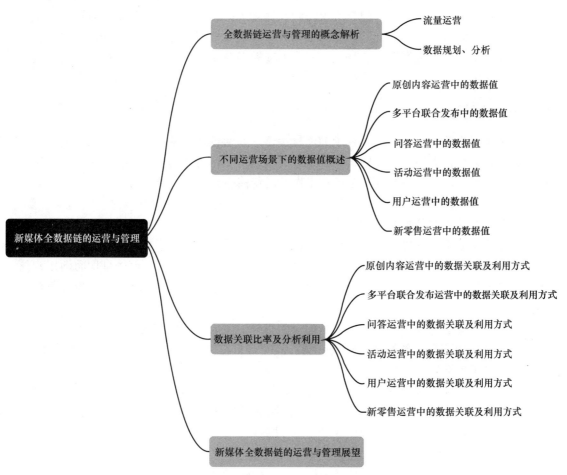

数据运营，是贯穿新媒体、新零售全流程的运营事项。本书将其定义为新媒体全数据链的运营与管理，旨在突出新媒体数据间的两种链接关系，其一，数据与数据之间相互关联能够产生参考性更强的数据；其二，数据的增量既是新媒体工作者达成的运营结果，又可作为数据参考项，通过数据增量的关联可达成新的数据增量。

新媒体数据分为两类，一是用户或其他新媒体工作者可直接查看的平台数据。例如，微信公众号发布原创内容的阅读量、点赞量；二是仅对新媒体号运营人员及平台运营人员开放的数据,包括转发量、多平台推荐量等。新媒体全数据链的运营与管理,主要是通过分析研究上述两类数据,明确新媒体号运营状态,验证增量达成,规划进一步增量达成的运营方式。

本章通过 54 个数据值,以及它们相互作用产生的 51 个数据关联项,详细讲解全数据链运营与管理的概念解析、不同运营场景下的数据值概述、数据关联比率及数据分析利用、新媒体全数据链运营与管理展望四部分内容。

第一节 全数据链运营与管理的概念解析

截至 2022 年 3 月,新媒体市场对数据运营的概念认知仍较为笼统,即将所有与数据相关的内容均归于数据运营。但事实上,新媒体全数据链的运营与管理,应以不同的工作内容、不同目的做出清晰划分,如此新媒体号管理层可根据账号当下核心需求寻找运营人才,新媒体从业者也可根据自身特点向某一方向做专精研究。因此,可将数据运营分为流量运营与数据规划、分析,本节将分别进行阐述。

一、流量运营

流量是用户的集合,数据运营中的流量运营,即通过运营手段,使用户流量聚合,是一项为新媒体号扩大用户规模的运营工作。流量运营工作面向的多是渠道,少部分情况需要直接面向用户,以下将讲解流量运营工作及运营核心点。

1. 流量运营工作

流量运营的目的是扩大用户规模,因此工作目标便聚焦于新媒体号及新媒体号内容面向用户的数据展现。新媒体工作者需明确,新媒体领域面向用户的数据项与新媒体号后台数据项相比要少很多。例如,微信公众号内容的阅读量、在看量、点赞量均面向用户展现,但分享量并不展现给用户。因此,流量运营的重点便是在运营成本可控的情况下,尽可能提高展现出的数据量。

通常,流量运营工作仅分为对私域流量的引导、面向渠道推广两部分,目的均为提高新媒体号关注用户量,新媒体内容阅读量、点赞量、在看量(包含直播内容的在线观看、直播间热度等指标)。

此外还有一项较为特殊的面向用户数据,即商品详情页的相关数据,包含库存、销量等。截至 2022 年 3 月,这部分流量运营工作似乎成为许多新媒体公司的主流行为,但它却可能涉及新媒体工作者不可触碰的禁忌——刷单。

2. 流量运营核心点

流量运营的核心点有二,一是必须根据自己的体量做有节奏的流量运营;二是要有成本意识。

(1) 根据体量做有节奏的流量运营 首先新媒体工作者需明确,流量运营可实现两点目标,一是新媒体号估值(被市场或投资方评估出的价值,而非新媒体号真正拥有的价值)在短期内快速提升;二是以数据吸引用户并完成沉淀,为后续运营奠定良好基础。无论基于哪种目标,新媒体工作者在流量运营后展现的结果都不能太夸张。例如,拥有 1000 粉丝的微信公众号,通过流量运营,粉丝数瞬间变为 5000,如此数据展现给其他企业或用户，并不能使其信服。因新媒体用户的积累需要完成从关注、活跃到粘合的过程，所以在他人看来，如此大的粉丝增量要么是"刷粉"实现的，要么便是所获粉丝的价值不高。

同时，新媒体工作者需配合自主账号的运营节奏进行流量运营工作，而非每日操作。所谓配合新媒体号的运营节奏，即对新媒体号的重点原创内容、重点直播场次做流量运营，如此既能减轻运营压力，又制造了重点内容的数据差异化，可最终实现用户通过重点内容关注账号，而后沉降为关注账号所有内容的用户。

（2）成本意识　流量运营的本质，是充分利用手中的资源，用资金和信任换取流量。既然有运营成本的介入，新媒体工作者就必须具备成本意识。在流量运营过程中，面向用户与面向渠道的成本使用理念有所不同。

1）面向用户的运营成本，指向用户发放"红包"、福利等项目的支出，这部分支出需保持在新媒体工作者可承受的范围区间，不可因用户的主观意志而突破新媒体工作者的承受底线。因用户对福利的追求没有上限，如果将用户"胃口"养得过大，而后因运营成本不足无法支撑，最终会使部分用户因不满而跳脱新媒体工作者的粉丝池。

2）面向渠道的运营成本，指推广新媒体号、新媒体内容（包含直播）所花费的成本，此处与活动运营的渠道推广类似，新媒体工作者应尽可能积累渠道数量，保持合作关系，除官方渠道外，其他新媒体号渠道均有在合作过程中降低渠道费用的洽谈空间。

以上述成本使用方式为原则，新媒体工作者应在流量运营工作中，以自主运营团队的实际运营状况为准，逐渐构建出流量运营的成本使用准则。

二、数据规划、分析

不同于流量运营面向渠道与用户，数据规划、分析是新媒体工作者完全对内（新媒体号运营体系内）的运营工作，旨在明确新媒体号现状，以及新媒体号短期、长期的运营方向。截至2022年3月，多数数据运营岗位工作需求及能力要求均属于数据规划、分析方向。

对比流量运营，数据规划、分析需要新媒体工作者在实践中不断积累经验，且由于数据会不断更新迭代，对数据的研究便永无止境。以下将从不同运营工作中的数据项入手，引导新媒体工作者认识数据、链接数据，并尝试使用数据。

第二节　不同运营场景下的数据值概述

一、原创内容运营中的数据值

原创内容运营中的数据值，包括阅读量，点赞量，分享量，收藏量，评论量，一次打开量，一次分享量，分享产生的阅读次数，不同渠道阅读量，2小时阅读量、4小时阅读量、24小时阅读量，阅读完成数，阅读后关注用户数，场景化导购内容进入商品详情页用户数和场景化导购内容达成销售用户数。

1. 阅读量

阅读量是内容的基础数据，由用户阅读内容产生，包括阅读人数与阅读次数两个数值。用户点开内容视为一次阅读，当天重复点开仅增加阅读次数，次日再次点开内容可记为第二个阅读人数，并增加阅读次数。内容页面显示的阅读量是阅读人数，微信后台则会统计内容阅读次数与阅读人数。新媒体中提及的阅读量，多指微信内容页显示的阅读人数。

2. 点赞量

2020年7月1日，微信改版后重新将点赞按钮呈现在微信内容底部，与"在看"并列。点赞表示用户对内容的赞同，也在一定程度上表现了阅读完成的用户数，如图9-1所示。

3. 分享量

分享量，又称转发量，指用户分享到朋友圈、微信群组、好友对话，以及点击"在看"的次数。点击"在看"算作分享，是因为用户点击"在看"后，内容会被分享到"看一看"页面，如图9-2所示。

图 9-1 微信公众号内容点赞按钮

图 9-2 因点击在看，而被分享到"看一看"页面的内容

4. 收藏量

收藏量指用户阅读内容后，点击页面右上角"…"选择收藏内容的次数。

5. 评论量

评论量指用户阅读内容后，对内容发表评论的数量，单个用户可重复评论，微信公众号后台统计的是评论总数。

6. 一次打开量

一次打开量，指用户从微信公众号对话页面或订阅号消息列表打开内容的阅读次数。由于进入公众号对话及订阅号消息列表的均是关注用户，因此一次打开量即是关注用户从公众号对话页面或订阅号消息列表阅读内容的次数。

7. 一次分享量

一次分享量指用户在公众号对话或订阅号消息列表点击进入内容，阅读完成后分享内容的次数。

8. 分享产生的阅读次数

分享产生的阅读次数，指用户将内容分享至微信朋友圈、微信群组、私聊页面、看一看后产生的阅读次数。如果用户在分享时没有强引导话术，如"帮忙将内容分享给您的朋友"，或用户自身影响力不大（行业知名人士、明星可视为具有影响力人物），则单用户分享后产生的阅读次数一般不会超过10。

9. 不同渠道阅读量

不同渠道阅读量，指所有可查看公众号内容的页面的单独阅读量，包含公众号消息、聊天对话、朋友圈、朋友在看、看一看精选、搜一搜、历史消息和其他。这里重点解释一下看一看精选、搜一搜、历史消息与其他。

（1）看一看精选　是并列于微信看一看、朋友在看的另一个公众号内容推送页面，其中显示的消息，多为用户已关注的微信公众号的内容，或是某行业内用户在看数较高的内容，由微信根据用户标签推送。

（2）搜一搜　指通过微信搜索，在"文章"搜索处搜索关键词，找到内容的页面。可通过微信首页右上角搜索按钮，或微信"发现"页搜一搜功能实现，如图9-3所示。

图9-3　微信首页搜索按钮（左），微信搜一搜入口（右）

（3）历史消息　指进入微信公众号对话页面，点击右上角人像标识按钮后，进入的微信公众号消息页面，如图9-4所示。

此外，点击新媒体工作者设置的历史消息页面链接（通常会放置在自定义菜单）或点击内容标题下方蓝字，均可进入历史消息页面，如图9-5所示。

图9-4　点击微信公众号对话页面右上角人像标识，进入历史消息页面

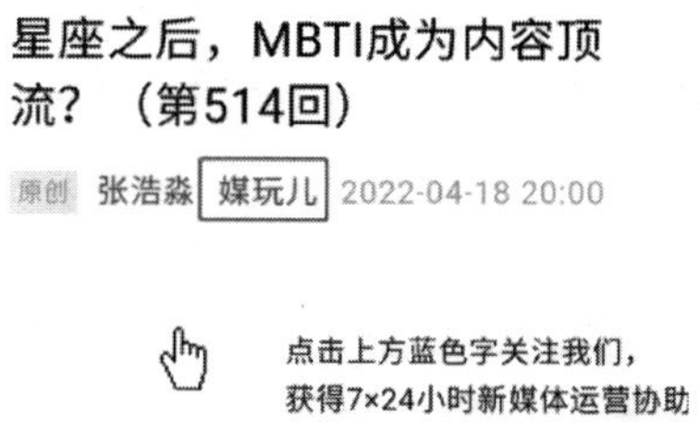

图9-5　微信公众号内容标题下方蓝字

（4）其他　指从微信的外部入口。例如，从浏览器打开微信内容，则视为其他阅读来源。

10. 2小时阅读量、4小时阅读量、24小时阅读量

这些分时段阅读量，指在发布内容后，经过不同时长，内容的阅读量累计情况。

11. 阅读完成数

阅读完成数，指用户点击进入公众号内容后，浏览至最底部，才退出的用户数。阅读完成数可在微信公众号后台阅读完成情况处查看，新媒体工作者可同时查看在内容不同部分跳出的用户数，如图9-6所示。

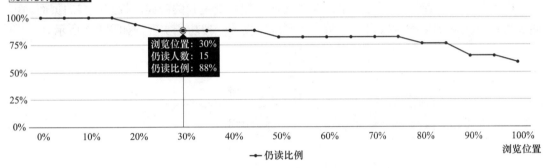

图 9-6　阅读完成情况图表

12. 阅读后关注用户数

阅读后关注用户数，指用户从微信公众号内容页面直接跳转至历史消息页面（点击标题下方蓝字或扫描二维码），而后关注微信公众号的用户。

13. 场景化导购内容进入商品详情页用户数

场景化导购内容是较为特殊的原创内容，内容中会出现多个商品详情页二维码，以及点击阅读原文进入商品详情页，这两种渠道汇总的用户数，即为通过场景化导购内容进入商品详情页用户数。

14. 场景化导购内容达成销售用户数

指通过场景化导购内容中二维码或阅读原文进入商品详情页，并完成购买的用户数。

二、多平台联合发布中的数据值

多平台联合发布中的数据值，包括推荐量、阅读量、收藏量、转发量、评论量、点赞量和阅读完成数。

1. 推荐量

推荐量指多平台将内容推荐至用户App首页的数量，同一篇内容仅会推荐给同一用户一次。

2. 阅读量

阅读量指点开内容的所有用户数累加，反复点击会反复计算阅读量。如果是微头条、问答等短内容形式，需点击展开全文才计入阅读量。

第九章 新媒体全数据链的运营与管理

3. 收藏量

收藏量指用户查看内容后，点击收藏按钮，记为一个收藏量，单个用户仅记录一个收藏量。

4. 转发量

转发量指用户查看内容后，点击内容转发按钮，记为一个转发量，单个用户仅记录一个转发量。

5. 评论量

评论量指用户查看内容后，可在内容页面下方输入评论，记为一个评论量，单个用户可重复评论，二次评论也被记为评论数。以上五种数据值均显示在多平台内容管理页面，如图9-7所示。

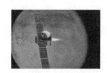

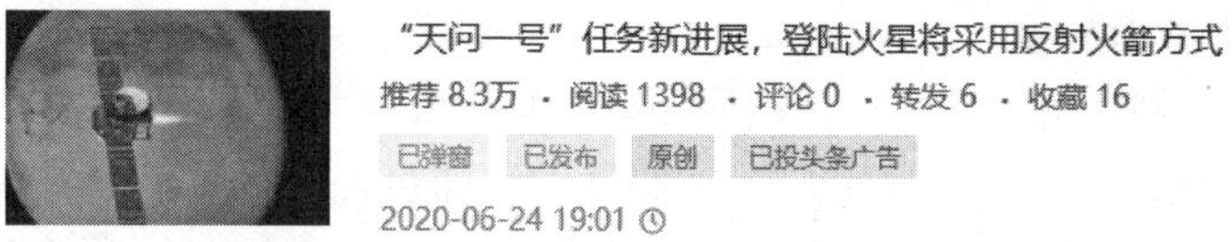

图9-7 推荐量、阅读量、收藏量、转发量和评论量均显示在内容管理页面

6. 点赞量

点赞量指用户查看通篇内容后，在内容底部点击点赞按钮，记为一个点赞量，单个用户仅记录一个点赞量。

7. 阅读完成数

阅读完成数指用户点击进入内容后，收看完通篇内容才跳出内容页面的人数。

三、问答运营中的数据值

由于平台属性与风格差异，今日头条问答体系与知乎的数据值不尽相同，今日头条问答体系包含展现量、阅读量、评论量和点赞量，知乎的数据值包含阅读量、赞同量、喜欢量、回答收藏量和评论量。

1. 今日头条问答体系展现量

今日头条问答体系展现量是今日头条在2020年4月推出的功能，表示新媒体工作者的回答内容展现到用户面前的次数，如图9-8所示。

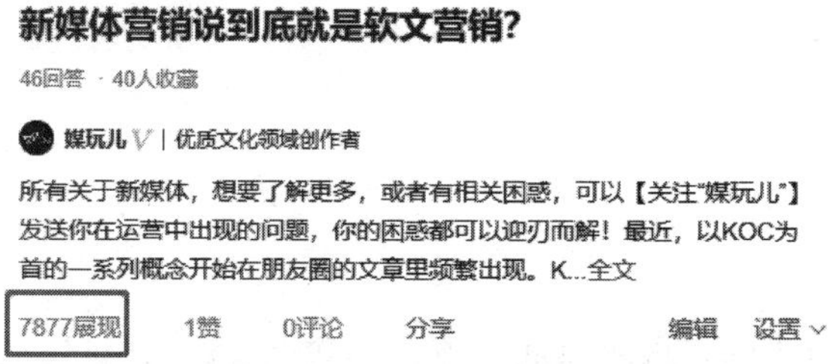

图9-8 今日头条问答体系的展现量数据显示位置

2. 今日头条问答体系阅读量

今日头条问答体系阅读量，指用户看到新媒体工作者回答的开端索引部分后，点击展开回答全部内容的用户数。展现功能推出后，新媒体工作者需在今日头条作品数据页面寻找回答内容阅读量，如图9-9所示。

图9-9　今日头条问答体系阅读量的显示位置

3. 今日头条问答体系评论量

今日头条问答体系评论量，指针对新媒体工作者的回答，查看问题的用户对回答内容的评论量，多是用户查看回答后的感悟或观点看法的评论数量之和。

4. 今日头条问答体系点赞量

今日头条问答体系点赞量，指用户阅读新媒体工作者回答，点击"赞"按钮的数量。单用户针对每个回答仅能点一次赞，且用户无须阅读内容即可点赞，这就意味着，点赞量应小于等于展现量，但可能高于阅读量，如图9-10所示。

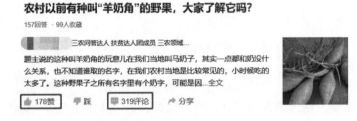

图9-10　今日头条问答体系某热门回答的评论量与点赞量

5. 知乎阅读量

知乎阅读量，指用户看到新媒体工作者在知乎的回答后，点击"展开阅读全文"按钮的用户数，即为阅读量。知乎的阅读量在问答客户端页面没有显示，仅在知乎后台数据分析处可见。

6. 知乎赞同量

知乎赞同量，指点击回答内容页面左下方"赞同"按钮的用户数量，赞同量对所有查看回答内容的知乎用户开放，如图9-11所示。

图9-11　知乎赞同量

7. 知乎喜欢量

知乎喜欢量，指点击回答内容页面下方"喜欢"按钮的用户数量，喜欢与赞同的区别在于，赞同类似于微信公众号的"在看"按钮，用户点击后会将该条问答分享到自己的知乎首页，而喜欢则类似于点赞，仅代表用户对回答内容的认同。

第九章 新媒体全数据链的运营与管理

8. 知乎回答收藏量

知乎回答收藏量，指点击回答内容页面下方"收藏"按钮的用户数量。

9. 知乎评论量

知乎评论量，指用户点击回答内容页面下方"评论"按钮，发表评论的数量，如图9-12所示。

图 9-12　知乎回答的评论、分享、收藏和喜欢按钮，均在赞同按钮右侧显示

四、活动运营中的数据值

活动运营中的数据值，包含活动定制内容阅读量、活动参与用户数、账号关注用户参与人数、线下活动环节参与人数、线下销售单数和活动结果反馈数。

1. 活动定制内容阅读量

活动定制内容阅读量，指所有在线上发布活动相关原创内容的渠道所获的内容阅读总量。

2. 活动参与用户数

活动参与用户数，指线上参与活动的人数或线下参与活动的人数，如果有报名环节，报名但没参加活动的用户视为未参与。

3. 账号关注用户参与人数

账号关注用户参与人数，指参与活动时，关注新媒体工作者微信公众号的用户数，即使参与前刚刚关注的用户，也记为账号关注用户数。

4. 线下活动环节参与人数

线下活动环节参与人数，指参与新媒体工作者在活动现场设置的活动环节的用户数。

5. 线下销售单数

线下销售单数，指通过活动现场的销售链接下单的用户订单数量。

6. 活动结果反馈数

活动结果反馈数，指活动完成后，用户通过新媒体工作者提供的问卷或自主在新媒体矩阵中反馈活动意见的数量。

五、用户运营中的数据值

用户运营中的数据值，包含账号关注用户评论量、用户公众号后台留言数、拆分群组数、KOL总数、群组活跃用户数、群组话题策划转化人数和群组推荐内容转化数量。

1. 账号关注用户评论量

账号关注用户评论量，指已关注微信公众号的用户的留言数量（如果新媒体工作者设置仅粉丝可留言，则该数据与评论量等同）。

2. 用户公众号后台留言数

用户公众号后台留言数，指用户在微信公众号聊天页面，给新媒体工作者发送消息的数量，如图 9-13 所示。

图 9-13 用户在公众号消息页面发送消息及后台显示

3. 拆分群组数

拆分群组数，指新媒体工作者根据公众号关注用户需求，在公众号所属领域中，拆分的带有不同细分领域的标签群组数。

4. KOL 总数

KOL 总数，指运营可控制的，保持密切联系的，且经常在群组、评论区实施策划内容的 KOL 总人数。

5. 群组活跃用户数

群组活跃用户数，指群组内经常发言，或在群组讨论感兴趣话题时经常发言的用户总数。群组活跃用户数可分为长期活跃用户数、日平均活跃用户数、周平均活跃用户数和月平均活跃用户数等。

6. 群组话题策划转化人数

群组话题策划转化人数，指新媒体工作者与 KOL 策划话题，在群内沟通后，加入话题讨论的用户数量。

7. 群组推荐内容转化数量

群组推荐内容转化数量，指新媒体工作者在群组内推荐场景化导购内容后，达成销售转化的用户数。

六、新零售运营中的数据值

新零售运营中的数据值，包含场景化导购内容实现的销售订单数、自主商品销售利润、分销商品利润、商品复购量、商品好评量、新零售渠道总数、新零售优质渠道数、渠道销售订单数、店铺上架商品总量、店铺重点运营商品数量、店铺日浏览量。

1. 场景化导购内容实现的销售订单数

指通过场景化导购内容进入商品详情页，并最终达成销售的用户数（同一用户单次消费多件视为一）。

2. 自主商品销售利润

自主商品销售利润包含两种，一是在自主店铺出售的获得利润，由终端销售价格减去成本价格获得；二是渠道出售的获得利润，是由分销价格减去成本价格获得。

第九章　新媒体全数据链的运营与管理

3. 分销商品利润

分销商品利润，指新媒体工作者销售从分销市场中挑选商品所获利润，由终端销售价格减去分销价格获得。

4. 商品复购量

商品复购量，指推出场景化导购内容，并经过三天阅读衰减周期后，截至商品的使用周期内，用户购买商品的数量（如果期间多次发布商品的场景化导购内容，则需排除每一次场景化导购内容阅读周期内，由场景化导购内容进入店铺详情页购买商品的单数）。

5. 商品好评量

商品好评量，指购买商品的用户，在收货后给予商品好评的数量（好评指五星好评）。

6. 新零售渠道总数

新零售渠道总数，指新零售平台显示的，新媒体工作者店铺的分销商总数。新媒体工作者可在分销市场中，搜索自主店铺名称查看，如图 9-14 所示。

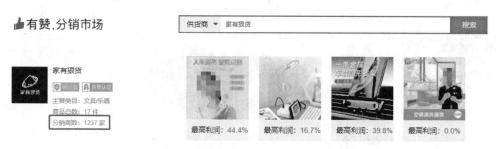

图 9-14　图中框线标出的，为有赞店铺分销商数显示位置

7. 新零售优质渠道数

新零售优质渠道数，指新媒体工作者保持紧密沟通，可开展良好商务合作的渠道数量（双方互推商品，或一方商品在另一方店铺内有较高销量）。

8. 渠道销售订单数

渠道销售订单数，指新媒体工作者的自主商品在渠道销售的订单总数。

9. 店铺上架商品总量

店铺上架商品总量，指新媒体工作者在自主店铺内，上架的商品总数，如果商品下架则不计数。

10. 店铺重点运营商品数量

店铺重点运营商品数量，指新媒体工作者店铺内，通过主题式销售主推的商品，或推荐给渠道的需要重点销售的商品数量。

11. 店铺日浏览量

店铺日浏览量，指新媒体工作者自主店铺每天的浏览量，用户重复点击则重复计数。

第三节　数据关联比率及分析利用

上述数据，基本涵盖了所有数据规划、分析日常运营工作所需提取的数据值。新媒体工作者在了解、认知上述数据的同时，应明确数据的绝对值对数据规划、分析工作并无太大帮助，真正能对新媒体号运营方向产生指导意义的，是不同数据勾连后产生的比率、转化率或累计值。因此，本节内容将对照上述不同运营场景的数据值，给出可产生的数据比率、转化率或累计值，并给出数据反馈现状及利用方式。

一、原创内容运营中的数据关联及利用方式

原创内容运营中的数据关联项包含阅读量对比、点赞率、分享率、收藏率、有效评论率、一次打开率、一次分享率、分享转化率、不同渠道阅读量分配比率、阅读量时段分配比率、阅读完成率、粉丝转化率、阅读转化率和销售转化率，关系如图9-15所示。

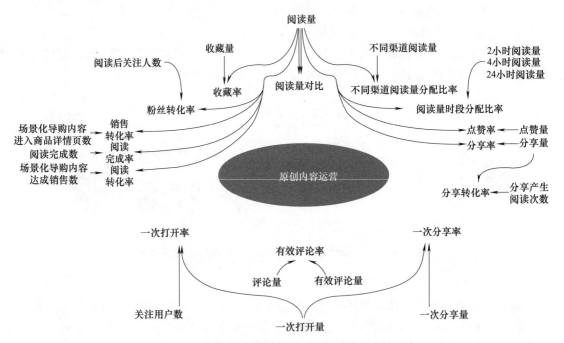

图9-15 原创内容运营场景中，数据关联产生的比率

1. 阅读量对比

阅读量对比指内容阅读量与往期内容平均阅读水平的对比状况。通常，新媒体工作者的对比方式有两种，一是对比近三个月原创内容阅读量的平均值；二是对比同一内容方向的阅读量平均值，以此反映单次内容相较账号整体、某内容方向的水平波动。

阅读量对比是考察新媒体工作者内容创作能力增量的重要指标，但不能仅凭某篇内容的阅读量增量来验证，当阅读量增量在一定时间内趋于常态，才能表明新媒体工作者的内容创作能力、原创内容与用户画像的匹配程度实现了增量。此时，往往伴随着关注用户的增量，新媒体工作者即可根据用户增量，制订下一阶段需实现的阅读量指标。

此外，如果阅读量对比过程中出现了增量为负的状况，则需通过研究原创内容的其他数据，以控制变量法验证该内容的不足，以期在下次原创内容制作中有所改进。

2. 点赞率

点赞率指原创内容点赞量除以原创内容阅读量的比值，反馈的是用户对内容的赞同情况。通常，在新媒体工作者未在内容中引导用户点赞的情况下，只有当用户深度认同内容

时，才会为内容点赞，这也奠定了不同类型内容点赞率的差异——观点输出型内容点赞率往往高于商品/服务输出型内容。

通过对同一类型不同内容的点赞率分析，新媒体工作者可以获得用户的价值观取向、商品画像接受范围等，继而以此规划后续内容、商品推出的节奏。

3. 分享率

分享率指原创内容分享量除以原创内容阅读量的比值，反馈的是用户高度认可内容的情况。由于用户分享的内容须符合其在熟人社交圈的人设，因此分享较点赞更加困难，分享率在一定程度上体现了价值观粘合用户的阅读占比。

分享率同样与原创内容类型有关，观点输出型内容更易引发用户的分享。同时，分享率的阶段性增量是用户粘合度提升的表现。出现某篇内容的分享率激增，通常是由两种情况引发，一是该篇内容属于热点内容，并符合新媒体号用户画像价值观，引发了以关注用户为主的大量分享；二是内容具有强煽动性，在关注用户分享后，因煽动性引发了陌生用户的二次分享。前者表现为一次分享率（关注用户分享量占总分享量比例）较高，后者则表现为二次分享率与一次分享率持平。

新媒体工作者面对分享率的增量应保持理性，不能因某篇内容的分享率增量而坚持输出类似价值观内容，因分享率属于双刃剑，分享率较高的内容价值观往往较偏激，甚至极端，而新媒体工作者的基本素养应是价值观的稳定、正向与积极。

4. 收藏率

收藏率指内容收藏量除以内容阅读量的比值，可在微信后台直接提取。收藏率的对比值对新媒体数据规划、分析没有重要意义，因其增量几乎完全取决于内容类型及关注用户量，即干货类内容收藏率高、关注用户量大的账号内容收藏率高。

另外，收藏量、收藏率不具备数据规划、分析的重要意义，根源在于被收藏内容的实际打开率极低，多数用户发现自认为有帮助的内容后，会选择收藏，但身处信息爆炸的时代，唤醒收藏内容的机会和动力均明显不足。

5. 有效评论率

有效评论率指微信公众号评论内容中，有价值的评论数除以同一篇内容的评论总数的比值，该数据需要新媒体工作者逐条阅读内容评论提取，凡表意清晰的、有自主观点的评论，补充说明内容的评论，造梗娱乐用户的评论，提出问题的评论，均可算作有效评论。

有效评论率的阶段性增量，一定程度上表现出了内容质量的增量与用户活跃度的增量，是运营阶段性成果的展现。与此同时，新媒体工作者还可根据有效评论中不同评论的占比分析内容、账号状况。

例如，有效评论中，以原创内容为出发点的评论占比高，则证明原创内容优质，因其可以引导用户就内容产生讨论。当内容评论中的此类评论表现出阶段性增量，则表明新媒体工作者内容创作能力、内容与用户画像的匹配度有所提升。再例如，有效评论中，表现出与原创内容价值观相似的评论占比出现增量，则表示新媒体号粘合用户实现了增量。

6. 一次打开率

一次打开率指从公众号对话页面或订阅号消息列表点击进入内容（均为微信公众号关注用户）所产生的阅读量，除以微信公众号总关注人数的比值，其反馈的是新媒体号的用户活跃状况，新媒体工作者可在微信公众号后台内容分析页面提取单篇内容的一次打开量。

一次打开率的数据分析较为复杂，因新媒体号关注用户量不同，一次打开率的数据表现也有所不同。如关注用户低于10万，则一次打开率在10%左右为合格，超过20%即为优秀；如关注用户数在50万左右，则一次打开率在7%为合格，超过10%即为优秀；如关注用户数超过100万，则一次打开率在3%为合格，超过5%即为优秀。这是由于触达用户的难度随着关注用户的增量提升，即在用户增长的过程中，用户基数越大，新媒体工作者激活用户的难度就越高。

通常，新媒体工作者无须对比不同内容的一次打开率，只需按上述数据指标衡量一次打开率状况，如果一次打开率不合格，则表明用户不活跃，新媒体工作者需尽快制订用户激活计划，如策划活动。

7. 一次分享率

一次分享率指一次分享量除以单篇内容阅读量的比值，反馈的是关注用户的粘合度，新媒体工作者可在微信公众号后台内容分析页面的单篇群发中提取一次分享量。

一次分享率的阶段性增量，展现了新媒体号粘合用户的增量，是新媒体工作者确定运营方向的重要参考。因伴随着用户粘合度的提高，新媒体工作者可尝试引导用户分享新媒体号，甚至尝试完成内容变现、销售变现。

8. 分享转化率

分享转化率指由分享产生的阅读次数，除以当篇内容分享总数的比值，反馈的是内容的标题吸引力，并从一定程度上反馈了关注用户的用户价值。通常，单个用户分享后产生的阅读量不会超过10，所以分享转化率通常在1000%左右，如果分享转化率表现出阶段性增量，则表明新媒体工作者原创内容的标题拟定能力实现增量。

9. 不同渠道阅读量分配比率

不同渠道阅读量分配比率指在微信公众号消息、聊天对话、朋友圈、朋友在看、看一看精选、搜一搜、历史消息和其他等阅读来源的阅读量，与阅读总量的比值，可在微信公众号后台内容分析页面的单篇群发中获取。

通常情况下，有一定粉丝基础的微信公众号，超过90%的阅读量应来源于微信公众号消息及历史消息（以微信公众号消息为主），10%阅读量，多集中于聊天对话、朋友圈这两个渠道。截至2022年3月，朋友在看这一渠道鲜有阅读量，因用户尚未养成在该渠道寻找优质内容的习惯，看一看精选、搜一搜、其他等渠道阅读量几乎为零。

不同渠道的阅读量分配比率通常会根据内容类型产生波动，不存在增量概念，对运营规划分析没有明显帮助。

10. 阅读量时段分配比率

阅读量时段分配比率，指内容发布后2小时、4小时、24小时的统计阅读量，在48小时内阅读总量的占比，反馈的是用户阅读习惯与新媒体号发布内容时间段的契合程度，可在微信公众号后台内容分析页面的全部群发中提取不同时段的阅读量。

正常的阅读量时段分配比率图，应是在发布时间前有微弱阅读量，在发布2小时内到达巅峰，之后逐渐降低，如图9-16所示。

阅读量时段分配比率理论上不存在增量概念，如果新媒体工作者发布内容的阅读量时段分配比率图与上图走势趋近，则说明微信公众号已经培养出了部分用户的阅读习惯，粘

第九章 新媒体全数据链的运营与管理

合用户会在更新时间前后准时收看微信公众号内容。但如果内容的阅读量高峰长期不在内容更新后的 2 小时内，则说明新媒体工作者制订的内容发布时间与用户阅读习惯不符，不能引导用户养成阅读习惯，需尝试调整内容发布时间。

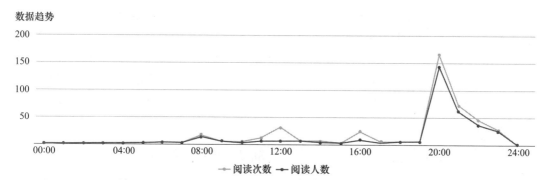

图 9-16　某心理类微信公众号当日 20 点发布内容的微信公众号阅读曲线图

11. 阅读完成率

阅读完成率指将内容滑动至页面最底部的用户数，除以内容阅读量的比值，主要反馈的是内容质量，可在微信公众号后台内容分析页面的单篇群发中提取。

阅读完成率的阶段性增量，体现了新媒体工作者原创内容创作能力的增量，但因其受内容长度影响（内容越长，阅读完成率相对越低），新媒体工作者在对比时需控制内容篇幅。

阅读完成率这一数据对运营的帮助，主要表现为对不同内容阶段的用户跳出比例（该比例可在提取阅读完成率页面获取）的分析。如果用户在内容开端处跳出较多，则说明内容通感部分不够吸引用户；如果用户在内容中部跳出较多，则问题可能出现在内容逻辑、语言文字、图文搭配等方面，新媒体工作者可根据不同情况具体分析并加以改进。

12. 粉丝转化率

粉丝转化率指因阅读内容而关注微信公众号的用户数，除以当篇内容阅读量的比值，反馈的是内容吸引用户能力的强弱，因其获取较为困难（需通过第三方辅助软件或用户主动配合），通常不作为新媒体工作者重点分析研究的数据。

13. 阅读转化率

阅读转化率指通过场景化导购内容进入商品详情页的用户数，除以当篇内容总阅读量的比值，反馈的是场景化导购内容吸引用户的能力，通常需要新媒体工作者购买"商城单品分析权限"后方可获取。

阅读转化率通常为 5%～10%，是新媒体工作者场景化导购内容创作能力的直接展现，也在一定程度上反映了商品与新媒体号用户画像的匹配程度。若场景化导购内容阅读转化率低于5%,新媒体工作者则需重点分析用户阅读内容时的跳出位置,以明确内容中的重点问题。当新媒体号的阅读转化率表现出阶段性增量,则表明新媒体工作者场景化导购内容的创作能力实现了增量。

14. 销售转化率

销售转化率指用户通过场景化导购内容进入商品详情页,并完成购买的订单数量,除以场景化导购内容阅读量,反馈了场景化导购内容的质量,并重点反馈了商品与新媒体号用户的匹配程度。实操中可提取场景化导购内容发布后3天内的销售单数(内容有效期不超过48小时,3天后销售单数多为复购),除以内容阅读量获取。

销售转化率的普遍数值应为0.1%～0.3%,超过1%即可认定为爆品。新媒体工作者对销售转化率的分析利用可分为两方面,一是不同商品的销售转化率对比,可展现出不同商品对于新媒体号的匹配程度,以此逐渐明确适合新媒体号的商品类型;二是同一商品的销售转化率对比,新媒体工作者可控制不同变量对比销售转化率的变化。例如,同一商品使用不同的通感设计,如此可明确该商品的最佳通感;或是同一商品、同一场景化导购内容在不同时间发布(须有一定时间间隔),以明确新媒体号用户的销售类内容接受时段,继而制订后续商品的推送计划。

二、多平台联合发布运营中的数据关联及利用方式

新媒体多平台联合发布的数据关联项,包含阅读总量,阅读、推荐转化比,收藏率,转发率,评论率,点赞率和阅读完成率,关系如图9-17所示。

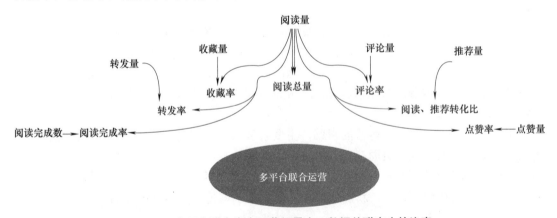

图9-17 多平台联合发布运营场景中,数据关联产生的比率

1. 阅读总量

阅读总量指新媒体工作者在多平台联合发布所辖新媒体平台发布内容的累计阅读量。比如,今日头条是所有长文章阅读量、问答阅读量、微头条阅读量的累计值,反馈的是新媒体账号规模,通常应用于对外商业合作中的新媒体号价值展示,可登录运营的各平台后台直接提取。

阅读总量一定是不断提升的,因此讨论阅读总量的增量没有意义,新媒体工作者需关注阅读总量增量的提升速率。通常,阅读总量的提升速率需要做不同平台对比,结合新媒体工作者花费的精力,总结出更值得运营的新媒体平台。

2. 阅读、推荐转化比

阅读、推荐转化比指新媒体平台单篇内容阅读量与同一篇内容推荐量的比值，反馈的是内容质量及新媒体工作者发布多平台内容的水平，可在多平台内容管理页面提取内容阅读量与推荐量获得。

多平台阅读、推荐转化比通常达 7% 即为合格，20% 为优秀。如果内容推荐量过高（例如超过 100 万），则该比率降低，但不应低于 5%。影响阅读、推荐转化比的因素很多，包含标题、头图、内容逻辑、内容语言、内容所涉关键词、内容关键词与标题的匹配、内容与平台当日推荐内容标签的契合度等，但主要影响因素仍是标题，因其是吸引用户点击阅读的核心要素。

当阅读、推荐转化比过低时，新媒体工作者应尝试根据平台用户画像、用户主要标签修改标题。当阅读、推荐转化比稳定保持在较高水平时，则展现出新媒体工作者标题能力的增量，以及多平台联合发布整体能力的增量。

3. 收藏率

收藏率指多平台联合运营中，内容收藏量与同一篇内容阅读总量的比值，同原创内容运营的收藏率一样，该数据主要由内容类型决定，不具备重要参考意义。

4. 转发率

转发率指多平台联合运营中，内容转发量与同一篇内容阅读量的比值。区别于原创内容运营的分享率，多平台联合发布属于陌生人社交环境，用户在转发内容时不涉及内容对自身人设的影响，因此转发率通常仅反馈了内容质量，新媒体工作者无须过多关注，重点关注原创内容运营中的分享率即可。

5. 评论率

评论率指多平台联合运营中，内容评论量与同一篇内容阅读量的比值。由于用户在多平台的主要需求为信息资讯获取，评论意愿往往较弱，通常仅有持强烈观点或较强引导性的内容会引发用户评论。因此，评论率是考量内容煽动性的数据衡量指标。但内容煽动性并非新媒体工作者的重点研究方向，因此无须过多关注多平台评论率。

6. 点赞率

点赞率指多平台联合运营中，内容点赞量与同一篇内容阅读量的比值。在多平台场景下，点赞率主要与内容类型、内容长度有关。干货类内容、观点引导类内容更易获得点赞，这是由多平台用户的需求（信息资讯获取）及推荐机制（兴趣推荐）决定的。因点赞按钮位于内容底部，内容越长则点赞率越低。多平台联合发布点赞率主要取决于原创内容主体，新媒体工作者无须过多关注，因内容主体源自原创内容运营，重点关注原创内容运营中的点赞率即可。

7. 阅读完成率

阅读完成率指收看完整内容后才跳出内容页面的用户数，与同一篇内容阅读量的比值，可在多平台内容数据分析的详情页面查看。由于多平台的推荐逻辑，使得"标题党"曾在各信息资讯类新媒体平台盛行，加上多平台用户几乎没有粘合度，用户在多平台的阅读完成率普遍低于微信公众号。因此，多平台阅读完成率出现阶段性增量，往往意味着微信公众号内容的阅读完成率出现阶段性增量。

【小结】
多平台联合运营的数据主要应用于横向对比

由于多平台联合发布基于原创内容运营，因此诸多数据的研究价值都相对较低，但所有多平台联合运营的数据关联比率，都可应用于平台间的横向对比。例如，今日头条、一点资讯、大鱼号对同一篇内容点赞率的对比、收藏率的对比、阅读完成率的对比。如此对比，是以实践的方式明确更符合新媒体号内容风格的平台。

三、问答运营中的数据关联及利用方式

问答运营的数据关联项包含今日头条问答体系阅读展现比、今日头条问答体系阅读总量、今日头条问答体系认同评论率、今日头条问答体系点赞率、知乎阅读总量、知乎赞同阅读比、知乎喜欢率、知乎回答收藏率和知乎优质账号评论率，关系如图9-18所示。

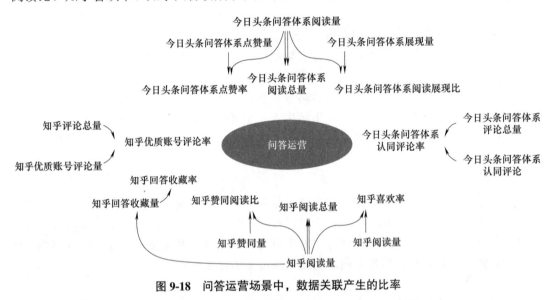

图9-18 问答运营场景中，数据关联产生的比率

1. 今日头条问答体系阅读展现比

今日头条问答体系阅读展现比，指今日头条问答体系内，回答内容的阅读量与同一回答内容展现量的比值，反馈的是回答内容开端对用户的吸引程度，可通过今日头条后台问答数据分析获取。

问答内容是以用户提问为基础的命题作文，想要提高开端部分对用户的吸引程度，首先要保证内容开端的逻辑性，其次要研究具有该问题用户的普遍需求，投其所好。因此，当今日头条问答体系的阅读展现比表现出阶段性增量，则首先表明新媒体工作者的问答内容创作水平实现了增量，其次也证明新媒体工作者对用户需求分析能力的增量。

不过，今日头条的阅读展现比不可能无限趋近于1，通常达到20%即为优秀，新媒体工作者应加以保持。

2. 今日头条问答体系阅读总量

今日头条问答体系阅读总量，指今日头条问答体系内所有问答内容获得阅读量的总

和，反馈的是问答运营追求的终极目标——人格化运营形象的塑造情况，该数据可在今日头条后台问答数据分析中下载数据表格获得。

新媒体工作者对今日头条问答体系阅读总量的追求没有尽头，一方面要追求总量的提升，以提升人格化运营形象及新媒体号的整体价值；另一方面还需提高阅读总量的增速，即在尽可能短的时间内形成尽可能大的增量。

作为新媒体号及人格化运营形象塑造的重要考量标准，今日头条问答体系的阅读总量可作为确定运营方向的重要参考。例如，今日头条问答体系阅读总量超百万，证明人格化运营形象已在该体系内有较好口碑，新媒体工作者即可联系今日头条运营人员，尝试索求更高推荐量或达成商业合作；若阅读总量超千万，则证明该人格化运营形象已然成为"大V"，新媒体工作者可结合微信公众号粉丝池的粉丝增长状况，开启直播等进一步增强用户粘合度的运营手段。

3. 今日头条问答体系认同评论率

今日头条问答体系认同评论率指问答内容的评论中，认同新媒体工作者观点的评论数量与评论总数量的比值，反馈的是问答内容的优质程度以及问答内容与收看问题用户的匹配程度，须新媒体工作者在评论中逐一筛选后计算获得。

认同评论率是随着人格化运营形象的专业程度不断提高，最终可以趋近于1的数据指标，其阶段性增量表现了问答内容创作能力的增量，以及人格化运营形象塑造的阶段性成果，但某次回答内容的认同评论率，并不能作为评价人格化运营形象的绝对数据指标。

4. 今日头条问答体系点赞率

今日头条问答体系点赞率，指今日头条问答体系回答内容的点赞量与阅读量的比值，反馈的是用户对回答内容的认可程度，通常在1%左右，超过10%即可认定为优质回答内容。今日头条问答体系的点赞率通常处于波动状态，偶然的数据增量仅能证明该问题的选择及回答较优质。当新媒体工作者的今日头条问答体系点赞率稳定在10%以上时，则该账号人格化运营形象已有较强影响力，可参考"今日头条问答体系阅读总量"部分内容，开展进一步塑造人格化运营形象的运营规划。

5. 知乎阅读总量

知乎阅读总量，指知乎文章、问答等所有可获得阅读数据的内容的累计阅读量，其概念同今日头条问答体系阅读总量类似，但知乎阅读总量对新媒体号及其人格化运营形象的意义更为重大，因知乎问答用户的质量较高。

6. 知乎赞同阅读比

知乎赞同阅读比，指知乎问答内容所获赞同量与同一问答内容阅读量的比值，概念同今日头条问答体系点赞率。

不过，知乎点击赞同的门槛较高，原因有二，一是知乎为高学历人群聚集地，多数用户更愿意输出而非听取别人意见；二是用户点击知乎的赞同按钮后，会将问答内容分享至自己的知乎主页，即让所有与用户相关的其他用户看到用户认同这条回答，这会对用户在知乎圈层的社交角色产生影响。因此，一般而言知乎的赞同阅读比大约在0.5%左右，超过1%即为优秀，表明回答内容优秀，或者账号的人格化运营形象在平台有较强影响力，拥有大量粘合的关注用户。

7. 知乎喜欢率

知乎喜欢率，指点击喜欢回答的用户数量与同一回答内容阅读量的比值，喜欢按钮是由曾经的"感谢"按钮转变而来，区别于赞同，喜欢表现出的认可程度更高。截至2020年，知乎回答内容的喜欢率通常仅能达到0.3%左右。不过这与"喜欢"按钮不明显，且与"赞同"按钮区分度不高有关，新媒体工作者无须重点关注喜欢率，知乎"喜欢"按钮如图9-19所示。

图9-19　知乎"喜欢"按钮

8. 知乎回答收藏率

知乎回答收藏率，指点击收藏回答的用户数量与同一回答内容阅读量的比值，主要反映的是回答内容的类型，兼顾回答内容质量。因此，新媒体工作者研究知乎回答收藏率时，需将同是方法论分享类的回答做对比，以此评估内容质量，进而实现问答内容创作能力的增量。

9. 知乎优质账号评论率

知乎优质账号评论率，指知乎问答评论区优质评论数量与回答内容所获总评论量的比值，主要反馈的是新媒体号人格化运营形象的影响力，需新媒体工作者逐条阅读评论获取。

因问答运营的重要工作之一，是结识不同领域优质知乎账号，作为自主账号的人脉积累，甚至背书。所以，优质评论是新媒体工作者需关注的重要数据值。但优质评论出现的门槛较高，如果评论区出现优质评论，则说明新媒体工作者的回答内容优质，获得了优质账号新媒体工作者的关注。

当优质账号评论率稳定在较高水平，即新媒体工作者的每条回答都能吸引优质账号评论，则表明新媒体号的人格化运营形象具备强影响力，新媒体工作者即可开始研究知乎商业合作模式，推进变现。

四、活动运营中的数据关联及利用方式

活动运营中的数据关联项包含活动定制内容转化率、活动参与人数与预期参与人数比率、账号关注用户参与率、线下活动环节参与比率、线下销售转化率和活动结果反馈率，关系如图9-20所示。

1. 活动定制内容转化率

活动定制内容转化率，指报名参与活动的用户数与所有渠道活动定制内容阅读总量的比值，反馈的是活动内容对用户的吸引力以及渠道价值，可通过统计活动参与人数，除以所有渠道推送内容阅读总量获得。

第九章 新媒体全数据链的运营与管理

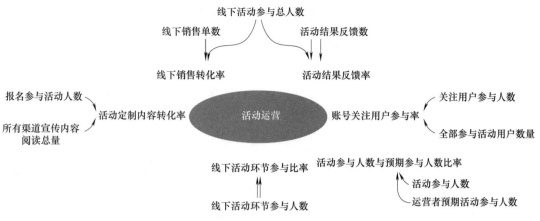

图 9-20 活动运营场景中，数据关联产生的比率

常见的活动类型及对应转化率状况包含以下四种。

（1）在微博举办的线上活动　由于微博线上的转发抽奖等活动体系较为成熟，用户参与的门槛低，只要活动奖品足够吸引用户，活动定制内容转化率应超过 5%，超过 10% 即为优秀。

（2）在微博发布举办线下活动的信息　在微博发布举办线下活动的信息，需有高价值奖品或现场福利。具备上述条件后，活动定制内容转化率应超过 0.1%，超过 0.3% 即为优秀。

（3）在微信举办的线上活动　微信举办线上活动，难以突破熟人社交圈，多为关注用户参与，且用户参与的意愿也远不如微博强烈，因此活动定制内容转化率多在 5% 以内。

（4）在微信发布举办线下活动的信息　微信的熟人社交属性，导致微信公众号粉丝对新媒体工作者粘合度更高，因此更愿意参加线下活动，如果线下活动中有用户期待的福利或活动环节，则活动定制内容转化率应达到 1%。

在活动运营实操过程中，新媒体工作者需使用控制变量的方式，不断验证活动内容对用户的吸引力，以及不同渠道价值。以线上活动为例，新媒体工作者可通过控制不同渠道发布时间，以明确不同渠道的活动内容转化率，从中筛选出优质渠道；通过衡量自主账号发布活动内容的转化率变化，鉴别活动内容对用户的吸引力，继而明确是否实现了活动内容创作能力的增量。这两种验证价值、增量的过程，最终是为了实现活动内容转化率的上述指标。

2. 活动参与人数与预期参与人数比率

活动参与人数与预期参与人数比率，指活动实际参与人数与新媒体工作者所做活动策划中预计参与人数的比值，反馈的是新媒体工作者活动策划的统筹能力。该项数据的统计，需新媒体工作者保证活动成本在预期范围内。新媒体工作者对渠道价值的把控、对活动面向用户画像的分析、福利对该用户画像的吸引力，都是决定该数据的重要因素。

该数据值趋于 1，则表明新媒体工作者的活动策划统筹能力强；若该数据值小于 1，则表明新媒体工作者的统筹能力有待提升，需分析活动过程中的诸多环节以明确改进方案。例如，发布活动内容的渠道中仅有两个渠道内容阅读量较低，则可能是渠道与活动内容不匹配，属于渠道选择问题。再比如，众多渠道转化率都未达新媒体工作者预期指标，则可能是活动福利对用户的吸引力不强。若该数据值大于1，通常表明活动较成功，但新媒体工作者还需认真分析参与用户溢出的原因，以防止未来活动中出现活动现场无法承载溢出用户的状况。

3. 账号关注用户参与率

账号关注用户参与率，指举办线下活动时，账号已关注用户的参与数量与全部参与活动用户数的比值，反馈的是活动激活关注用户的能力，新媒体工作者可引导线下参与活动用户扫描微信公众号二维码，若未弹出关注页面，而直接弹出微信公众号对话页面，则表明该用户为关注用户。

在新媒体工作者根据新媒体号关注用户数确定活动参与人数的前提下，该项数据通常应为50%～70%。此外，该数据的标准值会因活动目标不同而波动，以拉新为主要目的的活动，该数据值应接近50%，以激活现有用户为目的的活动，该数据值应尽可能超过70%。当该数据值低于50%时，新媒体工作者应意识到关注用户中活跃、粘合用户比例不高，或活动对用户的吸引力较差，需继续策划面向关注用户、有优质福利、门槛低的活动激活用户。

4. 线下活动环节参与比率

线下活动环节参与比率，指线下活动环节的参与用户数与参与活动总用户数的比值，反馈的是线下活动中不同活动环节对用户的吸引力，该项数据需新媒体工作者部署现场工作人员统计。

通常，线下活动环节不超过五个，且每个活动环节的用户参与率应超过50%，超过70%即为优秀。如果是较大型活动现场，除主线外的支线活动环节较多，该项数据也不应低于30%。

线下活动环节参与比率的特殊性在于，该项数据值以及增量仅是新媒体工作者的工具，用于建立自主的活动环节体系库，以将不同种类的活动环节适用于不同目的、不同用户画像的活动中。

5. 线下销售转化率

线下销售转化率，指线下活动有销售环节时，现场下单用户数与活动参与总用户数的比值，反馈的是商品与活动参与用户的匹配程度，以及现场工作人员的话术水平，可通过统计活动现场下单用户数除以活动参与用户数获得。（线下销售转化率的计算方式也可用于直播间销售转化率的计算，即线下活动参与人数类似于直播间场观人数，线下活动现场下单用户数类似于直播间下单用户数。）

通常，活动现场销售转化率应达5%，如果线下活动销售商品设有高折扣（低于全网最低价），销售转化率应超过10%。通过控制变量法，分析多次举办活动的线下销售转化率，新媒体工作者可明确商品对不同画像用户的吸引力，以及不同话术对同一画像用户的引导性。例如，以同一商品的同一话术应用于面向不同画像用户的活动中，若实现了销售转化率的增量，则表示新媒体工作者找到了更适合该商品的画像用户。再比如，编制不同通感的话术，应用于同一画像用户群体，若实现了销售转化率的增量，则表示该话术对该画像用户的引导性更强。

6. 活动结果反馈率

活动结果反馈率分为两类，分别指新媒体工作者主动发放问卷、活动满意度调查获取的反馈数量,或用户自主在新媒体矩阵留言反馈活动意见的数量,与参与活动总用户数的比值,该数据反馈的是活动举办的整体效果。调查问卷的反馈率应达 30%,超过 50% 即为优秀;微信公众号后台用户主动留言反馈率应达 0.5%,超过 1% 即为优秀(不包含物流订单等问题反馈)。

就活动结果反馈率这一数据而言,微信公众号后台用户的主动留言数更为关键,因其直接表现了活动激活用户的情况。此外,该数据的阶段性增量不仅能表现新媒体工作者活动策划能力的增量,收集用户的活动反馈,更多地了解关注用户的需求,也将使新媒体工作者的用户需求分析能力得到提升。

五、用户运营中的数据关联及利用方式

用户运营中的数据关联项包括关注用户认同评论比率、微信公众号后台优质留言比率、拆分群组与内容方向比率、群组分配 KOL 数量、群组活跃用户比率、群组话题策划转化率和群组推荐内容转化率,如图 9-21 所示。

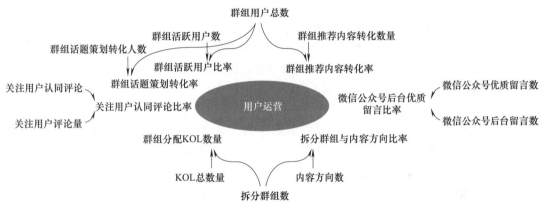

图 9-21 用户运营场景中,数据关联产生的比率

1. 关注用户认同评论比率

关注用户认同评论比率,指关注用户评论中,认同新媒体工作者内容价值观的人数与关注用户评论总数的比值,反馈的是新媒体号用户粘合状况。由于价值观的粘合过程主要在微信体系内完成,因此新媒体工作者可通过设置微信公众号"仅关注用户可评论"后,逐条阅读评论获取该数据。

关注用户认同评论比率的提取,需构建在新媒体内容价值观对用户起到引领作用的基础上。如果新媒体工作者价值观与用户普遍一致,则该数据没有参考价值。单篇内容的关注用户认同评论比率,往往反映出该内容价值观的引领性,当该数据值稳定在 50% 以上,则表示新媒体号用户的粘合度普遍较高。

关注用户认同评论比率的意义,在于其是吸引陌生用户关注新媒体号的重要因素。当关注用户认同评论比率实现增量,则新媒体工作者更易从中挑选出认同账号观点且带有自主思考的优质用户评论展现给陌生用户,继而实现关注用户的增量。

2. 微信公众号后台优质留言比率

微信公众号后台优质留言比率,指用户在微信公众号聊天页面,发布有助于微信公众

号运营的留言数与留言总数的比值,反馈的是用户粘合状况,需新媒体工作者通读后台留言整理后获得。

微信公众号后台的优质留言,包含用户对新媒体号的建议、用户的情感表达、用户对新媒体号提出的需求等,该数据不仅能表现用户对新媒体号的粘合度,同时也可作为新媒体工作者的运营手段。例如,许多新媒体号的原创内容方向中,都有"念用户留言"这一方向,该内容方向可显著提高用户粘合于新媒体号的意愿,但仅有新媒体号后台优质留言率能够支撑新媒体工作者源源不断产出该内容方向时才可施行。因此,新媒体工作者应通过多种用户运营手段,以提升微信公众号后台优质留言比率,而后达成用户运营的良性循环。

3. 拆分群组与内容方向比率

拆分群组与内容方向比率,指新媒体工作者拆分的,用户画像更为精确的细分群组数量与新媒体工作者策划的内容方向的比值,反馈的是粘合用户对新媒体号的需求情况。

通常,拆分用户画像的用户群组均是由新媒体工作者最初创立的用户大群分化而来,分化的基础则是有一定量的用户,面对新媒体工作者的内容方向,产生了针对性更强的需求。例如,心理情感账号的用户,反复提出夫妻关系类问题。

该数据值应随着新媒体工作者的用户运营工作不断提升,最终趋近于1。当拆分的用户群组数与新媒体号内容方向相等时,则表明新媒体工作者的用户运营工作已开展得较完善,新媒体团队的用户运营能力实现了整体增量。

4. 群组分配 KOL 数量

群组分配 KOL 数量,指新媒体工作者拆分的,用户画像更为精确的细分群组中存在的 KOL 数量,反馈的是用户运营的阶段性成果,一般每个群组的 KOL 数量不少于 3 个。

KOL 是新媒体工作者从粘合用户中挑选、培养而来,其总量代表了用户运营的成果,而群组分配 KOL 的数量,通常能够表现新媒体工作者用户运营效率与安全性,因通过多个 KOL 的协同配合,新媒体工作者才更易完成群组内的用户运营工作,同时多个 KOL 也可避免因 KOL 出现问题而影响整体用户运营的不利局面。

新媒体工作者如果能保持每个细分用户画像群组中的 KOL 不少于 5 个,则表示用户运营工作已进入良性局面,可尝试大幅拉新并具备将新关注用户引导成为活跃用户、粘合用户的能力。

5. 群组活跃用户比率

群组活跃用户比率,指一定时间段内,群内参与讨论的用户数与群内用户总数的比值,反馈的是粘合用户的活跃情况,需新媒体工作者统计一定周期内的发言用户个数除以群组用户总数,以得出周期内群组用户活跃比例。

群组活跃用户比率,应在建群后一周开始获取研究,因初创群组的用户普遍活跃,热度约持续一周,后进入冷静期。新媒体工作者调研的周期越长,用户活跃比例应越高,一般而言,日活跃用户数超 10%,周活跃用户数超 20%,月活跃用户数超 35%,即为合格。

不过,群组活跃用户比率并非能够无限趋近于 1,因所有群组都存在深度潜水用户,月活跃用户达 70% 已属群组活跃度的"天花板"。群组活跃的阶段性增量,代表新媒体工作者与 KOL 配合策划演出的剧本成功,是二者配合默契提升的体现,亦是新媒体工作者脚本策划能力增量的体现。

6. 群组话题策划转化率

群组话题策划转化率，指新媒体工作者与 KOL 按策划在群组内执行剧本内容，吸引到的参与用户数与群组用户总数的比值，反馈的是群组脚本策划能力，以及用户被激活的可能性，需通过提取从策划话题执行开始，至结束后 2 小时内参与用户数量，除以群组用户数获得。

群组话题策划转化率与群组用户活跃比率两项数据值相辅相成，均是以新媒体工作者策划能力的增量为数据增量的基础。群组话题策划内容分为两类，一是热点相关内容策划，用户转化率通常达 7%；二是服务推荐类话题策划，用户转化率通常达 3%。在保证策划能力增量的同时，新媒体工作者应尽可能在建群一周的用户活跃期内，与 KOL 联合发布策划话题，如此可培养用户参与群组话题的习惯，奠定群组内用户被激活的基础。

由此可见，群组话题策划转化率，如果在初期不能达标，想要提升增量则较困难，反之则进入良性循环，达成与群组活跃用户比率交替上升的局面。群组话题策划转化率，是避免"建群死"运营尴尬局面出现的重要参考指标。

7. 群组推荐内容转化率

群组推荐内容转化率，指新媒体工作者将商品场景化导购内容或商品链接推送至群组内，达成的销售订单数与群用户总数的比值，反馈的是群组用户的粘合度，需新媒体工作者统计链接销售订单数后获得。

新媒体工作者推荐的商品或场景化导购内容，均应与群组用户画像匹配，且应是经销售转化率检验达标的商品，因此群组推荐内容转化率几乎取决于用户粘合度，以及新媒体工作者推送时是否伴有相关服务话题。该转化率通常应达到 1%，超过 3% 即为优秀，如果伴随与 KOL 策划的群组话题共同发布，则该转化率相较上述数值还会有所提升。

群组推荐内容转化率，属于新媒体工作者运营规划的导向性数值，因该数值展现了用户粘合后的付费行为，是新媒体用户与新媒体号交互的最高层级。如果该数据表现优秀，新媒体工作者完全可以推进以用户为核心的拉新、销售活动。例如，以用户为渠道的分销模式。

六、新零售运营中的数据关联及利用方式

新零售运营中的关联数据项，包含自主商品利润总量、分销商品利润总量、商品复购率、商品好评率、新零售优质渠道比率、新零售渠道利润总量、店铺重点商品迭代频率和店铺日浏览量曲线（本部分内容的部分后台数据提取以有赞店铺为例）如图 9-22 所示。此外，新零售运营场景关联数据项还包括阅读转化率、销售转化率，因在原创内容运营场景中已详细讲解，本部分不再赘述。

1. 自主商品利润总量

自主商品利润总量，指单款自主商品在新零售所有渠道销售产生的归属新媒体工作者店铺的利润，反馈了渠道、商品、店铺诸多相关事项的匹配情况及运营状况，需新媒体工作者分别统计不同渠道的销售利润后获得。

新媒体工作者做自主商品利润总量的分析时，应做两方面的横向对比。

1）该商品为店铺提供的利润总量，与其他商品的利润总量对比。在均进行主题式包装、渠道推广的情况下，该对比可直接展现商品对于新媒体号的价值。

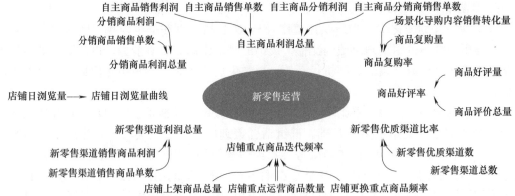

图 9-22　新零售运营场景中，数据关联产生的比率

2）该商品在不同销售渠道所获利润的横向对比。销售渠道一般分为三种：新媒体号推送的场景化导购内容、新媒体号自主店铺、其他新媒体号渠道。如果场景化导购内容占比较高，新媒体工作者可继续分析场景化导购内容展现出的销售转化率、阅读转化率等指标，如果均处于较高水平，则证明该商品的场景化导购内容制作成功；如果新媒体号自主店铺占比较高，则证明该商品质量较好，用户自主复购量大；如果其他新媒体号渠道占比较高，新媒体工作者需进一步分析自主账号活跃用户量与新媒体号渠道活跃用户量，如果相似，则说明新媒体号渠道用户画像与该商品更加匹配。

只要商品仍在店铺上架，自主商品利润总量就会一直保持增量，并在每次推送场景化导购内容时实现快速增长。

2. 分销商品利润总量

分销商品利润总量，指新媒体工作者从新零售分销市场中分销商品在自主店铺内销售产生的利润总量，反馈的是新媒体工作者的选品能力，用分销商品数量乘以单个分销商品利润即可获得。

分销商品利润总量，通常需与店铺内其他分销商品对比，以明确新媒体工作者选品的成功与否。对比时，新媒体工作者需控制变量，即同做主题式包装、同用头条内容推送等。如果单个商品的分销利润总量出现激增，多表明该商品为爆品，如果新媒体店铺的分销商品总量实现整体的阶段性增长，则有两种可能性，一是店铺流量实现增长；二是新媒体工作者的选品能力实现了增量。

3. 商品复购率

商品复购率，指场景化导购内容发布 3 天后（一篇内容的阅读衰减周期为 3 天），在商品的使用周期内，无主动推广商品行为（包括发布场景化导购内容、放置于大流量新零售店铺中突出位置）的情况下，商品销售的数量与场景化导购内容发布 3 天内销售量的比值，主要反馈商品质量，可通过统计场景化导购内容衰减周期外，商品使用周期内的销售订单数除以场景化导购内容阅读衰减周期内的销售单数获得。

商品复购率不存在增量概念，因针对不同商品，复购率不同。新媒体工作者仅需根据商品复购率判断商品质量即可，普通商品复购率应超过 5%，商品复购率达到 30% 即为优秀。如果新媒体工作者确知商品质量优秀，但复购率较低，则大概率表明用户发现了购买价格更优惠的渠道。

4. 商品好评率

商品好评率，指购买商品的用户，在收货后给予商品好评的数量（好评指五星好评）与同一商品所获评价总量的比值，反馈的是商品质量与新零售工作的运营状况，新媒体工作者需在商品评价页面自行统计。

商品好评率能够反馈商品质量，但并不完全代表商品质量，因用户的逻辑是：质量好不一定给好评，但质量不好一定给差评。因此，引导用户评价商品是新零售店铺运营人员的必须工作。好评率不存在增量概念，但一款商品的好评率必须达95%以上才有可能被用户青睐。

5. 新零售优质渠道比率

新零售优质渠道比率，指新媒体工作者保持紧密沟通，可开展良好商务合作的渠道数量（或双方互推商品，或一方商品在另一方店铺内有较高销量）与新媒体工作者拥有的渠道总数量的比值，反馈的是新零售渠道运营的工作成果。以有赞店铺为例，新媒体工作者可打开有赞分销商页面，用销售渠道总量除保持优质合作的渠道商数量获得该数据。

新零售渠道运营工作者将自主商品上架至分销市场后，所有其他渠道运营工作者均可分销该商品，分销后即成为新媒体号的分销渠道，因此新零售工作者想将所有渠道均发展为优质渠道是不可能的，只能从销售量较大的渠道中，挑选愿意合作的渠道，尝试沟通发展为优质渠道。

通常，新零售分销渠道总量达1000个时，新媒体工作者需至少保证有5个优质合作渠道，而随着新零售渠道数量的提升，新媒体工作者的优质渠道比率将会不增反降，此时新媒体工作者仍需主动出击与渠道洽谈合作。当新媒体号分销渠道数接近10000个时，新媒体工作者则无须继续考量优质渠道比率，因此时新媒体号已成为优质供货商、分销商，店铺价值较高，会有源源不断的新零售渠道主动寻找新媒体工作者洽谈合作。

6. 新零售渠道利润总量

新零售渠道利润总量，指单个分销渠道销售新媒体号自主店铺商品后自主店铺获得的利润量，主要反馈渠道的相对价值。新媒体工作者可通过单个渠道反馈的商品单数乘以自主店铺每单所获利润，获得单个商品的渠道销售利润，之后将多款商品累加获得利润总量。

通过不同渠道利润总量的对比，新媒体工作者可自主排列出新零售渠道对于新媒体号店铺的价值。此外，新零售渠道利润总量与自主店铺利润总量的对比，可在一定程度上反馈新媒体号店铺价值。如果新媒体号店铺利润总量低于渠道利润总量，则表明新媒体号的新零售业务仍依靠渠道支撑，店铺流量有待提高；反之，则表明新媒体号坐拥大流量，店铺价值高，该数据可作为渠道谈判的筹码。

7. 店铺重点商品迭代频率

店铺重点商品迭代频率，指新媒体工作者在一定时间段内以主题式销售策划包装商品，并对店铺首页进行改造的频率，反馈的是店铺运营的核心工作成果。新媒体工作者可根据店铺主题更换次数按月自行统计。

店铺重点商品迭代，即新媒体工作者进行主题式销售时的迭代商品。通常，店铺每月应至少根据时令、热点设置5个销售主题。迭代频率反映了新媒体工作者策划主题式销售的能力，且受限于团队运营规模。在店铺重点商品迭代的过程中，新媒体工作者需重点关注的，是不同主题式销售实现的销售量对比，该数据无须过度精确，新媒体工作者只需以此判断主题策划的成功与否即可。

8. 店铺日浏览量曲线

店铺日浏览量曲线，指由店铺的每日浏览量构成的，一段时间内的店铺浏览量变化趋势图，可在店铺所属商城后台直接获取。

店铺日浏览量曲线通常表现的是在有场景化导购内容推送的情况下，每日浏览用户量的变化值（因多数销售类新媒体号均保持日更）。当店铺日浏览量曲线在某日激增，则表明当天推送的商品是爆品，或有商品在渠道大卖，用户通过渠道索引进入了新媒体号自主店铺。当店铺日浏览量产生阶段性增量，并在后续保持稳定时，则表明新媒体号流量有所上升，店铺价值实现增量。

第四节　新媒体全数据链的运营与管理展望

截至 2022 年 3 月，新媒体领域的支撑数据仍是用户数据。随着新媒体的快速发展，所有新媒体工作者都将掌握用户数据的分析与利用方法，并通过数据明确运营方向。届时，区分不同新媒体运营效果的，将是新媒体工作者的策划创意、行为规范与习惯。

策划创意决定的是运营效果的上限，而新媒体工作者的行为规范与习惯决定的是运营效果的下限。通过对新媒体工作者行为习惯的数据分析，总结出客观、科学的新媒体工作者行为规范，将运营效果的下限提高，是新媒体数据运营的发展趋势。

新媒体工作者是新媒体运营事项的实操者，其行为习惯、工作状态，甚至心情好坏，都可能影响新媒体运营效果。例如，新媒体工作者在发布一篇原创内容时，对内容结果充满期待，时刻关注数据，并乐于将内容转发给好友，甚至因内容与好友产生了话题沟通后，令其对内容有了更深刻的认知，继而转发朋友圈。重复这一过程，可能使这篇原创内容成为"爆款"。反之，新媒体工作者如果以漠不关心的态度发布内容，则后续的故事就都不存在了。

由此可见，如果能采集到规范化执行新媒体运营事项的新媒体工作者行为数据，加以分析统计，形成新媒体工作者行为数据影响运营效果的数据指导手册，则任何一名新媒体工作者，在习得新媒体运营方法论及行为数据指导手册后，都可以在新媒体领域取得一定成绩。

截至 2022 年 3 月，各院校已陆续开办"网络与新媒体"相关专业课程，未来新媒体人才的挖掘必然是从院校向社会输送，而非从社会的各行各业转型而来。因此，院校应当仁不让地走在新媒体数据运营标准化、科学化研究的前列。综上，建设院校新媒体运营行为分析实验室已势在必行。

院校新媒体工作者行为分析实验室，旨在收集众多院校新媒体专业学生在执行新媒体运营事项时的行为数据，并将其与行为所致数据结果结合进行分析，最终形成新媒体运营领域规范化的运营人员工作手册。

这一过程与人工智能在学习无数首古诗词后，便可按照命题原创诗词类似，院校新媒体运营行为分析实验室通过人工智能采集大量新媒体工作者行为数据，并比对运营行为与

第九章 新媒体全数据链的运营与管理

运营效果之间的匹配关系,最终实现输入新媒体号所属领域、关注用户量、所执行新媒体运营事项后,便可直接为新媒体工作者提供执行方式的目的。

想达成上述目的,实验室应拥有记录新媒体工作者运营行为数据的360度摄像头,深度学习算法,以及强大的处理、分析、保留数据的数据库。

未来,将人工智能的深度学习技术与新媒体相结合,能让所有新媒体工作者的创意在其所处环境下以最优效果展现给用户,如此才不辜负新媒体工作者的灵感,让好的创意在新媒体领域实现其应有的价值。

【课后习题】

1. 请简要概括流量运营的核心是什么?可实现什么目标?
2. 在原创内容运营中,阅读完成率这一数据对运营有什么帮助?
3. 在新零售运营中,新媒体工作者做自主商品利润总量的分信息时,应做哪几个方面的对比?

参 考 文 献

[1] 孙永正. 管理学 [M].3 版. 北京：清华大学出版社，2011.
[2] 刘悦笛. 生活美学——现代性批判与重构审美精神 [M]. 合肥：安徽教育出版社，2005.
[3] 张浩淼. 新媒体运营实务 [M]. 北京：中国人民大学出版社，2021.
[4] 陈文莉. 试论受众本位意识 [J]. 新闻大学，2000（2）：11-15.
[5] 卜妙金. 分销渠道管理 [M].2 版. 北京：高等教育出版社，2007.